本书是国家社会科学基金青年项目“中国绿色金融统计的理论、方法与应用”（18CTJ005）结项成果；同时感谢国家社会科学基金重大项目“绿色金融发展统计测度与评价研究”（22&ZD161）和国家社会科学基金重点项目“我国绿色金融核算理论与方法研究”（19AZD010）对本书的资助。

绿色金融总量统计及其影响效应测算研究

彭刚　朱莉◎著

企业管理出版社
EMPH ENTERPRISE MANAGEMENT PUBLISHING HOUSE

图书在版编目（CIP）数据

绿色金融总量统计及其影响效应测算研究 / 彭刚，朱莉著 . —北京：企业管理出版社，2022.12

ISBN 978-7-5164-2765-1

Ⅰ. ①绿… Ⅱ. ①彭… ②朱… Ⅲ. ①金融业 – 绿色经济 – 经济统计 – 研究 – 中国 Ⅳ. ① F832

中国版本图书馆 CIP 数据核字（2022）第 226774 号

书　　名：绿色金融总量统计及其影响效应测算研究

书　　号：ISBN 978-7-5164-2765-1

作　　者：彭刚　朱莉

策划编辑：赵喜勤

责任编辑：赵喜勤

出版发行：企业管理出版社

经　　销：新华书店

地　　址：北京市海淀区紫竹院南路 17 号　　邮编：100048

网　　址：http://www.emph.cn　　电子信箱：zhaoxq13@163.com

电　　话：编辑部（010）68420309　　发行部（010）68701816

印　　刷：北京七彩京通数码快印有限公司

版　　次：2023 年 2 月第 1 版

印　　次：2023 年 2 月第 1 次印刷

开　　本：710mm × 1000mm　1/16

印　　张：14.25 印张

字　　数：202 千字

定　　价：88.00 元

序（一）

推进绿色发展，加快生态文明建设，促进人与自然和谐共生，已成为现代社会经济发展的主流。金融是现代经济活动的血液和助推剂，随着金融业服务于经济可持续发展，绿色金融应运而生。绿色金融是金融业的一场创新和变革，它在调整产业结构、推动经济高质量发展等方面发挥着新动力、新引擎的作用。近年来，我国大力推进绿色金融发展，助力实现“双碳”目标，推动经济向更高层次、更高质量发展迈进。尽管我国绿色金融正处于高速发展阶段，但绿色金融统计工作却滞后于实践。当前，包括我国在内，世界上还没有任何一个经济体系统性建立起专门的绿色金融统计体系，以全面监测绿色金融活动运行状况。在绿色金融统计测度、统计框架、统计制度等方面还存在大量问题有待我们研究。

西南财经大学有隶属于中国人民银行管理 20 年的历史，金融学科是学校的优势学科和特色学科。为了促进统计学科与金融学科的交叉，也为了办出统计学科的特色，西南财经大学统计学院从 20 世纪 80 年代就大力推进金融统计的科学研究和人才培养，经过几十年的努力，在金融统计与金融数量分析领域形成了一定的学科特色。近年来，学院组建团队，聚焦绿色金融统计开展研究，取得了初步成效，先后承担了国家社会科学基金一般项目、重点项目和重大招标项目，发表了系列论文。

《绿色金融总量统计及其影响效应测算研究》是彭刚副教授主持承担的国家社会科学基金项目“中国绿色金融统计的理论、方法与应用研究”的研究成果。课题组围绕绿色金融核算和绿色金融的环境效应展开研究，梳理和介绍了国内外绿色金融统计现状和存在的问题，探讨了货币统计视角下绿色金融核算及其实践编制的理论问题，以绿色信贷为例讨论了如何完善绿色金融统计制度，并从降低能耗和减少碳排放两个视角实证研究我国绿色金融对环境的影响效应。本书对绿色金融统计的相关理论方法和应用进行了较为深入的研究，取得了探索性成果，对于构建和完善我国绿色金融统计体系具有很好的参考价值。

当然，本书对绿色金融统计的研究还是初探性的，绿色金融统计还存在许多重要问题需要进一步探究：一是学界关于绿色金融内涵、边界和统计范围的认识存在一定争议；二是绿色金融标准在国际和国内存在差异；三绿色金融综合统计制度有待进一步制定与完善。希望本研究成果能够起到抛砖引玉的作用，引起更多学者和政策制定者的关注和共鸣，吸引大家一起来深入研究相关问题，产出更多绿色金融统计理论成果和实践成果，共同促进我国绿色金融的可持续发展。

史代敏

2023 年 1 月 16 日于成都柳林

序（二）

随着绿色发展理念渐入人心，特别是“双碳”目标提出以后，各界纷纷以此为抓手开展绿色行动。绿色金融能够为绿色经济的发展输血造血，其对环境的重要性也被大家所重视，全面推进绿色金融发展已成为共识。绿色金融的快速发展也引发了一系列统计问题。尽管中国人民银行、中国银行保险监督管理委员会等出台了一些绿色金融统计制度，但我国绿色金融发展的总量、结构和速度状况究竟如何，有关部门尚未给出令人信服的解读。在绿色金融统计领域，目前仍然存在诸多统计理论和实践问题，有待深入探究和解决。在此背景下，2018 年我们申报的国家社会科学基金项目“中国绿色金融统计的理论、方法与应用”（18CTJ005）成功获批立项。本书是在该项目结项成果的基础上修改完善而成的。

每一本著作的出版，都需要做大量工作，这离不开团队共同的努力和支持，本书的出版亦是如此。还记得 2017 年初，我在图书馆办公室与聂富强教授畅谈，聊到绿色金融首次列入 G20 峰会议题，当时我们都觉得这个问题应该可以尝试从统计视角进行研究。我对绿色金融统计问题的关注和研究也正是从那时开始的。同年，我们以此选题尝试申报了国家社会科学基金专项。尽管课题申报未成功，但却为我们后续研究这一问题打下了一定的基础。2018 年，在我的国家社会科学基金项目立项后，我们开始共同指导万兴淼、黄蹬谚两位硕士生的毕业论文，先后开始对绿色金融总量统计与核算问题展开研究。2020 年后，我分别指导我带的两位硕士生刘曼赟和余昱，进一步研究了绿色金融对能源消耗和碳排放的影响效应。在此，特别感谢四位同学和课题组成员对本书的贡献。

西南财经大学统计学院为我提供了较好的工作环境，这两年课程安排较为合适，让我有充足的时间开展研究，学校还对本书的出版给予了部分经费资助。在项目结项报告和书稿后续整理阶段，杨德林、刘孟含、赵忠豪、高劲松、张文东、方疏桐、廖晓叶等同学也做了重要的工作，在此一并表示感谢。还要感谢家人对我的包容，由于在家承担家务较少，让我有更多的时间可以待在办公室做研究。本书的顺利出版还要感谢企业管理出版社，编辑老师的细致工作为本书增色不少。

当然，本书的出版并不意味着绿色金融统计问题研究的结束，而是新阶段的开始。由于水平有限，本书仅对绿色金融统计问题进行了初探，还有大量问题有待进一步深入研究。2022 年，以史代敏副校长为首席专家的国家社会科学基金重大项目“绿色金融发展统计测度与评价研究”获批立项，这意味着我们将在绿色金融统计领域继续探索。未来，希望有更多关于绿色金融统计与核算的研究成果顺利出版或发表。

彭　刚

2023 年 2 月 1 日

前 言

重视绿色发展，不断增强经济发展与环境保护间的协调联动，已成为全球性共识。金融作为经济的源头活水，在架构融资桥梁的过程中需要切实承担并履行环境责任。因此，不断推进绿色金融发展，更好支撑和服务经济绿色发展，是我国实现高质量发展的重要保证。近年来，我国绿色金融经历了快速发展，绿色信贷和绿色债券等主要绿色金融工具规模均飞速增长。然而，与绿色金融发展实践不符的是，绿色金融统计工作仍然较为滞后。多数国家的绿色金融统计均缺乏系统性框架设计，现有的国民账户体系（SNA）和货币与金融统计（MFS）等宏观经济与金融统计国际标准，对一国或经济体绿色金融活动的专门反映还非常缺乏，无法满足政府、金融机构和企业等绿色金融活动参与主体的相应需求。因此，探究绿色金融核算的相关认知问题，构建监测和反映绿色金融活动运行的宏观统计体系，将有助于推动绿色金融核算国际标准的形成，有助于我国对应统计体系的建立，并最终促进绿色金融的可持续发展。

本书围绕中国绿色金融统计的理论、方法与应用展开了系列研究，在梳理国内外绿色金融统计相关标准和主要问题的基础上，尝试从理论层面探究货币统计视角下绿色金融核算及其实践的系列理论问题；从方法层面尝试以绿色信贷统计制度为例，探究如何完善绿色金融统计制度；从应用层面探索绿色金融间接测度方案及其对环境的影响效应。各部分主要研究内容和结论如下。

第一，国内外绿色金融统计现状和存在的问题。考虑到目前国内外绿色金融统计制度较为分散，且主要围绕各类绿色金融工具，因此，本书对国内外绿色信贷、绿色债券、绿色股权投资、绿色基金、绿色保险等金融工具的概念界定，绿色金融工具的标准、分类，以及代表性的产品等进行了梳理。通过进一步分析，我们发现当前国内外绿色金融统计主要存在四个问题：①各国均缺乏系统完整的绿色金融统计标准；②同一绿色金融工具，由于各国对“绿色金融”的界定不同，统计结果不具有可比性；③同一国家或地区的同一绿色金融工具，也存在多种使用制度，进而导致统计标准也存在差异；④我国目前尚缺乏全面测度绿色金融总量的统计指标和数据，无法直接反映绿色金融整体上的发展情况，也无法进一步测算其对环境的影响效应。

第二，本书基于货币视角探讨了绿色金融核算相关理论问题。从核算目的、核算范围、核算主体、核算客体、核算准则和概览合成方法六个维度，研究了绿色金融核算的理论框架。从核算视角对绿色金融进行定义，并选择合理的分类要素对绿色金融资产的“绿色”程度进行划分，再基于绿色金融核算的双重属性对绿色金融资产进行分类。探究了绿色金融流量与存量微观数据的收集、金融性公司次部门绿色资产负债表的编制、最终合并成绿色金融概览等问题。绿色金融核算原则和方法已渐趋明了，但关键在于如何推动国家层面的核算实践，编制绿色金融等重点领域的信贷政策统计数据，以反映金融体系对国民经济重点领域和薄弱环节的信贷政策执行效果和支持力度。全面系统实施绿色金融核算及编制概览的现实条件暂不具备，应基于现有货币统计框架初步建立我国绿色金融核算体系，率先对具备条件的重要金融机构、重点领域所涉绿色金融活动进行反映，循序渐进推进并完善相关统计工作。

第三，本书对如何完善绿色信贷统计制度进行了探究。通过梳理我国绿色信贷统计的发展现状，我们发现其在理论基础、资产识别和统计实践三个方面有可改进的空间，因此着重探讨了其内涵与资产分类方式，以及我国绿色信贷统计表和概览的编制问题，以期对我国绿色信贷统计体系建设提供参考。具体而言，我国绿色信贷统计目前存在的问题包括：对绿色信贷存在不同理解，导致涉及机构部门的识别不清晰、统计资产难辨别；现行绿色信贷标准与国内其他绿色金融工具标准不统一等。本书对绿色信贷的理论基础做出了补充，明确了绿色信贷概念，提出并区分了绿色信贷的广义概念和狭义概念，讨论了绿色信贷的核算主体识别与绿色信贷资产识别，并进一步探讨绿色目标的实现途径，基于经济系统与环境系统的关系将其划分成生态治理与循环过程两部分。根据我国可持续发展的要求，从绿色环节分类得到符合我国国情的绿色经济行为分类，完善了环境效益测量方法与统计报表编制流程，对我国的绿色信贷统计制度的完善提出了良好的思路。

第四，本书深入探究了我国绿色金融的环境影响效应。基于我国 2003—2017 年的省际面板数据，以能源消耗为研究环境效应的对象，运用普通面板模型、面板门槛模型和空间计量模型对所提出的研究假设进行实证检验，发现绿色金融通过直接和间接的方式共同影响能源消耗强度，且具有门槛效应，但空间溢出效应尚不显著。具体而言：①金融机构通过推出绿色金融工具支持节能环保产业的发展，能有效降低我国能源消耗强度，但绿色金融对能源消耗的影响存在结构性突变。②绿色金融可以通过促进企业技术创新间接发挥节能效应，一方面控制“两高”产业的资金资源，另一方面拓宽节能产业的资金渠道，两者的共同作用激励提升企业技术创新水平，以降低能源消耗强度。但绿色金融通过技术创新影响能源消耗时存在门槛效应，即当技术创新水平超过某一拐点时，绿色金融才能发挥出显著的节能效应。③绿色金融通过促进产业结构的优化和升级间接推动能源消耗强度的下降，但只有当产业结构处于一个合理的区间时，绿色金融才能有效发挥节能减排的作用。

目录

第一章 引 言

第一节 研究背景和课题提出

近年来，我国环境问题日益凸显，空气污染、水污染等环境事件频发，危及人民身体健康和生命安全。经过近 30 年的高速发展，在经济总量上，我国已经成为仅次于美国的世界第二大经济体。但长期以来，我国经济发展方式较为粗放，重数量轻质量、重增长轻效益，人们为了追求高经济增长，往往忽视了对环境的保护。当前，我国已经成为世界上生态超载和环境风险较高的国家之一，传统经济增长方式已难以为继。为此，必须践行可持续发展理念，倡导在发展经济的同时注重对生态环境的保护，建立健全绿色低碳循环发展的经济体系，积极稳步推进绿色经济发展，将实现经济增长和环境保护高度融合。发展绿色经济是我国实现全面可持续发展的关键所在，而在绿色发展转型过程中必将面临重重困难和挑战。

目前，我国每年近 2 万亿元的绿色投资中财政资金能覆盖的范围有限，在发展过程中存在巨大的资金缺口。绿色经济的许多项目，一般具有资本需求大、建设周期长及收益回报较低等特点，政府资金难以完全覆盖，更加需要借助绿色金融的发展融得社会资金。绿色经济的稳步发展和壮大，离不开金融资本的强有力支持，因而必须大力发展绿色金融，发挥绿色金融的输血造血功能。为此，党的十九大报告中明确指出："发展绿色金融，壮大节能环保产业、清洁生产产业、清洁能源产业，……实现生产系统和生活系统循环链接。"

近几年我国已相继制定并发布了系列政策，以支持绿色金融发展。2015年9月，中共中央、国务院印发了《生态文明体制改革总体方案》，首次明确要建立中国绿色金融体系的顶层设计；2016年3月，全国人大通过的《中华人民共和国国民经济和社会发展第十三个五年规划纲要》中，明确提出要"建立绿色金融体系，发展绿色信贷、绿色债券，设立绿色发展基金"，构建绿色金融体系已经上升为中国的国家战略；2016年8月，中国人民银行等七部委联合发布《关于构建绿色金融体系的指导意见》，明确了我国发展绿色金融的政策框架；2016年9月，中国将绿色金融纳入G20议题，并推动建立了G20绿色金融研究小组，研究如何提高全球金融机构的绿色化程度和资本市场中绿色产业配置资源的能力。绿色金融的发展还有利于引导资源的绿色配置，推动科技创新和绿色产业发展，引导产业结构优化升级和区域经济转型升级，通过对传统粗放型经济发展的改造进而促进生态文明建设的发展与进步。

推动绿色金融持续发展，势必需要了解和把握绿色金融现象的出现、变化及其运动规律，监测其运行状况，以揭示可能存在的矛盾和问题，并妥善使用货币金融政策、财政政策和产业政策进行引导。然而，绿色金融在核算层面尚未形成一致性的认知、方法和规范，无法客观、准确监测和反映绿色金融发展的总体状况和结构，导致相关货币金融政策、财政政策和产业政策等制定方面缺乏充分的客观支撑数据。包括我国在内的许多国家，特别是德国、英国和美国等发达国家，早已在实践中专门开展了绿色金融业务。然而到目前为止，对于绿色金融核算，世界上还没有任何一个经济体系统性地建立起专门的绿色金融统计体系，用于全面监测绿色金融活动的运行，反映绿色金融发展的总体状况和结构。绿色金融统计体系的缺失，导致无法具象地比较各国绿色金融总体发展程度上的差异性，也无法客观反映各国绿色金融在发展过程中所存在的系列矛盾与问题，政府更无法及时有效地制定并实施绿色金融相关的金融政策、财政政策、货币政策和产业政策。事实上，除专门性的绿色金融机构所开展的绿色金融活动外，传统的金融机构也涉及了大量绿色金融活动。如果不在理论和方法上深入研究绿色金融核算问题，不在实践中借鉴并实施绿色金融统计工作，绿色金融发展则犹如行走在漆黑夜里的路人，既不能判断自己所处的位置，也无法辨别将走向何方。

要解决上述系列问题，需要一整套严密、科学、规范的有关绿色金融总量及其相互间关系的数量反映体系作为支撑。我国绿色信贷（约占全部信贷余额的9%）和绿色债券（约占全球发行总量的40%）有了长足发展，不容忽视。然而，包括我国在内，世界上还没有任何一个经济体系统性地建立起专门的绿色金融统计体系，以全面监测绿色金融活动的运行状况。其原因主要在于，统计层面尚未形成一致性的认知、方法和规范；理论层面，对绿色金融内涵、边界和范围的认识存在一定的争议；实践层面，绿色金融与传统金融交织在一起，且未形成专门的统计方法和体系指导实践。由此可见，从理论层面形成关于绿色金融统计边界与范围的统一认知，从方法层面规范并建立绿色金融统计方法体系，从应用层面构建统计分析框架实现其多方应用，具有迫切性、前瞻性和现实性。因此，我们提出本书的研究课题——中国绿色金融统计的理论、方法与应用研究。

第二节 研究意义

在经济金融全球化和科技创新双重推动背景下，新经济现象不断涌现，这在为全球疲软的经济系统注入新的增长动力的同时，也为如何对其进行系统认知提出了新的挑战。新经济现象通常与新技术的变革和应用紧密交织，这使得对新经济现象出现、变化及其运动规律的了解和把握也更为复杂和艰难。就研究来说，相对于“传统的”问题导向式切入，对绿色金融等新经济现象的本质与计量的探究，可能更具有现实的迫切性和认知的基础性。

一、理论意义

绿色金融是可持续发展理念与现代金融相结合的产物，是金融领域的一项创新突破。绿色金融理念的提出是国家在注重经济发展的同时，越来越关注生态环境，关心人们生活现状的体现。绿色金融的实践充分表现了国家、企业乃至人民强烈的社会责任心。作为现代绿色发展和绿色经济的核心，绿色金融在促进经济增长的同时，兼顾对资源的节约和对环境的保护，推动经济绿色增长，是实现资源优化配置和可持续发展两者兼得的最佳途径。但也要看到，作为新兴事物，绿色金融在很多方面的实践中并不成熟，因此迫切需要在理论方面做更深入的研究，以便更好地指导实践。

首先，夯实绿色经济和绿色金融的理论基础，以中国特色相关理论丰富绿色金融理论，为绿色金融实践发展和学术研究提供更为科学的理论指引。绿色金融在理论上应植根于绿色经济相关理论，而我国开始倡导绿色金融实践明显晚于西方发达国家，相应在绿色经济和绿色金融理论层面的研究也有所滞后。因此，什么是绿色金融、要不要发展绿色金融、发展怎样的绿色金融及如何发展绿色金融等一系列问题，都需要在理论上梳理并进一步探讨。此外，包括我国在内的世界绝大部分国家，其绿色金融统计工作都不能很好地满足实践需求。因此，必须从理论上探讨绿色金融核算什么、怎么核算等系列理论问题，并结合中国绿色经济、金融发展等特色理论和实践，丰富世界绿色金融核算理论。

其次，从理论上厘清绿色金融核算的内涵和边界，探索性地比较广义绿色和狭义绿色、深绿色与浅绿色、直接绿色与间接绿色等的共性和差异，深入科学地认识绿色金融的理论内涵。理论分类是去除愚昧、获取新知的重要方法。在研究绿色金融理论内涵时，可以从绿色经济的生产活动多样性出发，进行多角度、全方位探析。具体角度包括但不仅限于：绿色经济活动的边界存在广义和狭义之分，绿色金融相应也可分为广义绿色金融和狭义绿色金融；由于生产工艺和技术改进等原因，新的生产活动对环境仍然具有负外部效应，但影响显著下降，这种绿色金融可界定为浅绿色金融；根据生产活动对外部环境的影响是直接正向还是间接存在正向影响，可将绿色金融分为直接绿色金融和间接绿色金融。深入科学认识绿色经济理论内涵，是进一步研究其他绿色金融理论和实践问题的基础和前提。

最后，基于绿色金融核算理论基础，从货币统计视角，建立起对应的总量及其相互关系的数量反映体系，全面科学构筑绿色金融核算的理论方法体系。在认识绿色金融理论内涵的基础上，应进一步构筑绿色金融核算的理论体系。绿色金融核算方法体系的建立，既应内恰于现有货币与金融统计框架体系，也应体现其既有的独特性并真实客观地反映绿色金融实际运行情况。本书试图从货币统计视角，建立起对应的总量及其相互关系的数量反映体系。从货币统计视角，着重反映金融机构部门主体的绿色金融总量及其结构关系，并进一步编制绿色金融概览。本书构筑的绿色金融核算方法理论体系，不仅能够丰富绿色金融核算、货币与金融统计等方法谱系，同时也能够较好地为绿色金融统计实践提供指导。

二、应用价值

在实践层面，目前尚未形成较为全面科学的绿色金融统计制度体系。以当前最为成熟的绿色信贷统计为例，不仅两套绿色信贷统计口径并存，而且有关绿色信贷的范围还存在差异。原中国银行业监督管理委员会（以下简称原银监会）2013 年发布的《绿色信贷统计制度》中，绿色信贷包括环境、安全等重大风险企业信贷与节能环保项目和服务贷款两部分。中国人民银行 2018 年发布的《绿色贷款专项统计制度》中，绿色信贷则只包含节能环保项目和服务贷款，并且两个文件中的节能环保项目和服务贷款的内容也存在差异。可见，在实践层面亟须建立科学的绿色金融统计制度和体系，而这正是本研究的重要应用价值所在。

第一，科学界定绿色金融内涵和边界，能够为绿色金融实践的发展方向和发展道路提供清晰指引。虽然世界各国都在积极推动绿色金融发展，但究竟什么是绿色金融、其边界何在等问题却一直未有定论，这在一定程度上制约了绿色金融的发展。因此，对相关争议性问题进行澄清，科学界定绿色金融内涵和边界，特别是在核算层面给出绿色金融的定义，对指导绿色金融实践的发展方向，明确绿色金融发展道路具有重要的现实意义。

第二，构筑绿色金融核算的理论与方法体系并付诸实施，能够丰富和深化官方统计部门的宏观经济、货币与金融统计实践。研究绿色金融核算理论和方法，可进一步完善宏观经济统计、货币与金融统计的理论和方法体系。在应用层面，该核算理论和方法也可指导官方统计部门开展绿色金融统计实践，不仅能拓展实际统计部门的工作范围，也能够在一定程度上丰富官方统计数据。

第三，全面的绿色金融总量及其结构统计数据，有利于准确把握绿色金融发展状况，为制定绿色金融有关的财政政策、货币政策、金融政策和产业政策等提供可靠保障。当前，全面的绿色金融总量及其结构数据较为欠缺，无法准确反映绿色金融的发展状况及其可能存在的问题。因此，本书按照“理论—应用—实践”思路全面研究绿色金融核算体系，能够从实践中解决统计数据不足这一根本性问题，进而可以为政府部门与货币部门制定绿色金融相关的财政政策、货币政策、金融政策和产业政策等提供有力的数据支撑。

三、社会意义

开展中国绿色金融统计研究，也具有极其重要的社会意义。我国已经提出了“双碳”目标，即力争2030年前实现碳达峰，2060年前实现碳中和。“双碳”目标的实现离不开绿色金融的发力和支撑。此外，绿色金融一旦发展起来，其本身就可以形成巨大的金融市场，国家相关政策制定也会对其效应产生重要影响。

第一，研究绿色金融理论内涵及相关核算问题，有利于促进经济和社会可持续发展，绿色金融也是自然、经济、社会和金融和谐发展状况的“指示灯”。发展金融的目标不仅是为了营利，还应充分考虑其对环境、经济和社会所带来的重要外部影响。大力发展绿色金融，以绿色金融带动绿色经济发展，可促进经济和社会可持续发展。在此基础上，研究绿色金融理论内涵，明确绿色金融的作用机制，探讨何谓绿色金融，实则是在为绿色金融发展辨明方向。绿色金融发展情况如何、发展过程中是否存在问题、各个国家或地区的绿色金融发展中是否具有鲜明特征？这一系列问题则需要通过系统性构筑绿色金融核算体系，借助绿色金融内在的统计数据来解答。

第二，研究绿色金融核算，实则是为了系统认识和把握绿色金融发展状况，并通过相关政策来引导金融资源流向，促进社会资源的合理配置。所以研究绿色金融核算具有双重社会意义：一是金融机构自身需要不断发展，发展绿色金融是其未来实现持续发展的重要路径。为此，金融机构需要充分了解绿色金融的内涵和运行机制，掌握绿色金融发展的最新动态，把控绿色金融发展过程中可能会出现的主要问题。二是政府部门有义务引导绿色金融发展，鉴于绿色金融可能存在周期长、回报率低等特点，政府部门需要及时根据市场所反馈的情况，制定相应的财政政策、金融政策和产业政策。

第三节 研究思路框架和内容安排

本书的研究拟围绕“中国绿色金融统计的理论、方法和应用”这一研究主题展开，在研究思路上将紧密围绕理论研究—方法研究—应用研究的总体思路，对应三大问题展开探索，即绿色金融统计什么、绿色金融怎么统计、绿色金融统计如何应用。围绕上述主题和研究思路，可以形成本书的主要研究框架，具体如图 1-1 所示。

本书的具体研究内容主包括四个方面。

第一，对国内外绿色金融统计现状进行梳理，并提炼出当前存在的主要问题。绿色金融活动早已有之，但还没有任何一个经济体系统性地建立起专门的绿色金融统计体系，用于全面监测绿色金融活动的运行情况。目前国内外关于绿色金融统计的研究，主要围绕各类绿色金融工具。因此，本书对国内外绿色信贷、绿色债券、绿色股权投资、绿色基金、绿色保险等金融工具的概念界定，绿色金融工具的标准、分类，以及代表性的绿色金融产品等进行了梳理。在系统梳理国内外各类绿色金融工具的基础上，本书将进一步总结分析当前绿色金融统计标准主要存在的问题。

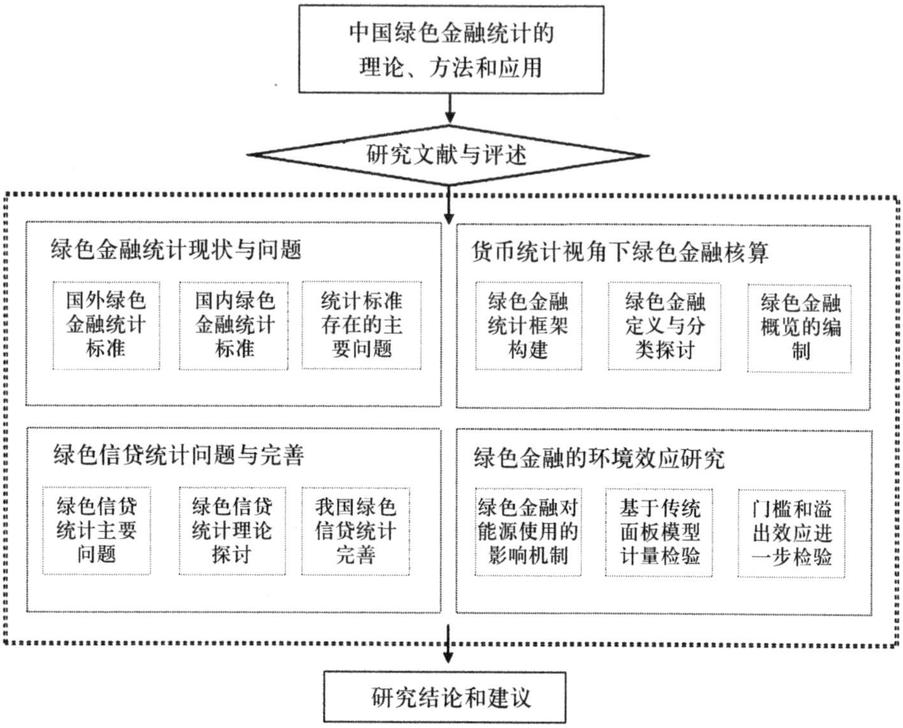

图 1–1　研究框架

第二，尝试从货币视角探讨了绿色金融核算相关问题。我国金融业综合统计试点工作已取得阶段性成果，但仍面临一些突出问题，部分金融活动游离于金融统计体系之外，亟须编制绿色金融等重点领域的信贷政策统计数据，以反映金融体系对国民经济重点领域和薄弱环节的信贷政策的执行效果和支持力度。本书拟从绿色金融的核算目的、核算主体范围与分类、核算客体范围与分类及概览合成方法等方面，与传统货币与金融统计进行比较，明确绿色金融核算的宏观认知，并以此作为研究的逻辑起点与基本遵循。

第三，以绿色信贷统计制度为例探讨绿色金融统计标准的完善问题。我国已经初步建立起了绿色信贷统计标准，并且已经在实践中利用部分银行进行统计试点工作。但是，我国绿色信贷仍然存在不少问题，因而有必要梳理我国绿色信贷统计的发展现状和主要标准，着重探讨其内涵与资产分类方式，以及我国绿色信贷统计表和概览的编制问题，以期对我国绿色信贷统计体系建设提供参考。

第四，探究绿色金融的环境效应。由于目前绿色金融的有关数据较为匮乏，因此实证方面的研究，特别是研究绿色金融对社会经济环境发展的影响的研究成果目前还比较少。本书拟考虑利用部门行业的微观企业贷款数据来构建绿色信贷指标，并将其用于表征绿色金融发展，以此数据展开对能源消耗的影响研究，进而探究绿色金融的环境效应。

第二章　文献述评

第一节　绿色金融的基本内涵

绿色金融的发展历史可以追溯到1974年，当时的联邦德国成立了世界第一家政策性环保银行，命名为"生态银行"，专门负责为一般银行不愿接受的环境项目提供优惠贷款。从此算起，绿色金融实践发展已经走过了40余年。1992年，联合国环境规划署（UNEP）组建了由世界主要银行和保险公司参与的"金融行动机构"自律性组织。2003年，10家国际性银行在世界银行的推动下共同创立了"赤道原则"（Equator Principles，EPs），要求金融机构在投融资时要综合评价该项目对环境所产生的影响，鼓励利用金融工具推动环保与社会协调发展，促进环境、企业与社会发展目标的统一，并推动全球各大商业银行有效执行绿色贷款。EPs在国际金融发展史上第一次确立了国际项目融资的环境与社会的最低行业标准，并成功运用于国际绿色金融实践[①]。2006年，合并后的联合国环境署金融计划（UNEP FI）联合联合国全球契约组织（UN Global Compact）成立了联合国负责任投资原则组织（UN PRI），该组织以基金公司等资产管理机构为核心成员，倡导会员机构遵循负

① 隗斌贤.G20框架下我国绿色金融的创新发展[J].中共浙江省委党校学报，2016（6）：64-72.

责任投资的原则，在投资过程中关注环境和社会影响。尽管绿色金融实践已经发展多年，但国内外对于绿色金融的内涵尚未形成一致性认识[①]。

国外对绿色金融内涵认识不一，但可集中表述为利用金融工具来保护或改善环境，实现金融发展与人类可持续发展的有机统一。在国外文献中，早期使用“绿色金融”一词者并不多，而环境金融一词则频频出现。在2016年二十国集团（G20）领导人杭州峰会之前，国内外对绿色金融还没有一个普遍的可接受的定义。国际上对绿色金融的定义很多，各种定义的核心思想是保护生态环境、生物多样性及可持续发展的所有金融活动都是绿色金融。Salazar认为，绿色金融是指有利于环境保护的金融创新，是金融业和环境产业的桥梁[②]。Cowan认为绿色金融是绿色经济和金融学的交叉学科，主要探讨绿色经济的资金融通[③]。《美国传统词典》2000年第四版认为，绿色金融研究如何使用多样化的金融工具来保护生态环境及生态多样性，达到环境保护和经济发展的协调，从而实现可持续发展。Labatt和White[④]认为，绿色金融是以改善环境质量、转移环境风险为目的，以市场为基础的金融工具。Scholtens[⑤]认为，绿色金融可实现金融发展与人类社会可持续发展的有机统一。G20绿色金融研究小组认为，绿色金融是一种投融资活动，这种投融资活动能通过环境效益的产生而达到支持可持续发展的目的。减少空气、水和土壤污染，提高资源使用效率，降低温室气体排放量，减缓和适应气候变化并体现其协同效应等都囊括在环境效益之中[⑥]。

在国内文献中，绿色金融也被称为环境金融或可持续性金融。从概念本

---

① 何建奎，江通，王稳利．“绿色金融”与经济的可持续发展[J]. 生态经济，2006（7）：78-81.

② Salazar J. Environmental Finance：Linking Two World[R]. Presented at a Workshop on Financial Innovations for Biodiversity Bratislava，1998.

③ Cowan E. Topical Issues In Environmental Finance [R]. Research Paper Was Commissioned by the Asia Branch of the Canadian International Development Agency（CIDA），1999.

④ Labatt S，White R. Environmental finance：A Guide to Environmental Risk Assessment and Financial Products[M]. Canada：John Wiley&Sons Inc，2002.

⑤ Scholtens B. Finance as a Driver of Corporate Social Responsibility[J]. Journal of Business Ethics，2006（1）：19-33.

⑥ 李建强，赵大伟．打造绿色金融体系路在何方[J]. 金融理论与实践，2017（2）：105-107.

身看，我国的绿色金融与国际上的环境金融并无本质差异①。金融业在贷款政策、贷款对象、贷款条件、贷款种类和方式上，将绿色产业作为重点扶持项目，在信贷投放、投量、期限及利率等方面给予第一优先和倾斜的政策②。金融部门把环境保护这一基本国策落实到金融业务的运作中，从而促进环境资源的保护和经济的协调发展，并以此来实现金融可持续发展③。隗斌贤（2016）认为，绿色金融是金融部门促进节能减排的一系列政策、制度安排，是在金融经营活动中为加强生态环境保护、资源节约及环境治理而采取的具体措施，目的是实现绿色发展和可持续发展。马骏（2016）认为，绿色金融是指通过贷款、私募投资、债券和股票发行、保险、排放权交易等金融服务将社会资金引入环保、节能、清洁能源、清洁交通等绿色产业的一系列政策、制度安排和相关基础设施建设。国内最为权威的关于绿色金融的定义是中国人民银行等七部委在 2016 年 8 月底发布的《关于构建绿色金融体系的指导意见》中给出的，"绿色金融"是指"为支持环境改善、应对气候变化和资源节约高效利用的经济活动，即对环保、节能、清洁能源、绿色交通、绿色建筑等领域的项目融资、项目运营、风险管理等所提供的金融服务"。

目前对绿色金融的定义大体上可分为狭义和广义两类。狭义定义旨在确定特定金融资产有多大比例是绿色的，其衡量标准部分是程序标准，部分是事前定义优先支持的绿色产业（技术）的行业标准，狭义定义的重点在于评估环境状况，确定绿色金融支持的重点行业、重点技术等；广义定义旨在确定金融系统在可持续性方面的整体目标，并提出测量其有效性的方法。根据金融系统的目标设定融资标准，对环境风险有效且高效地进行资本分配。其侧重点在于整个金融系统和宏观经济的稳定④。浅绿色环境发展观是建立在环

① 殷剑峰，王增武．中国的绿色金融之路 [J]. 经济社会体制比较，2016（6）：43-50.

② 和秀星．实施"绿色金融"政策 促进可持续发展战略 [J]. 青海金融，1998（10）：3-6.

③ 王军华．论金融业的"绿色革命" [J]. 生态经济，2000（10）：45-48.

④ 国务院发展研究中心"绿化中国金融体系"课题组，张承惠，谢孟哲，等．发展中国绿色金融的逻辑与框架 [J]. 金融论坛，2016（2）：17-28.

境与发展相互分离的基础之上的，视生态环境为经济增长的外生变量，其思想基础是人类中心主义，认为保护资源环境归根结底是为了人类的生存与发展。绿色经济发展观是深绿色生态发展观，它是建立在自然、人、社会有机整体发展的基础之上的，视生态环境为经济发展的内生变量，其思想基础是人类中心主义和生态中心主义的辩证综合，认为保护生态环境、建设生态文明，既是为了人类的生存发展，又是为了自然生态系统健康发展[①]。

第二节　绿色金融的主要作用

绿色金融对实现可持续发展至关重要。随着环境问题越来越突出，保护环境、绿色发展已经成为全球性的议题，环境问题越来越受到金融机构的重视，而环境风险对金融机构的重要性和正效应也越来越突出[②③]。发展绿色金融，适时地将环境和社会责任标准纳入金融企业的经营活动中，对环境和社会风险进行动态评估与监控，有利于金融企业管理或转移环境风险，进而降低金融资产的风险，提高金融机构的稳定性，使金融更好地服务于实体经济[④⑤]。环境问题的产生具有很强的负外部性，企业在投资决策时往往会忽视外部性的影响，造成私人成本与社会成本的偏离，使资源未能得到有效配置，进而导致市场失灵[⑥]。在制度层面上构建发展绿色金融的激励性机制，能实现金融创新和循环经济的双赢[⑦]。绿色金融有利于增强全社会的环境保护意识，提高经济主体对生态保护和经济可持续发展的认识水平，有利于克服传

① 方时姣．绿色经济思想的历史与现实纵深论 [J]. 马克思主义研究，2010（6）：55-62.

② 王玉婧，江航翔．环境风险与绿色金融 [J]. 天津商学院学报，2006（6）：16-20.

③ 邓翔．绿色金融研究述评 [J]. 中南财经政法大学学报，2012（6）：67-71.

④ 马秋君，刘文娟．基于绿色信贷的我国商业银行环境风险管理体系研究 [J]. 中国人口·资源与环境，2013（S2）：264-267.

⑤ Eremia A，Stancu I. Banking Activity for Sustainable Development[J]. Theoretical and Applied Economics，2006（6）：23-23.

⑥ 胡春生．绿色金融：将可持续发展内生化的新经济发展方式 [J]. 金融财税研究，2012（2）：66-69.

⑦ 王卉彤．点燃绿色发展的绿色金融 [J]. 中国报道，2016（11）：36-37.

统经济发展模式片面追求经济效益而忽视环境、生态和资源保护的不足，从而形成一种正向刺激效应和激励约束“共生”的可持续发展模式[①]。

绿色金融会对能源消耗产生重要影响。苏冬蔚和连莉莉[②]评估了绿色金融政策对我国重污染企业金融行为的政策效应，认为绿色信贷政策显著抑制了高污染企业的投融资行为，具有明显的负向效应，一定程度上能降低能源消耗强度。杜莉和郑立纯[③]梳理了我国绿色金融的发展历程，并着重对碳排放权交易试点政策效应进行实证分析，分析结果显示，我国的碳排放总量仍处于上升态势，碳排放非试点地区的碳排放量显著高于试点地区。刘传哲和任懿[④]首先分析了绿色信贷影响能源消耗结构的机制，进而采用灰色关联分析法和广义矩估计法进行实证分析，实证结果表明，绿色信贷比率与能源消耗结构显著关联且具有双向因果关系，绿色信贷通过扩张等三个效应显著促进能源消耗结构的改善。申韬和曹梦真[⑤]实证评价了我国绿色金融政策效应，研究结果显示，绿色金融试点明显降低了我国单位产值能耗。凌玲等[⑥]利用投入产出表定量分析了我国绿色金融政策的发展成效，结果表明金融业在绿色发展的导向下，有力地促进了环保产业的发展，绿色金融的政策效应得到证实。

绿色金融在产业结构调整方面也能发挥重要作用。产业结构调整是经济转型升级的核心内容，而传统产业绿色改造和绿色产业发展又是产业结构调整的核心内容[⑦]。环境作为一种公共产品，通过市场难以实现有效的资源配

① 王瑶，潘东阳，张笑．绿色金融对中国经济发展的贡献研究[J]. 经济社会体制比较，2016（6）：33–42.

② 苏冬蔚，连莉莉．绿色信贷是否影响重污染企业的投融资行为？[J]. 金融研究，2018（12）：123–137.

③ 杜莉，郑立纯．我国绿色金融政策体系的效应评价——基于试点运行数据的分析[J]. 清华大学学报（哲学社会科学版），2019（1）：173–182+199.

④ 刘传哲，任懿．绿色信贷对能源消费结构低碳化的影响研究[J]. 武汉金融，2019（11）：66–70.

⑤ 申韬，曹梦真．绿色金融试点降低了能源消耗强度吗？[J]. 金融发展研究，2020（2）：3–10.

⑥ 凌玲，董战峰，林绿，等．绿色金融视角下中国金融与环保产业关联研究——基于多年投入产出表的分析[J]. 生态经济，2020（3）：51–58.

⑦ 西南财经大学发展研究院、环保部环境与经济政策研究中心课题组，李晓西，夏光，等．绿色金融与可持续发展[J]. 金融论坛，2015（10）：30–40.

置，所以在产业升级过程中，资金通过市场难以有效进入绿色产业[①]。绿色金融则把市场手段和政府手段结合在一起，引导生产企业从事绿色生产和经营，促进消费者形成绿色消费理念，调节社会资本流向资源节约和环境保护行业[②]，从而为产业升级提供了资金。更为重要的是，绿色金融还会通过资金带动技术、人才等生产因素进入与环境密切相关的行业，为行业发展提供增长动力，优化市场资源配置，为经济发展提供良好的生态环境，进而发挥金融部门对产业结构调整与新兴产业发展培育新的经济增长点的"产业导向"作用[③④]。当绿色金融产生的外在压力足以影响到企业的生存发展时，将会激发企业自主创新的强烈冲动，促使企业加大研发投入力度，成为环保技术创新的主体[⑤]。

绿色金融对金融企业本身究竟具有何种影响，目前尚未得出一致性结论。部分研究认为绿色金融对金融企业具有积极影响。金融企业推行绿色金融不仅能提高其声望、满足利益相关者日益提高的要求，而且还能更好地实现企业风险管理，做出有利于其发展的战略决策[⑥]。Jeucken 结合金融机构自身可持续发展的需求，指出绿色金融是金融业可持续发展的客观需求[⑦]。Scholtens 和 Dam 对 51 家实行"赤道原则"的金融机构和 56 家没有实行的金融机构进行比较研究，发现采纳了"赤道原则"的金融机构社会责任感更强，且社会声望更高[⑧]。国际金融公司（IFC）2007 年的一项调查表明：部分金融企业由于实施了"赤道原则""社会责任投资原则"，导致企业短期运营成本增加，且财务绩效出现了下降趋势。但是，Galema 等的实证研究结果显

---

① 胡春力．促进产业结构升级是加强环境保护的根本 [J]. 宏观经济研究，2009（2）：35-39.

② Ruiz J D，Arboleda C A. A Proposal for Green Financing as a Mechanism to Increase Private Participation in Sustainable Water Infrastructure Systems：the Colombian Case[J]. Procedia Engineering，2016（145）：180-187

③ 高建良．"绿色金融"与金融可持续发展 [J]. 哈尔滨金融高等专科学校学报，1998（4）：20-22.

④ 马骏．论构建中国绿色金融体系 [J]. 金融论坛，2015（5）：18-28.

⑤ 安伟．绿色金融的内涵、机理和实践初探 [J]. 经济经纬，2008（5）：156-158.

⑥ Chami R，Cosimano T F，Fullenkamp C.Managing Ethical Risk：How Investing in Ethics Adds Value[J]. Journal of Banking and Finance，2002（9）：1697-1781.

⑦ Jeucken M.Sustainable Finance and Banking[M].USA：The Earthscan Publication，2006.

⑧ Scholtens B，Dam L. Banking on the Equator. Are Banks that Adopted the Equator Principles Different from Non-Adopters? [J]. World Development，2007（8）：1307-1328.

示，由于金融产品种类的多样性和投资需求的差异性，金融企业承担社会责任与否，对其经营风险和收益状况不产生显著影响[①]。

第三节　绿色金融与其他相关理论

一、可持续发展理论与绿色经济理论

“可持续发展”一词最早见于1962年出版的《寂静的春天》一书，其理念是由人们对人类经济社会发展造成的人口激增、环境污染、粮食短缺、能源紧张和资源破坏等问题的关注而形成的。1972年，罗马俱乐部组织发表的报告《增长的极限》预言：在未来一个世纪中，人口和经济需求的增长将导致地球资源耗竭、生态破坏和环境污染。环境问题开始由一个边缘问题逐渐走向全球政治、经济舞台的中心。可持续发展理论初见雏形是在20世纪80年代末90年代初，发端于可持续发展概念的提出。就目前来看，被普遍认可的可持续发展概念是由1987年布伦特兰的报告《我们共同的未来》（*Our Common Future*）确定的：“可持续发展是既满足当代人的需要，又不对后代满足其需要的能力构成危害的发展”。在可持续发展思想形成的历程中，最具国际化意义的是1992年6月联合国在巴西里约热内卢召开的环境与发展会议。在这次会议上，102个国家领导人共同签署《21世纪议程》，明确把发展与环境密切联系在一起，使可持续发展走出了仅在理论上探索的阶段，响亮地提出了可持续发展的战略，并将之付诸为全球的行动。

我国政府结合我国国情，于1994年推出了指导国民经济和社会发展的重要指导性文件《中国21世纪议程》。在过去的20多年中，可持续发展理论与实践都取得了重大进展，国内学者对可持续发展理论也提出了不同的观点。罗慧等[②]

① Galema R，Plantinga A，Scholtens B . The Stocks at Stake：Return and Risk in Socially Responsible Investment[J]. Journal of Banking & Finance，2008（12）：2646–2654.

② 罗慧，霍有光，胡彦华，等 . 可持续发展理论综述 [J]. 西北农林科技大学学报（社会科学版），2004（1）：35–38.

提出的环境稀缺论、环境价值论、“时空公平”的区域层次性可持续发展观和可持续利用的资源观等是可持续发展的理论基础。李龙熙[①]提出可持续发展的基础理论包括经济学理论、生态学理论、人口承载力理论和人地系统理论，而核心理论尚在探索中，大致包括资源永续利用理论、外部性理论、财富代际公平分配理论和三种生产理论。齐晔和蔡琴[②]认为把握可持续发展理论进展的关键是深入理解地球系统观、生态文明思想和低碳经济概念的内涵及相互关系。牛文元[③]指出可持续发展理论的“外部响应”，即处理好“人与自然”之间的关系，这是可持续能力的“硬支撑”；可持续发展理论的“内部响应”，是处理好“人与人”之间的关系，这是可持续能力的“软支撑”。

可持续发展概念提出之后，全球范围内迅速掀起了污染治理和生态保护的绿色浪潮，这是绿色经济概念首次登上舞台。作为一个概念，绿色经济最早见于英国环境经济学家戴维·皮尔斯（David Pierce）所著的《绿色经济蓝图》一书。他认为“绿色经济蓝图是从环境的角度，阐释了环境保护及改善的问题”。2007 年，前联合国秘书长潘基文在联合国巴厘岛气候会议上提出发展绿色经济的议题，他指出：“人类正面临着一次绿色经济时代的巨大变革，绿色经济和绿色发展是未来的道路”；“绿色经济正在为发展和创新产生积极的推动作用，它的规模之大可能是自工业革命以来最为罕见的”。2011 年，联合国环境署（UNEP）发布了《绿色经济报告》，报告中将绿色经济定义为可促成提高人类福祉和社会公平，同时显著降低环境风险和减少生态稀缺的经济。换言之，“绿色经济”可视为一种低碳、资源高效型和社会包容型经济。2012 年，在巴西举行的“里约 + 20 峰会”，总结了 20 年来人类在实现可持续发展上取得的进展、存在的差距，以及如何应对新的挑战，探索“在可持续发展和扶贫框架下发展绿色经济”，共同讨论粮食安全、能源危机、缺水和公共健康等世界面临的各项问题。

---

① 李龙熙 . 对可持续发展理论的诠释与解析 [J]. 行政与法（吉林省行政学院学报），2005（1）：3-7.

② 齐晔，蔡琴 . 可持续发展理论三项进展 [J]. 中国人口·资源与环境，2010（4）：110-116.

③ 牛文元 . 可持续发展理论的内涵认知——纪念联合国里约环发大会 20 周年 [J]. 中国人口·资源与环境，2012（5）：9-14.

目前国际组织与政府公文等官方文献中尚未统一绿色经济的权威定义，而自绿色经济概念提出以后，国内外学者对绿色经济问题进行了大量研究。刘思华[1]从一个全新的视角，对绿色经济做了这样的界定："绿色经济是可持续经济的实现形态和形象概括。它的本质是以生态经济协调发展为核心的可持续发展经济。"这个界定肯定了绿色经济的生态经济属性，揭示了它的可持续经济的本质特征。邹进泰和熊维明等[2]指出，绿色经济发展是从单一的物质文明目标向物质文明、精神文明和生态文明多元目标的转变，发展绿色经济，尤其是要避免"石油工业""石油农业"所造成的高消耗、高消费、高生态影响的物质文明，造就高效率、低消耗、高活力的生态文明。孙鸿烈[3]认为，绿色经济是最大的概念，它包含了循环经济、低碳经济和生态经济，其中循环经济主要是解决环境污染问题的，低碳经济主要是针对能源结构和温室气体减排而言，生态经济主要是指向生态系统（如草原、森林、海洋、湿地等）的恢复、利用和发展（如发展生态农业等）。周珂和徐岭[4]认为绿色经济是在可持续发展框架要求下，将经济效益、生态效益和社会效益最大化统一起来，兼顾当代人和后代人利益的可持续经济发展模式。唐啸[5]认为绿色经济的概念变迁经历了三个阶段，即单一的生态系统目标阶段、经济—生态系统目标阶段以及现阶段的经济—生态—社会复合系统阶段，并指出绿色经济理论的最新进展可以分为效率、规模和公平三种导向。尽管国际上和国内对于绿色经济的理解尚未达成统一，但绝大多数研究仍认为绿色经济是协调经济增长、社会发展和环境保护的切入点，是以保护人类生存环境、有益于人的发展为特征的。

二、绿色金融与其他经济、金融理论

绿色金融是经济、金融的一部分，探索其内涵应当首先从绿色金融与其

① 刘思华．绿色经济论 [M]. 北京：中国财政经济出版社，2001.

② 邹进泰，熊维明，等．绿色经济 [M]. 太原：山西经济出版社，2003.

③ 孙鸿烈．什么是绿色经济 [N]. 中国环境报，2010-08-17.

④ 周珂，徐岭．我国绿色经济面临的挑战与发展契机 [J]. 人民论坛，2011（8）：110-113.

⑤ 唐啸．绿色经济理论最新发展述评 [J]. 国外理论动态，2014（1）：125-132.

他经济、金融理论的关系说起，绿色金融理论上应植根于绿色经济理论。改革开放以来，随着经济的巨量快速增长，中国资源消耗和环境污染等问题日趋严重；发展绿色经济已经成为中国必然的战略取向，为绿色经济提供支持的绿色金融也被赋予了更多的责任和使命①。金融业以金融手段、金融创新来影响资源的配置及产业结构的优化，是促进绿色经济发展的重要方式；发展绿色金融将成为推动绿色经济发展、占领未来经济发展制高点的关键，绿色经济的发展呼唤着与之相适应的绿色金融体系；构建健全和完善的绿色金融体系是中国转变经济发展方式，推进绿色发展与可持续发展战略的必由之路②。

纵观西方现有文献，早期使用“绿色金融”一词者并不多，而“环境金融”一词则频频出现。环境金融的源起可以追溯到20世纪90年代初，即1992年联合国环境署（UNEP）发布的《银行和保险业关于环境可持续发展的声明》。2000年出版的《美国传统词典》（第四版）对环境金融的定义为“使用多样化的金融工具来保护环境”。关于环境金融存在许多定义，但基本要义都是通过金融手段来解决人类面临的环境问题。在我国现有的文献中，绿色金融也被称为环境金融或可持续性金融③。从概念本身看，我国的绿色金融与国际上的环境金融并无本质差异④。绿色金融与可持续金融、气候金融、碳金融、生态金融等词都与应对环境问题相关，也常常被混用，而可持续金融、气候金融和绿色金融的范畴虽有交叉，却仍需区别。按照覆盖范围的大小来排序，应该是可持续金融范围最大、绿色金融次之、气候金融较小。

气候金融的概念源自应对气候变化挑战的资金需求，从《联合国气候变化框架公约》关于资金机制的谈判中衍生而来⑤。因此，气候金融的定义一开

---

① 国务院发展研究中心“绿化中国金融体系”课题组，张承惠，谢孟哲，等．发展中国绿色金融的逻辑与框架 [J]. 金融论坛，2016（2）：17–28.

② 天大研究院课题组，王元龙．构建中国绿色金融体系的战略研究 [J]. 经济研究参考，2011（39）：2–25.

③ 邓翔．绿色金融研究述评 [J]. 中南财经政法大学学报，2012（6）：67–71.

④ 殷剑峰，王增武．中国的绿色金融之路 [J]. 经济社会体制比较，2016（6）：43–50.

⑤ 王瑶．气候金融 [M]. 北京：中国经济出版社，2013.

始便被置于联合国气候谈判框架下，以公共部门资金为主要对象，概念相对比较狭窄。为了避免卷入狭隘的政策对话和对气候金融的辩论中，应将绿色金融与气候金融严格区分开来。按 G20 绿色金融研究小组的定义，绿色金融的概念除了包括所有广义气候金融活动之外，还包括减缓和应对温室气体排放活动之外的许多内容，如治理大气污染、水污染、土壤污染的投资融资活动。

可持续金融来自可持续发展的概念，主要是指帮助经济社会实现可持续发展的金融手段和体系。联合国环境规划署在 1992 年里约热内卢的地球峰会上希望金融机构能把环境、社会和治理（ESG）因素纳入决策过程，因此环境、社会和治理（ESG）因素可以被看成是衡量可持续发展的重要指标。相较于可持续金融，绿色金融目前更强调 ESG 因素中的环境部分，涵盖范围比可持续金融小。但是随着国际合作的加深与融合，ESG 因素中的社会和治理因素也会逐渐体现在各国的绿色金融议题当中①。

国外更多地使用碳金融这一概念。从内涵及外延的范畴上讲，碳金融是绿色金融的重要组成部分，是指由《京都议定书》而兴起的低碳经济投融资活动，即所有服务于限制温室气体排放的金融活动，包括碳排放交易、直接投融资和银行信贷等方面。生态金融也叫绿色金融，是指金融部门将环境和生态的影响纳入日常的投融资决策过程中，通过金融业务的运作来实现对资金的引导，从而实现金融与自然的可持续发展②。

从概念上讲，金融由绿色金融与非绿色金融两部分组成，两者之间存在一定的联系。与传统金融相比，绿色金融在资金配置市场的属性、决策因素、市场有效信号、金融工具创新、市场风险等方面存在差异③。传统金融往往强调经济利益，而绿色金融更强调人类社会的生存环境利益，它更多地依赖政府政策的强力支持和推动④。发展绿色金融是金融创新和金融机构转型发展的重要方面，金融机构转型发展，就是要通过创新金融产品、优化金融组织结构

① 马骏．国际绿色金融发展与案例研究 [M]. 北京：中国金融出版社，2017.

② 杨喜光，何梅．我国构建生态金融体系探究 [J]. 商业时代，2012（14）：66–67.

③ 俞岚．绿色金融发展与创新研究 [J]. 经济问题，2016（1）：78–81.

④ 董捷．我国绿色金融发展的现状、问题和对策 [J]. 工业技术经济，2013（3）：156–160.

等，更好地发挥服务实体经济转型升级的作用。近年来，我国金融发展有“脱实向虚”倾向，绿色金融是推进实体经济与虚拟经济发展紧密结合的重要纽带。随着绿色金融的发展，其在金融中所占的比例越来越大，非绿色金融将逐渐丧失竞争力，绿色金融是未来金融发展的源头活水，也是未来金融的发展趋势。

第四节　绿色金融测度的相关研究

近年来，国内外对于绿色金融评价的研究内容不断丰富，但尚未形成具有权威性和一致性的评价标准。总的来看，对于绿色金融的评价可分为微观和宏观层面。

在微观层面，一般重点考察金融机构是否将绿色理念融入内部管理和业务经营汇总，开展绿色金融服务的能力水平、对外部环境影响，以及关于绿色金融信息披露的完整性、准确性和及时性。2000 年，世界可持续发展工商理事会与 UNEP 共同设计了金融业的环境绩效评价体系（EPI-Finance2000），从环境收益和创新的贷款数量、绿色金融产品数量等方面衡量不同金融机构的表现；碳信息披露项目（CDP）代表机构投资者每年向全球大公司发送包括管理、风险和机遇、排放等内容的问卷，披露其应对气候变化的战略和自身温室气体排放数据；2014 年，原中国银监会、世界自然基金会和普华永道对 12 家中国银行和 10 家“赤道银行”的绿色金融开展情况采用调查问卷形式进行了调研，对金融机构可持续绩效进行了评价；2015 年，公众环境研究中心（IPE）与自然资源保护协会共同发布了“2015 年绿色供应链 CITI 指数评价报告”，以对品牌在华供应链环境管理表现进行动态评价；Raberto 等[①] 运用 Eurace 模型根据银行发放绿色信贷而对企业的能源使用进行预测，结果发现，其对资本和能源使用效率的积极影响变得微不足道。

在宏观层面，一些学者聚焦国家和区域层面的绿色金融综合发展水平来建立评价体系。2001 年，荷兰经济学家 Marcel 提出了著名的绿色金融阶段论，

① Raberto M，Ozel B，Ponta L. From Financial in Stability to Green Finance：The Role of Banking and Credit Market Regulation in the Eurace Model[J]. Journal of Evolutionary Economics，2019（1）：429-456.

并对亚太、北美、欧洲大银行的绿色金融水平进行评价；2007年，国际金融公司发布的名为《关于可持续发展的银行业务》的研究报告，对全球新兴市场国家碳金融、小微贷款、绿色证券、绿色保险等非银行金融机构进行了调查，以评价其绿色金融服务。还有一些学者将外部环境成本与经济增加值的既定指标相结合，建立评价标准。国内学者也从宏观层面进行了绿色金融评价[①②③]。张玉[④]基于京津冀协同发展的背景，从绿色信贷、绿色保险、碳金融及绿色证券等方面构建了京津冀地区绿色金融发展状况评价体系。

编制绿色金融相关指数，也是一类测度绿色金融发展的重要手段。绿色金融指数是较新的研究领域，国际上相关的权威性研究还比较少，其理论边界和实际范围仍在讨论之中，其研究范畴与以上三种指数既有很多交叉之处，又需要更多的经济学、金融学基础理论支撑。当前大部分绿色金融指数都只是从一个或者几个方面简单反映绿色金融状态，例如美国ESG指数系列、欧洲S&P DOW Jones指数系列、MSCI全球社会责任指数系列、FTSE ex Fossil Fuels指数系列、MSCI可持续水资源指数、Scholtens等[⑤]开发的绿色股票指数和绿色债券指数，我国推出的300绿色领先股票指数、ESG系列的上证180公司治理指数、中证阿拉善生态主题100指数、中证内地低碳经济主题指数，以及中债－中国绿色债券精选指数、中债－中国气候相关债券指数等。少数研究能够从宏观角度对全球绿色金融发展进行全面的评价。当前较有代表性的为英国Z/Yen集团和Finance Watch联合推出的全球绿色金融指数（GGFI），GGFI是基于一系列现有指数，并结合对全球资深行业数据的定期调查得出的，每6个月进行更新。但该指数缺乏适用性，其数据大部分根据调查得来，缺乏绿色金融统计

① 曾学文，刘永强，满明俊，等．中国绿色金融发展程度的测度分析[J]. 中国延安干部学院学报，2014（6）：112–121.

② 丁俊权，张红梅，王资燕．贵州省新型城镇化与绿色金融发展评价研究[J]. 科技创业月刊，2016（15）：3–6.

③ 郑文灏．地方绿色金融发展路径研究[D]. 南京：南京审计大学，2018.

④ 张玉．京津冀地区绿色金融发展水平测度探究[J]. 中国市场，2016（21）：31–32.

⑤ Scholtens B，Dam L. Banking on the Equator. Are Banks that Adopted the Equator Principles Different from Non–Adopters？[J]. World Development，2007（8）：1307–1328.

相关国际标准，事实上绿色金融指数的范围应该更大，包含的产品应该更多，影响机制也更为复杂。

我国作为绿色金融的倡导国，近年也出现少量关于中国的绿色金融指数方面的研究。谢宁等和孔晴分别以省为例计算了绿色金融发展指数；李永平等对相关商业银行年报的文本进行研究，构建了银行业绿色发展指数；马骏出版了《国际绿色金融发展与案例研究》和《构建中国绿色金融体系》两本专著，后者对于绿色金融指数的编制具有很好的借鉴作用；李常武等也从宏观层面提出了绿色金融发展指数的指标体系；董晓红和富勇编制了各省（自治区、直辖市）的绿色金融发展指数，并进行了横向比较，其指标体系有一定借鉴价值；曾学文等构建了我国绿色金融指数，从绿色信贷和绿色投资等五个维度测度我国绿色金融发展水平，结果显示我国金融发展水平稳步上升。

第五节　绿色金融核算相关非系统性研究

目前，国内外学术界在绿色金融核算方面的直接研究成果较少，尚未对此问题展开系统性研究。与绿色金融核算相关的研究，除了关注绿色金融内涵外，已有研究较多集中在绿色金融工具方面。当然，绿色金融核算必然与现有其他经济统计和金融统计高度契合，同时也需要参考并借鉴相关标准来探讨绿色金融核算的有关问题。

绿色金融工具是研究绿色金融核算的主要对象，也是形成绿色金融相关存量和流量总量的重要载体，现有研究对此已经形成了较为清晰的认识。绿色金融工具包含绿色信贷、绿色保险、绿色证券、绿色基金、社会责任投资、环境资源资产证券化、碳金融等绿色金融产品，但国内关于绿色金融工具的理论成果主要集中于绿色信贷研究[①]。金融机构根据不同信贷申请项目的环境风险评估情况，从信贷规模和利率价格两方面体现金融机构的风险定价和环境风险定价，对有利于环保的借款项目给予比较优惠的利率或贷款补

① 邓翔．绿色金融研究述评[J].中南财经政法大学学报，2012（6）：67-71.

贴，对有损环境的借款项目给予较高的利率以抑制其发展[①]。绿色证券的作用机制主要体现在证券市场的定价和估值方面，通过考虑上市公司的环境友好因素或者环境风险因素，对环境友好型上市公司及其股票增加环境溢价，对污染企业及其股票扣减环境风险折价[②]。碳排放权交易体系的核心是建立为碳定价的市场机制，碳定价的三大关键要素是管理时间长度、数量上的限制、价格上的控制机制，要寻找正确的定价水平，政府必须着眼于建立长期定价机制与短期定价机制[③]。

相关经济统计与金融统计的国际标准，可为绿色金融核算体系的各层次研究提供有力参考。《国民账户体系 2008》（以下简称 SNA2008），是一套基于经济学原理严格核算规则进行经济活动测度的国际公认标准建议，被尊为宏观经济统计的“宝典”。无论是绿色金融还是其背后更为泛指的绿色经济，实则都属于经济活动范畴，相应在概念、定义和分类，以及活动主体界定、客体界定、记录基础、计值方法和加总等核算规则方面，都可遵循 SNA2008 的系列标准。在一定程度上，绿色金融核算体系研究，实则是对 SNA2008 在核算研究深度方面的拓展。核算绿色金融自然需要对其背后的绿色经济进行研究，对此，绿色经济核算的最新国际统计标准《环境经济核算体系 2012》（以下简称 SEEA2012）可提供可借鉴的研究方略。SEEA2012 主要讨论了环境与经济综合核算体系的基本概念、框架结构、资源耗减和环境降级的估算方法，并着重将有关核算结果应用于调整传统的国民经济核算指标。SEEA2012 的核心目的是确定人类经济活动的资源环境成本，并将其价值从 GDP 中剥离出来，得到经环境污染调整的绿色 GDP。具体核算上，将自然环境进行分解分类，计算出每类自然环境资产的期初存量、当期流量及期末存量[④]。绿色金融核算理论应植根于绿色经济核算理论，SEEA 关于绿色经济的总量核算在一定程度上为绿色金融的核算提供了指导和借鉴意义。

---

① 李晓西，夏光，等．中国绿色金融报告 2014[M]. 北京：中国金融出版社，2014.

② 同②。

③ 马骏．国际绿色金融发展与案例研究 [M]. 北京：中国金融出版社，2017.

④ 向书坚，黄志新．SEEA 和 NAMEA 的比较分析 [J]. 统计研究，2005（10）：18-22.

当然，进行绿色金融核算研究，必然也需要借鉴相关统计方法，IMF 发布的《货币与金融统计手册与编制指南 2016》（以下简称 MFSMCG2016）是该领域的最新国际标准。MFSMCG2016 建议采用的货币与金融统计框架被世界各国广泛应用，其目的是为测度经济体的金融活动状况及其对经济的影响，以经济体中的资金运动为主线，围绕货币与金融统计脉络实施，全面核算其应内含的全部经济存量与流量。MFSMCG2016 就货币统计的统计目的、主体统计、客体统计、“一致性”约定和总量核算方法均给出了详细的介绍。MFSMCG2016 建议采用的货币统计框架包含两种层次的数据编制和表述：第一，单个机构单位报送的存量和流量数据被汇总纳入部门资产负债表；第二，部门资产负债表又被汇总成概览。货币统计框架还包括金融性公司概览，它为分析整个金融性公司部门对其他经济部门和非居民部门的债券和负债提供了流量和存量数据。特别是，金融性公司概览显示了金融公司提供的信贷综合数据。我国当前的货币统计实践基本是在 MFSMCG2016 建议采用的货币统计框架下进行的。从中国金融市场实际出发，中国的货币供应量统计原则为流动性原则、相关性原则、可测性原则、成本效益比较原则、连续性原则和与国际接轨原则（杜金富，2012）。

第六节　已有研究评述

虽然国内外学者在绿色金融内涵、作用以及制度研究等方面做出了许多富有成效的贡献，但在绿色金融核算方面仍有大量争议和问题亟待解决。对绿色金融现象本质的认知及其计量，逻辑上会遇到绿色经济活动与非绿色经济活动的界限问题。根据人类经济活动的演进规律，现代意义上的绿色金融与传统绿色金融之间的区别，则可能会涉及相关新技术及其应用是否内嵌于绿色经济活动之中。因此，既要研究传统绿色经济活动，又要研究新技术及其应用对绿色经济活动所带来的“革命性”影响。绿色金融产品通常具有一定的公共属性，其盈利水平相对较低，从主要发达国家的经验来看，政府介入是推动绿色金融发展的重要因素。因此，对绿色金融资金流量、流向的数量反映中，要探究货币统计（MFS）视角下的统计理论和方法。

第一，绿色金融的核算理论有待进一步深化和突破。绿色金融与绿色经济之间的内在联系，绿色金融与环境金融、低碳金融、生态金融等在概念、内涵及外延上的异同，绿色金融与其他非绿色金融现象之间的关系，这一系列理论问题都有待深入挖掘、比较与探析。在此研究中，既应捕捉绿色金融现象间的一般共性，也应系统科学地提炼出其内在差异性，有针对性地探究广义绿色和狭义绿色、深绿色与浅绿色、直接绿色与间接绿色等之间的联系和区别。进一步的，以此相关研究为基础，科学地界定出绿色金融在核算视角下的内涵与边界。此外，还应在理论上确定绿色金融基本总量的平衡关系。紧抓绿色金融运行过程中存量和流量的内涵，以国民经济核算中存量与流量间的平衡关系式为基础，从经济总体、部门内、部门间等多个主体视角出发，探索性地在理论上建立起绿色金融总量间的平衡关系。与其他国家和国际机构组织相比，我国的绿色金融发展和经济核算体系既有其普遍性，又具有一定的特殊性，所构建出的绿色金融发展及其核算理论也应反映出中国特色。

第二，绿色金融的核算方法有待进一步探索和重构。现有绿色金融核算由于缺乏体系化的核算方法，既无法真实、全面地反映实践中绿色金融发展的总体状况，也不能揭示在发展过程中可能出现的阶段性、局部性、差异性等结构性特征。因此，必须探索性地重构绿色金融核算方法体系，可分别从货币统计视角对绿色金融总量核算展开系统性研究。在货币统计视角下，构建起一整套关于经济体中金融性公司部门的绿色金融资产和负债的存量和流量统计体系。特别是要着重于金融性公司部门的绿色金融资产端相关存量和流量总量的核算，包括绿色金融活动的统计识别、记录基础、计值、加总等一系列问题。进一步，可在此基础上编制绿色金融概览，它不仅能独立用于反映绿色金融发展的总体状况和结构，又能够自然嵌入现有货币统计体系并构成其重要组成部分。我们要在金融统计视角下，构建起一整套关于经济体中各项绿色金融业务活动所涉存量和流量的统计体系。有针对性地对绿色信贷、绿色债券、绿色股票及碳交易等绿色衍生金融产品核算问题展开深入探讨，合理界定并区分绿色金融中的直接融资和间接融资、银行融资和非银行融资、政府部门（公共部门）融资和非政府部门（非公共部门）融资等。

第三，绿色金融的统计制度体系有待进一步构建和完善。在绝大部分经济体中，一直以来，绿色金融现象及其微观核算实践是存在的，但其具有分散性、多样性和差异性特征。目前，我国仍然缺乏绿色金融专门性统计制度，部分绿色金融统计工作零散分布于各金融机构当中，绿色金融统计制度体系亟待系统性构建和进一步完善。因此，介绍发达国家的绿色金融统计实践和经济统计、金融统计相关国际标准，分析和比较其绿色金融具体统计实践做法，深入剖析我国绿色金融统计现状和存在的主要问题，坚持问题导向与为我所用原则，在保持国际可比性前提下构建并完善我国绿色金融统计体系，有其重大现实意义。只有构建起完善的绿色金融统计制度体系，才能为制定货币金融政策、财政政策及产业政策等提供更为翔实和科学的数据基础。当然，在此过程中应充分考虑和评估我国绿色金融发展和政府统计的实际国情，以免所构建的绿色金融统计制度不内恰。

第四，现有数据情况下绿色金融发展的间接衡量及其环境效用有待进一步讨论和探究。由于现阶段缺乏完善的绿色金融统计体系，无法直接全面地反映绿色金融发展状况。对此，必须采取间接方式来测度绿色金融发展。当前，主要是借助统计综合评价方法来构建绿色金融综合评价体系，进而反映绿色金融的整体发展情况。但是该方法受到指标选择、赋权和合成方法的影响。本书拟考虑使用微观企业上市信贷数据来间接衡量绿色金融发展，具有一定的新意。进一步，通过构建相关计量模型，以此数据来考察绿色金融对能源消耗的影响，具体而言：①以我国各省市作为研究样本，一方面从全国层面分析了绿色金融发展程度对能源消耗强度的影响机制，另一方面分区域探讨了绿色金融对能源消耗的传导机制，因而研究结果对我国实行差异化环境保护和金融政策具有重要的指导作用；②分析框架中纳入非正式环境规制，探讨从公众意识角度入手能否对控制能源消耗总量带来积极影响，从而在控制能源消耗总量的方法上为决策者提供一种新的思路。

第三章　绿色金融统计现状与存在的问题

绿色金融是现代金融发展的新领域，在支持低碳经济发展、防范环境和社会风险、实现经济社会可持续发展等方面发挥着越来越重要的作用，越来越多的国家开始重视绿色金融发展和统计体系构建的相关问题。包括我国在内的许多国家，特别是德国、英国和美国等发达国家，早已在实践中专门性地开展了绿色金融业务。事实上，除专门性的绿色金融机构所开展的绿色金融活动外，传统金融机构也内含了大量绿色金融活动。然而到目前为止，对于绿色金融核算，世界上还没有任何一个经济体系统性地建立起专门的绿色金融统计体系，用于全面监测绿色金融活动的运行情况。因此，有必要在理论和方法上深入研究绿色金融核算问题，探究如何构建具有中国特色的绿色金融统计体系。而梳理国内外绿色金融统计 / 核算现状，认识并分析存在的主要问题，则成为首要问题。

第一节　国外绿色金融统计相关标准

绿色金融的相关统计标准，会涉及一系列金融机构参与签订的可持续管理的全球性绿色标准。这些标准具体包括：全球报告倡议组织指引（荷兰银行、汇丰银行、花旗集团等1290家机构签约)、ISO 26000标准及一些自愿加入的协议，如联合国环境规划署金融倡议（美国银行、瑞士信贷集团、摩根大通公司等180家金融机构参加)、联合国负责任投资原则（697家机构签约)、联合国全球契约（德意志银行、荷兰国际集团、日本三菱日联金融集团等7500家机构签约)、联合国气候变化框架公约、“赤道原则”及碳排放披露计划（高盛投资公司、美林证券、摩根士丹利投资公司等534家机构签约）等[①]。所有这些标准均以可持续发展为目标，促进金融机构进行绿色投资经营。

上述标准中，影响最为广泛和深远的是“赤道原则”。所谓“赤道原则”，即根据国际金融公司的可持续发展政策建立的一套自愿性指南，以保证金融机构在其项目融资业务中充分考虑社会和环境问题。“赤道原则”要求金融机构在项目融资中审慎考虑环境和社会风险，强调环境、社会与企业发展的和谐统一，推动商业银行公司治理目标从早期的“股东利益最大化”向“充分考虑多元利益主体诉求”转变。而赤道银行承诺只把贷款提供给符合“赤道原则”9个条件的项目。“赤道原则”确立了项目融资的环境与社会最低行业标准，为金融机构推进环境保护和节能减排提供了可参照的一般准则。目前，实行“赤道原则”的金融机构达79家，占到全球项目融资市场的90%以上。

借助“赤道原则”等绿色金融标准，可以对绿色金融活动进行识别。而这些标准自然也就成为绿色金融的统计标准。除此之外，绿色金融统计势必还会涉及一些具体的绿色金融工具，对这些具体绿色金融工具的要求，包括概念的界定、工具的标准、工具的分类及代表性的产品等，相应也是绿色金融统计的重要内容。

一、绿色信贷

国外对绿色信贷的定义较少，其通常由环境贷款、可持续贷款、“赤道原则”和企业社会责任构成[②]。绿色信贷的本质在于把环境与社会责任融入商

① 西南财经大学发展研究院、环保部环境与经济政策研究中心课题组，李晓西，夏光，等.绿色金融与可持续发展[J].金融论坛，2015（10）：30–40.

② 马骏.中国绿色金融发展与案例研究[M].北京：中国金融出版社，2016.

业银行的信贷业务范围之中，以达到借助贷款实现绿色治理和环境保护的功效。目前，国外并未形成关于绿色信贷统计的专门性统计制度。国际金融公司（IFC）气候政策组在绿色信贷统计方面开展过一系列探索性工作，主要包括三个方面[①]：一是对绿色进行定义；二是估算行业总的贷款中绿色信贷的比重；三是行业和国家（地区）层面的加总处理。

绿色信贷通常有三种表现形式[②]：一是通过信贷工具，包括贷款品种、期限、利率和额度等，支持节能环保项目，促进绿色发展；二是银行在贷款业务管理流程中增加环境风险评价，对违反节能环保相关法律法规的项目和企业采取停贷、缓贷或提前收回贷款的措施，促进节能环保和绿色发展；三是通过信贷手段引导和督促借款企业在生产过程中防范环境风险，履行环境和社会责任，降低环境风险和经营风险。国外绿色金融市场中提供的绿色信贷产品和服务主要有两大类[③]：一类是面向个人、家庭和中小企业设计的零售市场业务，主要包括住房抵押贷款、房屋净值贷款、汽车贷款、绿色信用卡等；另一类是面向大型企业和公司提供的批发市场业务，主要形式是项目融资。可见，国外绿色信贷不仅包括企业的各类项目融资贷款，还包括大量面向个人和家庭的贷款。

从具体的绿色信贷产品来看，相关个人信贷产品在突出绿色属性时也有所不同[④]。住房抵押贷款主要有两种类型的产品：一种是政府为符合环保标准的贷款提供减息，如荷兰银行的绿色信贷产品为贷款减息 1%；另一种则是为抵押贷款保险费提供溢价退款和延期分期付款。房屋净值贷款是指为客户提供便捷融资方案，来购买和安装住房太阳能。汽车贷款也包括两种类型的产品：一种主要是为清洁空气汽车提供优惠利率贷款；另一种则是开放汽车贷款产品，要求贷款者种树吸收私家车排放，如澳大利亚 MECU 银行提供的

① 杨少芬，赵晓斐，蔡朝阳，等 . 绿色金融统计制度：国内外实践及构建设计 [J]. 金融发展评论，2018（9）：34–42.

② 李晓西，夏光等 . 中国绿色金融报告 2014[M]. 北京：中国金融出版社，2014.

③ 马骏 . 国际绿色金融发展与案例研究 [M]. 北京：中国金融出版社，2017.

④ 同③。

汽车贷款产品。绿色信用卡产品的种类则颇多，如荷兰合作银行发行的气候信用卡——银行根据信用卡购买的产品或服务的节能强度，向世界自然基金会提供捐款；英国巴克莱银行则为信用卡用户在购买绿色产品和服务时提供优惠和较低的借款利率；美国银行则是信用卡持卡人可将 Visa World Points 的奖金捐给投资温室气体减排的组织。

对于面向企业的各类项目贷款融资而言，“赤道原则”将项目融资中的环境和社会标准数量化、明确化、具体化，是对应绿色信贷产品应用最为广泛的原则。2003 年 6 月，花旗银行、巴克莱银行、荷兰银行等 10 家国际领先银行宣布实行“赤道原则”，得到国际社会的高度重视。目前，越来越多的国家或地区的金融机构接受了“赤道原则”，其中超过 1/4 的赤道银行来自发展中国家。以“赤道原则”为基础，越来越多的银行金融机构建立起完善的环境和社会评估体系，许多代表性的绿色信贷项目不断在全球范围内顺利展开。从具体的项目类绿色信贷产品来看，主要是对废弃物再生能源项目、清洁能源项目等长期投资项目进行信贷支持。

二、绿色债券

2007 年，绿色债券出现在国外债券市场中，即欧洲投资银行发行了第一只绿色债券——气候意识债券。此后，随着环境资源问题引发的投资风险日益凸显，责任投资理念的影响日渐广泛，投资者对绿色债券的关注度不断提升[①]，绿色债券的总量规模经历了快速发展。

2014 年，国际资本市场协会（ICMA）联合了 130 余家金融机构，组建了绿色债券原则执行委员会，推出并持续更新发布了《绿色债券原则》（以下简称 GBP），对绿色债券的发行主体、投资者、期限、评级等做出了规范，该原则旨在通过明确绿色债券的发行流程、提升市场透明度及信息披露程度，促进绿色债券市场的发展。以《绿色债券原则》（2018）为例，该原则主要包括 4 项原则框架，即募集资金使用、项目评估与筛选流程、募集资金

① 金海年．绿色金融评价体系研究——企业、资产与供应链的绿色评价 [M]. 北京：中国金融出版社，2019.

管理及报告。募集资金使用重点关注减缓气候变化、气候变化适应、自然资源保护、生物多样性保护及污染预防和控制这五大关键环境问题。拟投绿色项目包括但不局限于可再生能源、能效提升、污染防控、自然资源和土地使用的环境可持续管理、陆地与水域生态多样性保护、清洁交通、可持续水资源与废水管理、气候变化适应、生态效益性（或循环经济产品）、生产技术及流程、符合地区/国家或国际认可标准或认证的绿色建筑。

在GBP的框架下，气候债券倡议组织开发推出了《气候债券标准》（以下简称CBS），给出了绿色债券界定和后续管理的标准要求，并对绿色认证机构的认证资格、认证程序监督等提出了具体指导方针①。CBS的开发目的在于与GBP形成互补，但偏向于给出具体的实施指导方针，特别是在行业层次如何界定绿色属性。CBS认可的绿色项目包括太阳能、风能、快速公交系统、低碳建筑、低碳运输、生物质能、水资源、工业能效和其他可再生资源等，且明确排除了所有与化学染料相关的项目。

国外绿色债券的标准主要包括三个方面②：一是项目"绿色资质"的认定标准，即要明确绿色项目的具体范围，规范绿色项目的申请、选择和评估程序，出具绿色项目的审核意见报告或绿色鉴证；二是绿色债券募集资金的使用和管理标准，即债券收益必须用于支撑特定绿色项目的发展，实行严格的追踪管理以及债券发行人的报告标准；三是其他方面的标准，包括对金融中介机构的绿色项目实施者制定专门的要求和标准等。

从类型上看，各国按照绿色债券资金用途和追索权的不同，将绿色债券进一步细化为绿色用途债券、绿色收入债券、绿色项目债券和绿色证券化债券②。绿色用途债券在市场中占比较高，欧洲投资银行等发行的气候意识债券就属于典型的绿色用途债券。该债券募集资金用于绿色标识项目，向发行者全权追索，且信用评级适用于发行者的所有债券。与绿色用途债券在债务追索权方面有所不同，绿色收入债券的发行人以项目运行产生的现金流作为

① 金海年.绿色金融评价体系研究——企业、资产与供应链的绿色评价[M].北京：中国金融出版社，2019.

② ③同①。

抵押，债券投资人对发行人无追索权。绿色项目债券的募集资金用途是指定了的，只可以用作基础资产的特定绿色项目。绿色证券化债券通常以一系列绿色项目资产或贷款作为标的。

三、绿色股权投资

所谓绿色股权投资，是指企业或个人购买绿色企业的股票，或者以货币资金、无形资产或其他实物直接投资绿色企业，而绿色企业是指以可持续发展为己任，将环境利益和对环境的管理纳入企业经营管理全过程，并取得成效的企业[①]。绿色股权投资不同于传统股权投资，因为除了考虑投资收益性和风险外，还追求可持续发展的社会利益和生态利益。国外绿色股权投资者多为机构投资者，其主要通过绿色股票指数型基金进行投资。绿色股票指数则是根据特定标准对绿色股票进行评选，选取综合评分较高的上市公司为样本，根据其股票价格所设计并计算出来的股票指数，用以衡量绿色股票市场的价格走势[②]。

国外绿色股权投资者通过以特定的绿色股票指数为标的指数，并以该指数的成分股为投资对象，通过买卖该指数以追踪标的绿色指数表现的基金产品。国外绿色股票指数可分为三类：① ESG 指数，包括环境、社会及公司治理类指数；②环境生态指数，包括低碳、水资源、非矿物燃料类指数；③环保产业指数，包括资源管理、污染管理、清洁技术类指数[③]。国际环保产业指数发展较早，富时（FTSE）、道琼斯（DOW Jones）、标准普尔（S&P）、明晟（MSCI）等机构推出了一系列绿色股票指数[④]。ESG 指数可以进一步细分为可持续发展指数和社会责任指数。前者是从环境、社会与公司治理方面对公司的长期全面评估，以公司治理、生态效益、社会责任等为标准；后者是一种更全面的考察企业的主体指数，除了关注企业的财务表现，还关注企业社会

① 马骏．国际绿色金融发展与案例研究 [M]. 北京：中国金融出版社，2017.

② 朱易捷．我国绿色股票指数发展的研究与思考 [J]. 金融纵横，2018（7）：59-64.

③ 同①。

④ 同②。

责任的履行[①]。代表性的绿色股票指数有 MSCI 绿色指数产品、道琼斯可持续全球指数、S&P 碳效率指数系列、标准普尔全球 1200 无化石燃料指数以及富时全股碳优化指数等。

四、绿色基金

国外的绿色基金，主要是指针对节能环保、改善环境、促进低碳发展而建立的各类直接投资基金，在类型上主要包括绿色产业基金、绿色发展基金、绿色担保基金、碳基金和气候基金等。世界上第一支绿色投资基金（Calvert Balanced Portfolio A）于 1982 年在美国问世。该基金虽然在字面上并未体现出绿色的含义，但在投资过程中主要筛选对环境保护较好的企业作为投资对象[②]。此后，英国、法国、瑞士等欧洲国家，相继出现了不同类型的绿色投资基金。总体来看，国外的绿色基金经历了从个别倡议到社会理念基本认同的转变、从单纯宗教信仰的道德伦理层面到现代多维度社会责任策略层面的转变、从机构公司投资为主导到机构公司和个人投资多种投资模式并存的转变[③]。

由于各国金融制度和发展程度之间存在较大差异，相应的绿色基金制度安排和表现也具有很大的不同。从发行主体来看，美国和欧洲的绿色基金主要是由机构投资者和其他私人部门投资者发行，日本的发行主体以企业为主；从发展阶段来看，美国的绿色基金已经进入了成熟阶段，而在一些欠发达地区，尽管设立了一些绿色基金，但由于绿色基金受制于资本市场水平，受关注度不高，发育程度极其低下。

五、绿色保险

绿色保险是指以被保险人因污染环境而承担的损害赔偿和治理责任为保险标的的责任保险，其要求投保人按照保险合同的约定向保险公司缴纳保险

① 马骏．国际绿色金融发展与案例研究 [M]. 北京：中国金融出版社，2017.

② 同①。

③ 赵淑霞，肖成志．国内外绿色基金宏观层面比较研究 [J]. 西南金融，2021（4）：15-28.

费，一旦发生污染事故，由保险公司对污染受害人承担赔偿和治理责任①。绿色保险是国际上普遍采用的制度，并已被许多国家证明是一种有效的环境风险管理的市场机制②，不仅能有效分担环境污染和治理的赔偿责任，更有利于提升环境风险的管理水平。目前，一般认为国外的绿色保险等同于环境污染责任保险③，但也有研究认为环境污染责任保险仅是绿色保险中的一个重要险种④。

欧美国家绿色保险发展起步较早。20 世纪 70 年代，首个环境污染责任保险在英国出现；1988 年，美国组建成立了第一家专门性的环境保险公司。美国和欧洲的环境污染责任保险明显具有一定的差异：美国《超级基金法》规定，可能导致环境污染的企业具有承担环境污染责任的偿付能力，即对偿付能力具有强制性要求；欧洲《欧盟环境责任指令》的要求则相对更为宽松，各国可以根据自身情况来决定是否采取强制性的偿付方式⑤。

第二节　国内绿色金融统计相关标准

绿色金融统计标准是我国金融统计标准的重要组成部分。近年来，金融管理部门、专业机构、地方政府、评级公司等机构陆续发布了一系列绿色金融统计的标准，实现了统计标准的再升级。截至目前，中国人民银行等七部委联合发布的《关于构建绿色金融体系的指导意见》明确了绿色金融的概念。并且，我国已经制定了 3 套绿色标准，涵盖绿色信贷、绿色债券和绿色产业，分别为原中国银监会 2013 年发布的《绿色信贷统计制度》、中国人民银行于 2015 年 12 月核准的《绿色债券支持项目目录（2015 年版）》（该标准于 2021 年进行了更新）、国家发展改革委等七部委于 2019 年 3 月发布的《绿

① 严湘桃 . 对构建我国“绿色保险”制度的探讨 [J]. 保险研究，2009（10）：51–55.

② 胡海红，刘金章 . 对构建我国“绿色保险”制度的探讨 [J]. 浙江金融，2008（11）：33–34.

③ 同②。

④ 马骏 . 国际绿色金融发展与案例研究 [M]. 北京：中国金融出版社，2017.

⑤ 同④。

色产业指导目录（2019年版）》。《绿色产业指导目录（2019年版）》是我国目前关于界定绿色产业和项目最全面、最详细的指引，将绿色产业划分为六大类别，包括节能环保产业、清洁生产产业、清洁能源产业、生态环境产业、基础设施绿色升级和绿色服务，在这六大一级分类下又细分了30项二级分类及211项三级分类，这种分类方法可以帮助各相关方从逻辑上迅速理解活动的绿色目标。但是，该指导目录暂时没有和国家标准《国民经济行业分类》的目录形成一一对应关系，不便于国家从既有的国民经济运行分类情况动态了解绿色产业的发展情况[①]。

区域绿色金融的统计标准也在持续探索和完善中，六省九地的绿色金融改革试验区在这几年大力发展绿色金融，不断出台地方绿色金融标准。广州市花都区发布《绿色企业认定办法》《绿色项目认定办法》等文件，为绿色金融支持目标提供标准依据；江西省赣江新区发布《绿色金融标准体系》，包含绿色项目认定、绿色企业认定、企业环境信息披露指引等内容，把绿色企业分为深绿、中绿、浅绿、非绿四个等级，并对经评估认定的绿色企业和绿色项目给予财政补助、信贷补贴等配套政策；贵州省发布《绿色金融项目标准及评估办法（试行）》，进一步规范绿色项目评估，减少金融机构对接绿色项目的识别成本；湖州绿色金融改革创新试验区发布了《绿色融资项目评价规范》《绿色融资企业评价规范》《绿色银行评价规范》《绿色金融专营机构建设规范》四项地方绿色金融标准。区域或地方绿色金融标准的不断完善也为国家绿色金融统计标准的制定和完善提供了参考。

总体上，我国目前绿色金融的统计制度，主要是围绕绿色信贷和绿色债券建立的。绿色基金、绿色股票、绿色保险等其他绿色金融产品，尚未建立相应的统计制度[②]。并且，无论是绿色信贷还是绿色债券，界定标准都具有多样化特点，没有形成公认的一致性标准。如绿色信贷，既有原中国银监会面

---

① 孙李平，王娟．国内外绿色金融标准综述[R]. 海南省绿色金融研究院，2021.

② 杨少芬，赵晓斐，蔡朝阳，等．绿色金融统计制度：国内外实践及构建设计[J]. 金融发展评论，2018（9）：34–42.

向银行业金融机构发布的《绿色信贷指引》，又有中国人民银行印发的《关于建立绿色贷款专项统计制度的通知》，两套绿色信贷统计制度共存且存在差异，导致了重复统计及统计范围不统一的问题。绿色债券统计制度同样如此，中国人民银行发布的《绿色债券支持项目目录》和国家发展改革委印发的《绿色债券发行指引》，对绿色项目的认定并不统一，具有一定的差异。由于后文将专门以绿色信贷为例来探究我国绿色金融制度改革，这里仅就我国绿色债券、绿色股权、绿色保险、绿色基金等金融工具的相关统计情况做简单介绍。

一、绿色债券

绿色债券作为一种既可以满足发行方发展绿色项目的融资需求，又可以满足投资方践行环境保护与履行社会责任需求的双赢手段，在受到国内外资本市场持续关注的背景下，对于我国发展绿色经济，实现经济、社会和环境的协调发展意义重大①。围绕绿色债券的市场研究和机制建设尚在初步阶段，中国绿色债券在债券属性、项目分类、评估体系和评级方法等方面具有不同的特征。

绿色债券标准是绿色债券市场的基础设施，是绿色债券发行、评估认证、信息披露、投资交易以及规避“洗绿”“漂绿”风险的关键准绳②。中国人民银行、国家发展改革委、中国证券监督管理委员会（以下简称证监会）联合发布了《绿色债券支持项目目录（2021 年版）》，新版绿色债券标准的逻辑、框架及主要内容在与《绿色产业指导目录（2019 年版）》保持一致与协同的基础上，同时实现了三大重点突破：一是绿色项目界定标准更加科学准确。煤炭等化石能源清洁利用等高碳排放项目不再纳入支持范围，并采纳国际通行的“无重大损害”原则，使减碳约束更加严格。二是债券发行管理模

① 金海年．绿色金融评价体系研究——企业、资产与供应链的绿色评价 [M]. 北京：中国金融出版社，2019.

② 中国人民银行研究局（所）课题组．新版目录助力绿债市场发展 [J]. 中国金融，2021（9）：17-18.

式更加优化。首次统一了绿色债券相关管理部门对绿色项目的界定标准，有效降低了绿色债券发行、交易和管理成本，提升了绿色债券市场的定价效率。三是在分类逻辑上，《绿色债券支持项目目录（2021 年版）》实现了二级和三级目录与国际主流绿色资产分类标准的基本一致，有助于境内外主体更好地识别、查询和投资绿色资产，四级目录与《绿色产业指导目录（2019 年版）》的三级目录基本一致，有助于国家绿色低碳转型发展重点项目得到“清单”式金融服务。我国各类绿色债券标准的统一，结束了原来不同绿色债券标准共存的情况，有利于中国绿色债券市场的进一步发展①。

我国绿色债券主要按照发行主体和监管机构等因素进行分类，主要分为非金融企业绿色债务融资工具、绿色金融债券、绿色企业债券、绿色公司债券、绿色资产支持证券等。此前，国内绿色债券标准有两个，分别是中国人民银行发布的由绿色金融专业委员会编制的《绿色债券支项目目录》和国家发展改革委发布的《绿色债券发行指引》，其中《绿色债券发行指引》范围更加宽泛，但现已形成统一的绿色债券目录②。

由于我国债券市场的多头管理现状，不同品种的绿色债券的发行市场和监管机构不同，相关发行条件也有所区别。从发行主体看，绿色金融债的发行主体是金融机构，其他类别的债券的发行主体是企业法人。从募集资金使用情况看，绿色金融债和绿色债务融资工具要求募集资金 100% 投入绿色项目，而绿色企业债和绿色公司债则允许部分募集资金用于和绿色项目无关的补流还贷。2021 年 2 月，在银行间债券市场率先发行的碳中和债发行规模快速增长，仅半年时间存续规模已达千亿元，成为绿色债券的重要品种。

二、绿色股权投资

绿色金融是实现碳中和的关键手段，而绿色股权投资是绿色金融中不可

① 钱立华，方琦，鲁政委 . 中国绿色金融标准体系的建设与发展 [J]. 金融博览，2020（19）：8–11.

② 金海年 . 绿色金融评价体系研究——企业、资产与供应链的绿色评价 [M]. 北京：中国金融出版社，2019.

或缺的一环。国内有关绿色金融机构的研究指出，必须建立以股权投资为主体，以股票市场和投贷联动为支撑的金融服务体系[①]。我国的主要股票指数的构成中，传统的高能耗、高污染的重工业企业占很大比例，而许多基金和机构投资者做被动投资时（与股指构成致的投资）自然将同样比例的资金投入污染性行业。我国在建立和推广绿色、可持续指数与投资方面，还处于刚刚起步的阶段，影响力还十分有限。目前，中国的 ETF 产品中，只有 1% 左右是绿色的[②]。

2015 年 9 月，中共中央、国务院印发了《生态文明体制建设改革总体方案》，首次提出要“加强资本市场相关制度建设，研究设立绿色股票指数和发展相关投资产品”。2016 年 8 月，人民银行牵头七部委发布的《关于构建绿色金融体系的指导意见》提出开发绿色指数与相关产品。2016 年 11 月，《“十三五”生态环境保护规划》再次重申研究设立绿色股票指数和发展相关投资产品。2021 年 9 月，中共中央办公厅、国务院办公厅印发的《关于深化生态保护补偿制度改革的意见》提出，研究发展基于水权、排污权、碳排放权等各类资源环境权益的融资工具，建立绿色股票指数，发展碳排放权期货交易。所以，从国内政策的导向来看，我国未来绿色股权投资主要依托绿色股票指数引导，投入针对特定绿色主题、经过特定绿色标准筛选出的上市公司样本中，进而直接或间接提高相关上市公司的估值，使企业在资本市场中处于有利地位[③]。

绿色股票指数是指按照一定的行业标准和指标架构综合评分较高的绿色上市公司样本的股价计算出来的价格指数，主要用以刻画绿色股票市场的价格波动情形。统计该指数的变动一定程度上能反映绿色股权的投资动向。目前中国绿色股票指数体系主要分为可持续发展指数、环保产业指数和绿色环境指数三大类，其中，可持续发展指数又分为 ESG 指数、公司治理指数和社会责任指数三小类，环保产业指数又分为环保产业指数、环境治理指数和新

① 马骏 . 中国绿色金融发展与案例研究 [M]. 北京：中国金融出版社，2016.

② 同①。

③ 赵艳娇 . 发展绿色指数，支持绿色产业 [R]. 海南省绿色金融研究院，2021.

能源指数三小类[①]。

三、绿色基金

绿色基金在我国是一个新生的概念，政府、学术界、实务界对其都有不同的表述，并未形成明确的概念和统一的定义。通常需要学术界对其进行深入研究、系统论证后，结合实务操作达成共识，再由政府有关部门推出政策并在相关法规中给出权威定义。目前，在人民银行、中国社会科学院及部分金融机构有关专家的研究基础上，形成了一些初步的定义，在不同的著作中表述略有差异，包含的内涵和外延略有不同[②]，但是其核心都充分表明：绿色基金在绿色产业链条中发挥着重要作用，其既谋取自身经济利益的增长，也谋求人与自然和谐共生社会效益的增长。据此，部分学者认为绿色基金泛指投向绿色产业的基金，根据投向不同，绿色基金包括绿色证券基金、绿色股权基金、排放权基金、绿色担保基金等[③]。

在政策和市场的双重催化下，中国的绿色基金发展方兴未艾。国际合作的绿色基金已先试先行，国内发展改革委、财政部等国家部委牵头成立的国家级绿色发展基金正持续推进落地，同时省级、市级绿色基金也不断开花，民营企业及民间资本发起设立的绿色基金更是不胜枚举。2011 年 2 月，首支绿色投资基金——兴全绿色投资股票型证券投资基金发行，此后 10 多年来，多种形式的绿色基金在我国绿色金融体系中出现、成长和发展，并彰显出政府从上到下的主导作用。政府先后出台多项文件和指导意见来明确其战略定位、发展路径等内容，建立起了绿色基金快速发展的制度性框架[④]。对于绿色基金运行模式，不同学者从不同角度进行了研究划分，大致包括以下四种：①绿色基金包括交易所环保主题基金、环保产业并购基金、PPP 模式环保产

① 秦二娃，王骏娴 . 健全绿色股票指数体系服务绿色经济发展 [EB/OL].2016-12-12.http：//www.csrc.gov.cn/pub/newsite/yjzx/sjdjt/zcyj/201612/t20161212_307708.html.

② 马骏 . 中国绿色金融发展与案例研究 [M]. 北京：中国金融出版社，2016.

③ 董瑞华 . 中国绿色产业基金发展现状分析 [R]. 海南省绿色金融研究院，2021.

④ 赵淑霞，肖成志 . 国内外绿色基金宏观层面比较研究 [J]. 西南金融，2021（4）：15-28.

业基金[①]；②绿色产业基金存在“3+1”模式，即“行业内高新技术企业+政府引导基金”“行业内大型央企牵头”“金融机构+行业内知名公司”“政府和社会合作的PPP环保产业基金”[②]；③绿色发展基金的PPP模式主要有两种，即“财政出资+社会资金”模式和“政府引导基金+社会资金”模式[③]；④以价值取向和资金投向进行分类，绿色基金可分别划分为政策或功能型绿色基金、社会责任型及公益型绿色基金、市场化盈利型绿色基金和资本市场绿色基金、信用市场绿色基金、绿色权益及衍生品市场基金、公共产品及公益市场绿色基金[④]。相关统计标准也可依据分类进行变动。

四、绿色保险

从广义上说，绿色保险通常是指与环境风险管理有关的各种保险安排，其实质是将保险作为一种可持续发展的工具，以应对与环境有关的一系列问题，包括气候变化、污染和环境破坏等[⑤]。绿色保险包括环境污染强制责任保险、与气候变化相关的巨灾保险、环保技术装备保险、环保类消费品的产品质量安全责任保险、船舶污染损害责任保险、森林保险和农牧业灾害保险等产品。根据国家环境保护总局印发的《关于开展环境污染责任保险调研报告》的通知，从狭义上说，绿色保险是指环境污染强制责任保险。环境污染责任保险是以企业发生的污染事故对第三者造成的损害依法应负的赔偿责任为标的的保险。

我国的绿色保险实践是在政府强力推动下逐步形成和发展起来的，绿色保险实践的内容主要包括相关法律与政策、绿色保险的实施情况、主要的保险公司和产品、投保企业数与保费保额，以及保险费率、赔付情况等。2007年以来，我国在一些省市的重点行业和区域开展环境污染责任保险的试点工

---

① 苏丹，姚林华，邹博清．构建绿色基金体系支持绿色经济发展的思路及建议——以广西为例[J]. 区域金融研究，2018（5）：56-59+64.

② 朱晋，赵燕．绿色产业基金的发展模式与发展策略[J]. 银行家，2017（7）：96-98.

③ 单科举．我国绿色发展基金运作情况探析[J]. 金融理论与实践，2018（11）：93-96.

④ 马骏．中国绿色金融发展与案例研究[M]. 北京：中国金融出版社，2016.

⑤ 田辉．中国绿色保险的现状、问题与未来的发展.[N]. 中国经济时报，2014-05-06.

作，国家在环境风险等级划分和环境污染损失评估等方面投入精力展开研究，并且颁布了相关的技术指导文件。企业环境风险等级划分是开展环境污染责任保险工作的基础：环境风险评估机构根据投保企业的具体情况对其进行环境风险等级划分；保险公司根据企业环境风险等级分结果为其提供环境污染责任险产品。原环境保护部与原中国保险监督管理委员会于 2010 年、2011 年和 2013 年先后联合印发了粗铅冶炼、硫酸、氯碱等高环境风险行业的企业环境风险评估指南。原环境保护部 2011 年印发了《环境污染损害数额计算推荐方法（第 I 版）》，综合运用了经济、法律、技术等手段，对环境污染导致的损害范围、程度等进行合理鉴定、测算，出具鉴定意见和评估报告，为环境管理、环境司法等提供服务。

环境责任保险是保险业服务绿色发展的重要产品，而且已经覆盖重金属、石化、医药废弃物等 20 余个高环境风险行业。平安保险的环境污染责任保险、华泰保险的场所污染责任保险、中国人保的高新技术企业环境污染责任保险，以及安信农险和太保财险的危化品安全责任险等新产品也相继推出，并通过原中国保险监督管理委员会的审核备案最终投入市场。同时，一些保险公司在区域性分公司的层面上已经开始开发环境污染责任保险产品，但这类保险产品在全国范围内还无法具体统计[①]。

第三节　相关标准存在的主要问题

国内外目前有关绿色金融的统计制度和体系并不完善，大多只针对绿色金融的某一部分金融工具进行衡量，主要集中于绿色信贷和绿色债券，并且涵盖的行业范围及界定标准尚未达成一致[②]。归纳起来，当前绿色金融统计主要存在以下四个方面的问题，亟待进一步改正和完善。

---

① 李晓西，夏光，等．中国绿色金融报告 2014[M]. 北京：中国金融出版社，2014.

② 杨少芬，赵晓斐，蔡朝阳，等．绿色金融统计制度：国内外实践及构建设计 [J]. 金融发展评论，2018（9）：34–42.

一、缺乏系统完整的绿色金融统计标准

从对现有绿色金融统计标准的梳理来看，无论是国际组织还是国家（或地区），均未构建起系统完整的绿色金融统计标准。具体在统计过程中表现为两方面：一方面，对绿色金融的统计分散于各绿色金融工具之中，未能在统计数据上反映出绿色金融总的规模大小。现有的绿色金融统计十分分散，缺乏总量指标和数据。另一方面，受各国金融市场发展程度的影响，各国之间绿色金融工具类型存在较大差异。我国目前的绿色金融，主要集中在绿色信贷和绿色债券两种类型上；而对于美国，由于金融市场比较发达，包括绿色保险、绿色股权、绿色基金等各类金融工具都已经经历了快速发展。再者，绿色金融统计完全依附于金融市场对绿色金融工具的识别，即被金融市场识别出来的才能被统计到，还有一些实质上属于绿色金融范畴，但由于未能被识别而不能被统计的情况。

二、同一绿色金融工具属性界定不同，统计结果不具可比性

针对同一绿色金融工具，无论是绿色信贷，还是绿色债券、绿色保险等，由于各国对绿色属性的界定存在较大差异，导致对绿色金融工具的统计也具有很大区别，相应的统计结果之间也不具可比性。一方面，这主要是由于各国社会经济环境所处的阶段不同，相应对绿色所聚焦和关注的侧重点有很大不同。如欧美国家更加重视如何应对气候变化，而我国当前则更加重视污染防治和能源消耗，这主要是因为绝大部分欧美国家已经完成了工业化进程，而我国的工业化正在推进之中，环境污染和能源问题仍然较为突出。另一方面，由于对绿色关注的侧重点不同，导致相应的绿色项目界定标准也就具有很大差异。各国对绿色项目的界定，都依据基于本国实际情况所制定的相应绿色标准，这导致各国的绿色项目实际上存在很大的差异。部分项目在某些国家属于绿色项目，但到了另一些国家可能又被排除到了绿色项目之外。而大部分绿色金融工具都是依托绿色项目进行统计的，相应就会导致各国绿色金融工具的统计口径具有很大差异。

三、同一国家或地区的同一绿色金融工具存在多个制度

不仅是不同国家或地区的绿色金融界定标准存在差异，同一国家或地区对于同一种绿色金融工具的界定，也具有一定差别。如对于我国的绿色信贷统计而言，原银监会面向银行业金融机构发布了《绿色信贷指引》，支持节能环保项目和服务，支持节能环保、新能源、新能源汽车三大战略性新兴产业，而人民银行印发的《关于建立绿色贷款专项统计制度的通知》中，则不包括支持节能环保、新能源、新能源汽车三大战略性新兴产业的生产制造端贷款。对于绿色债券也是如此，国际上既有《绿色债券原则》这一界定标准，又有《气候债券原则》标准，但是两大标准对于绿色项目的认定并不是完全一致的。

四、我国目前缺乏全面测度绿色金融总量的统计指标和数据

受限于绿色金融统计体系和制度不完善，我国目前尚缺乏全面测度绿色金融总量的统计指标和数据，无法直接反映绿色金融整体上的发展情况，也无法进一步测算其对环境的影响效应。我国的绿色金融在总体和结构方面究竟发展如何，实际上难以进行全面把握，相应也无法对国家绿色金融发展政策制定提供数据基础支撑。此外，由于缺乏绿色金融相关数据，也难以利用相关统计和计量经济模型来探究绿色金融的环境效应。因此，有必要基于现有数据，借助间接测度方法来反映绿色金融的发展状况，并进一步检验和分析绿色金融对能源消耗的影响效应。

第四章　货币统计视角下的绿色金融核算研究

第一节　货币统计视角下的绿色金融核算框架

一、绿色金融核算的基本原则

作为金融活动的有机组成部分，绿色金融所涉甚广，是一个多维一体的融合性问题。相应的，绿色金融核算既具有理论联系实际的核算方法体系共性特征，同时又与经济金融相关核算标准存在内在的必然联系。因此，对绿色金融核算的宏观认知，逻辑地必须以此作为起点与基本遵循。

（一）以相关经济理论为指导

在马克思生活的时代，生态环境压力没有当前如此紧张。但马克思具有敏锐的前瞻性，很早就论述了人与自然的关系。马克思认为，应当合理地调节人与自然间的物质变换，即要靠消耗最小的力量，在最无愧于和最适合于人类本性的条件下来进行这种物质变换。马克思的人与自然关系的思想，很好地捕捉并揭示了人类社会发展规律，透视出历史运动的本质和时代发展方向[①]。马克思对人与自然关系的阐述，其内在要求是通过降低人与自然间物质交换的影响，最终实现人与自然的和谐发展。而发展绿色金融也是希望通过金融安排来降低人与自然间物质交换的影响，这是对绿色金融总体方向的把握。

绿色经济理论包含了循环经济和可持续发展的基本科学理论，又扩展了创新和效率最大化的内容[②]。绿色经济致力于提高人类福利和社会公平，并且大幅度降低环境与生态风险，其重要特征是对自然资本和生态服务价值进行估价，通过生态系统外化于社会发展过程中的成本追溯某一具有危害性的实体经济[③]。可持续发展是指既满足当代人的需要，又不对后代人满足其需要的能力构成危害的发展。可持续发展与提高经济增长质量的内涵是一脉相承的，需调控好环境与发展之间的平衡[④]。而绿色金融主要通过行业间的资金流动、企业决策和环保产业三个方面，对经济可持续发展施加影响[⑤]，引导产业资本由高耗能、高污染的“两高”产业向低能耗、低污染的“两低”产业调整，实现产业的绿色升级[⑥]。因此，绿色经济理论为绿色金融资金产业投向提供了理论支撑，同时也为绿色金融核算范围的确定提供了重要参考。

国内外对绿色金融的界定尚未形成统一观点。从作用上讲，绿色金融是指有利于环境保护的金融创新，是金融业和环境产业的桥梁[⑦]，是以建设生态文明为导向，以各金融工具为手段，以促进节能减排和经济资源环境协调发展为目的宏观调控政策[⑧]。从内容上讲，绿色金融是将社会资金引入绿色产

① 习近平．在纪念马克思诞辰200周年大会上的讲话[N]. 人民日报，2018-05-05.

② 赵斌．关于绿色经济理论与实践的思考[J]. 社会科学研究，2006（2）：44-47.

③ 郑德凤，臧正，孙才志．绿色经济、绿色发展及绿色转型研究综述[J]. 生态经济，2015（2）：64-68.

④ 牛文元．可持续发展理论的内涵认知——纪念联合国里约环发大会20周年[J]. 中国人口·资源与环境，2012（5）：9-14.

⑤ 何建奎，江通，王稳利．“绿色金融”与经济的可持续发展[J]. 生态经济，2006（7）：78-81.

⑥ 李晓西，夏光，等．中国绿色金融报告2014[M]. 北京：中国金融出版社，2014.

⑦ Salazar J. Environmental Finance：Linking Two World[R]. Presented at a Workshop on Financial Innovations for Biodiversity Bratislava，1998.

⑧ 安伟．绿色金融的内涵、机理和实践初探[J]. 经济经纬，2008（5）：156-158.

业的一系列政策、制度安排和相关基础设施建设①。从目标上讲，绿色金融是实现金融发展与人类社会可持续发展的有机统一②，是一种能通过环境效益的产生而达到支持可持续发展目的的投融资活动③。尽管现有观点不一，但归结起来，绿色金融是属于金融活动范畴的，需要借助各种金融工具来实现环境保护、绿色发展等目标，这为绿色金融核算对象的确定提供了重要的理论指导。

（二）以环境经济核算为参考

核算绿色金融需要从经济与环境之间的关系入手，来研判何谓绿色或非绿（褐色）、相应绿色程度如何等问题，以界定属于绿色范畴的金融活动及其对应结果。绿色金融核算应以环境经济核算作为重要参考，并据此确定对应的核算范围。《环境经济核算体系 2012——中心框架》（2012 年 SEEA–CF）作为第一个环境经济核算的国际统计标准，是一个多用途的概念框架，用于理解经济和环境间的相互作用，以及描述环境资产的存量及其变动。2012 年 SEEA–CF 将环境及其与经济的关系的统计数据纳入核心的官方统计之中，并对经济系统与环境系统间的关系和物质交流转换做出了深刻表述。经济系统对环境系统会产生两方面影响（如图 4–1 所示）：一是在投入端，经济系统需要从环境系统中引入包括矿产资源、木材资源、水产资源和水资源等在内的自然投入；二是经济系统中产品的生产和消费环节将产生空气排放和水回流等残余，需要排放到环境系统当中。

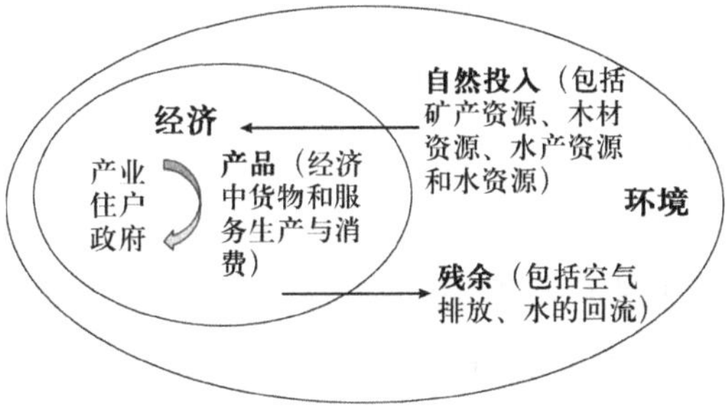

图 4–1　经济系统与环境系统间的物质转换

① 马骏 . 中国绿色金融发展与案例研究 [M]. 北京：中国金融出版社，2016.

② Scholtens B. Finance as A Driver of Corporate Social Responsibility[J]. Journal of Business Ethics, 2006（1）：19–33.

③ G20 绿色金融研究小组 .G20 绿色金融综合报告 [R].2016.

对绿色概念更具实践性的理解，可从2012年SEEA-CF经济系统与环境系统相关物质的转换过程入手：一是需要减少自然资源投入，即资源节约型；二是需要减少向环境中的残余排放，即污染减排型。据此，在核算层面对绿色范围的判断，可归结到对自然投入或残余排放减少边界的确定，但这在实际操作中往往较为困难。对此，可以参考和借鉴SNA2008中利用价格显著性，来区分是否为非市场性生产的做法，即若自然投入或残余排放具有显著性减少则为绿色①。据此，更具操作性的绿色金融可理解为：使得自然投入或残余排放呈显著减少的各类形式的金融交易活动（安排）及其形成的结果。实践中判定显著与否的方法主要有两种，即环境评估法和绿色产业分类②。环境评估法中最具代表性的是“赤道原则”，是指通过评估融资项目将对环境造成的影响，来确定对应发生的金融服务是否属于绿色金融。绿色产业分类的方法在实践中应用最为广泛，属于绿色产业相关项目的金融活动即为绿色金融。

绿色金融内在的属性，决定了在核算过程中需要进一步关注绿色程度。绿色金融不仅强调经济过程中是否具有节能减排效用，同时也需关注节能减排所引起效果的大小。绿色金融包括一系列金融交易活动及对应形成的金融工具，尽管都属于绿色金融范畴，但这些金融工具对环境的影响是存在差异的。按照对环境的作用大小来划分绿色金融活动及其结果，在进行相关政策制定时显然具有较强的现实意义。因此，核算过程中可以根据其对环境影响作用的大小，将绿色金融进一步分为深绿金融和浅绿金融。

（三）与现有国民经济核算体系相协调

任何新经济现象都是要经历从无到有、规模从小到大的发展历程，对其数量反映体系的建立和完善也应是渐进式的。SNA是内容覆盖最为全面的宏

---

① 显著性原则相较来说具有更多的弹性，这是因为：一是不同显著性水平下所确定的绿色边界是不同的，这优于传统“一刀切”的方式；二是对显著性水平的选择可以根据评价主体和其他情况进行灵活调整。

② 环境评估法旨在评估经济活动对环境的影响，后面对相关评估方法或标准进行了介绍；绿色产业分类方法在绿色信贷或绿色债券的统计口径确定时经常被使用。

观经济统计国际标准，随着时代的发展和各种新经济现象的涌现，SNA 也一直处于不断变革和更新之中[①]。对于绿色金融及其核算而言，一方面，绿色金融现象早已有之，并非一种新出现的金融现象，其一直被包含于一般性的金融活动之中；另一方面，随着国内外对绿色金融重要性的认识不断增强，其总量规模也在不断增加，有必要专门对其进行核算。再者，新的绿色金融产品和服务在不断被创造和推出，对绿色金融活动的核算难度也在不断加大。因此，绿色金融活动的核算内容已被置于 SNA2008 之中，只是未对其单独进行反映。

更为具体地来看，对绿色金融总量与结构数量反映体系的构建，并不需要完全去打破现有 SNA 的设计，而是要从其核算目的出发，以现有 SNA 所提供的一般性经济金融活动测度的概念、规则和框架体系为一般遵循，来实现对绿色金融的独立反映并揭示其相关内在特征。当然，在此过程之中，考虑绿色金融有别于一般性金融活动，相应地在测度绿色金融所涉相关金融资产、负债的存量和流量数据时，可能需要在核算设计中引入绿色金融识别、界定、分类等新安排。因此，相关绿色金融核算的设计和安排内容，未来有可能构成国民经济核算体系的有机组成部分。

（四）以货币与金融统计为落脚点

绿色金融核算的对象应是各种绿色金融活动及其结果，从根本上无法脱离金融本身。因此，绿色金融核算须立足于货币与金融统计范畴，来探究相应绿色金融存量与流量核算的有关问题，即绿色金融核算最终仍然要落到其金融属性当中。货币与金融统计的最新国际标准是《货币与金融统计手册与编制指南 2016》（MFSMCG2016），其以金融性公司部门为核心，围绕货币统计和金融统计两大框架，主要覆盖了经济体中所有部门的金融资

① SNA 的发展应是经济发展（如出现新的金融工具）、统计估计和测量技术进展，以及数据收集手段完善等综合作用的产物。围绕这一点，SNA2008 主要将近年来越来越重要的经济特征引入核算之中，对日益成为分析焦点的各种观点做详细阐述，澄清这一系列广泛主题在国民经济核算中的处理方法（见 SNA2008）。

产与负债统计。选择从货币统计视角对绿色金融进行核算[①]，主要原因有三方面。

其一，金融性公司部门是金融活动的运行主体，同时也是绿色金融融资资金的主要来源。货币统计的主体是金融性公司部门，通过编制存款性公司概览等分析性框架，来实现对广义货币等总量指标的提取[②]。而对绿色金融核算而言，金融性公司部门是绿色金融活动的核心参与者，对其参与绿色金融活动及其结果进行统计，便可大致了解绿色金融活动运行的整体情况。

其二，货币统计侧重对金融性公司部门资产和负债的存量与流量的反映，绿色金融核算可有机嵌入已有的货币统计体系当中。绿色金融核算虽然有其独特性，需要对金融机构参与绿色金融活动进行统计，但是从统计主体和客体角度看，其仍然是货币统计主客体范畴的组成部分。

其三，包括我国在内的世界各国官方统计，都已建立起较为完整的货币统计体系，这为绿色金融核算提供了制度基础和实施保障。目前，绝大部分国家都已及时和频繁地发布月度货币统计数据，甚至从国家法律法规上做出了严格要求。但相较而言，能够完整构建并实施金融统计的国家则较少。因此，在货币统计视角下探究绿色金融核算与各国现有货币统计体系衔接的可行性更强，具备更强的实践性基础。

（五）以可观测性为操作指引

当前，发展绿色金融的理念已被世界各国广泛接受，各种类型的绿色金融产品不断涌现，绿色金融的体量正在迅猛增长。但是，绿色金融核算体系的构建目前仍然还处于探索之中，需要紧密联系绿色金融发展实践，对绿色金融核算方法和规则进行选择和反映，并持续进行优化。

绿色金融核算应以绿色金融发展实践的可观测性为指引：一方面，对实践中已形成的相关局部性的政府统计规则，应直接纳入绿色金融核算体系之

① 金融统计视角下的绿色金融核算，仅是在核算主体上从金融性公司部门扩大到全部五大常住部门，在核算理论与方法层面两者是一致的，货币统计下能够实现对绿色金融进行核算，那么在金融统计之下也是完全可行的。

② 崔名铠 . MFS 核算体系的演变与启示 [J]. 统计研究，2015（6）：20–27.

中；另一方面，由于各国绿色金融发展程度不一致，核算中对其覆盖和表现形式也应具有国家特点。对绿色金融发展实践的关注，需要把握好下述三个方面。

第一，应当紧密结合本国的绿色金融制度安排。虽然发展绿色金融已是全球性问题，但由于各国所处发展阶段不同，对绿色金融发展的侧重相应会有所差异。为了促进金融机构持续地推动绿色投资发展和向绿色经济转型，目前已有许多国家出台了相关法律、法规形式的制度安排[①]。我国政府重点关注绿色产业发展中的金融支持，人民银行、财政部等七部委于2016年联合印发的《关于构建绿色金融体系的指导意见》(以下简称《指导意见》)，旨在促进环保、节能、清洁能源、绿色交通和绿色建筑等领域发展。绿色金融制度不仅能够指导绿色金融发展实践，同时相关规定和要求也为绿色金融标准和核算范围的确定提供了重要参考。

第二，应当密切依托所制定实施的绿色标准。进行绿色金融核算首先需要明确具体核算范围，即金融活动和金融工具中哪部分属于绿色金融范畴。这就要求必须制定具体的绿色标准，并以此作为绿色金融统计范围界定的主要依据。当前，全球性绿色标准主要包括全球报告倡议组织指引、ISO26000标准、联合国环境规划署金融倡议、联合国负责任投资原则、联合国气候变化框架公约、“赤道原则”和碳排放披露计划等[②]。此外，各国也根据本国具体国情，制定并实施了相应的绿色标准。我国除《指导意见》外，还制定了包括《绿色信贷指引》《绿色信贷实施情况关键评价指标》《绿色债券支持项目目录》《绿色债券发行指引》和《关于环境污染责任保险工作的指导意见》等在内的一系列指导性纲领文件，从多个方面直接或间接规范了绿色金融标准。

第三，应当实时关注绿色金融产品的创新和发展。绿色金融核算归根结底是对各种绿色金融活动所涉存量和流量进行统计，因此必须明确现实中

① 马骏.国际绿色金融发展与案例研究[M].北京：中国金融出版社，2017.

② 李晓西，夏光，等.中国绿色金融报告2014[M].北京：中国金融出版社，2014.

所存在的具体绿色金融产品和服务类型。在实践中，随着绿色金融服务的不断创新，金融产品被不断设计和推出[①]，相应也对绿色金融核算提出了更多挑战。但归结起来，绿色金融产品主要可以分为三类：一是支持绿色产业的金融商品；二是商业银行唤起消费者环保意识及开发个人节约能源的金融商品；三是碳排放市场中与碳排放权交易相关联的项目[②]。

二、绿色金融核算的双重属性：比较与表现

尽管绿色金融核算与货币统计之间存在诸多共同之处，但绿色金融作为金融发展的新趋势，相较传统金融而言有其独特之处[③]。因此，从货币统计视角探究绿色金融核算的有关问题，不仅需要把握绿色金融核算与货币统计的共性（第一属性），同时也应当兼顾两者间的差异性（第二属性），以揭示绿色金融内在质的属性。与货币统计相比，绿色金融核算在核算目的、核算主体范围与分类、核算客体范围与分类及概览合成方法等方面，表现出较为明显的双重属性。

（一）核算目的比较

确定核算目的是设计和实现绿色金融核算的基本前提。绿色金融的核算目的与货币统计在总体上有一定的相似之处，即都是为了统计有关总量和结构的数量信息，以便为发展评估和政策制定提供依据。但具体上，两者的核算目的又有较大区别。

第一，所欲获取的统计信息的具体内容不同。货币统计是对金融性公司部门的金融和非金融资产与负债数据进行记录，获取广义货币总量、信贷和债务信息，反映金融性公司部门在货币形成过程中充当的角色及货币在流通过程中的具体情况。绿色金融核算所统计的是金融性公司部门中属于绿色金

① 马骏（2017）依据联合国环境规划署金融行动机构相关调查报告，对国际上已推出的上百种绿色信贷、绿色债券、绿色基金、绿色保险、碳金融的产品和服务进行了梳理，具体类型可参见其专著。

② 李晓西，夏光，等. 中国绿色金融报告 [M]. 北京：中国金融出版社，2014.

③ 具体可参见马骏的《国际绿色金融发展与案例研究》一书在总论相关章节中的介绍和论述。

融活动的金融资产和负债，是为了揭示金融性公司部门参与绿色金融活动的有关情况。在此之中，进一步对绿色金融的绿色程度进行分类，来反映其对资源环境的作用。

第二，利用信息所欲实现的具体目标不同。货币统计的核心是获取广义货币总量信息，据此可追踪和评估政府的货币政策、财政政策效果，为政府制定宏观经济政策提供依据。绿色金融核算则是为统计一国或经济体金融公司部门形成的绿色金融总量，作为绿色金融政策、绿色产业政策和财政政策等的制定依据。在政府政策制定方面，两者的侧重点也有所不同：货币政策侧重于通过对流通中货币量总量的控制，来实现对整个经济的调控；绿色金融政策则是为了激励和引导全社会金融资源投向绿色环保产业，促进经济社会的可持续发展。

值得注意的是，货币统计侧重于了解广义货币总量，即存款性公司部门对其他部门的债权债务关系，立足于资产负债表的负债方就足以明察货币政策传导的整个过程①；绿色金融统计是要获取金融性公司部门参与绿色金融活动的信息，对绿色金融总量的核算需立足于资产方进行统计，这是因为其反映的是金融性机构部门对绿色经济活动的资金支持，关注焦点为金融机构的资金流向。

（二）核算主体范围与分类比较

货币统计的主体是金融性公司部门，包括所有主要从事向其他机构单位提供金融服务（含保险、养老基金服务）活动的常住公司（含准公司）。实际核算中，需要根据国家宏观经济与金融监管的需要、经济发展水平的高低、金融发展和改革深化的程度，以及货币与金融统计核算制度建立的状况②，对货币统计的主体范围进行调整。中央银行概览中的负债提供了基础货币的信息；存款性公司概览中的负债反映了广义货币总量；金融性公司概览关注的是金融公司对非金融部门的信贷和债务信息。

---

① 盛松成．社会融资规模与货币政策传导 [J]. 金融研究，2012（10）：1–14.

② 庞皓，黎实，聂富强．中国货币与金融统计体系研究 [M]. 北京：中国统计出版社，2003.

在货币统计视角下，绿色金融核算对象为金融性公司部门参与绿色金融活动所形成的存量和流量，相应核算主体为参与绿色金融活动的金融性公司部门。从核算主体范围来看，金融性公司部门既是货币统计的核算主体，同时也是绿色金融核算的核算主体，但参与绿色金融活动的金融机构部门，只是货币统计框架下金融机构部门的一部分。随着国家政策的支持和绿色金融市场的发展，越来越多的金融机构参与到绿色金融活动之中。对于这部分金融机构而言，绿色金融活动仅是其所从事业务的一部分，涵盖于全部金融业务之中。目前，国际上也存在极少专门从事绿色金融活动的金融机构，如英国和德国在政府帮助下建立的绿色银行，通过绿色借贷对绿色金融项目提供支持或参照投资基金模式对绿色项目进行融资[①]。

在货币统计中，按部门负债是否包含在广义货币中，MFSMCG2016 将金融性公司部门分为存款性公司部门和其他金融性公司部门两大类。存款性公司部门包括中央银行、其他存款吸收公司（除中央银行以外）、货币市场基金 3 个次部门，具体参见表 4–1。该分类是基于货币统计的主要目的，提供在不同机构部门合并层次下（中央银行、存款性公司及金融性公司部门）的对应信息。而现有绝大部分金融机构部门，不仅参与绿色金融活动，同时也参与一般性的金融活动。考虑到以银行为主的存款性金融公司在各国绿色金融活动中仍然占据着主导地位，对参与绿色金融活动主体进行分类时，仍然可保留 MFSMCG2016 的做法，将金融性公司部门分为存款性公司部门和其他金融性公司部门，获取数据时也可直接从现有机构部门中剥离。但是，绿色金融核算更加关注资金来源，凸显在绿色金融中哪些是政府的直接作用，以及哪些更加偏向于政府引导下的市场行为显然也是极为重要的。因此，在对金融性公司部门进行分类时，需要根据是否为政府直接控制凝练出对应分类，即政府直接控制的金融性公司部门和其他金融性公司部门。

① 黄金胜 . 绿色银行发展的国际经验借鉴及其对我国的启示 [J]. 浙江金融，2015（10）：55–60.

表 4-1　金融性公司部门分类与绿色金融主体对应

MFSMCG2016 中金融性公司部门	参与绿色金融活动的金融性公司部门（例举）
存款性公司部门	
中央银行	中央银行
其他存款吸收公司（除中央银行以外）	商业银行、政策性银行
货币市场基金	
其他金融性公司部门	
非货币市场投资基金	
其他金融中介机构（除保险公司和养老基金以外）	金融租赁公司
金融辅助机构	证券交易所
专属金融机构和贷款人	
保险公司	保险公司
养老基金	

注：该表中只是列举了部分参与绿色金融活动的机构部门，并与 MFSMCG2016 机构部门的分类进行对应。

（三）核算客体范围与分类比较

绿色金融的核算客体应是各种绿色金融活动所涉存量与流量，相应统计范围与类型均囊括于货币统计下各金融工具之中。但由于货币统计与绿色金融核算两者目的有所不同，相应在核算客体方面两者主要存在两方面差异：一是核算客体在资产类型上存有差异。货币统计的对象为金融性公司部门的金融资产和非金融资产，在核算客体中包含部分金融机构的非金融资产内容。绿色金融核算侧重于绿色金融总量的统计，在资产一侧一般不包含非金融资产类型。二是核算客体在绿色程度上存在差异。货币统计视角下，按照流动性差异对各核算客体进行划分并统计。绿色金融核算则是要统计各金融工具中属于绿色范畴的部分，非绿色（褐色）部分被排除到绿色金融的核算范围之外。简单来说，货币统计同时包含绿色和非绿色金融工具，但绿色金融核算客体则只包括绿色金融工具部分。

合理对金融资产分类是对金融活动进行有效计量和分析的基础。金融资产的分类有两种方式：一种是基于单一标志的简单分组及平行分组体系；另一种是基于多个标志的复合分组及复合分组体系[①]。在货币统计理论体系下，金融资产分类采用的是流动性和债权/债务人关系法律特征的双标志复合分组方式（见表4-2）。根据绿色金融发展的实际情况，现有的绿色金融资产主要有绿色信贷、绿色证券、绿色保险和绿色金融衍生工具等，且各类型绿色金融资产均涵盖于货币统计下的金融资产范围当中。但是，绿色金融工具在分类标志选择上有其独特之处，即更加关注对应金融资产的绿色程度，究竟有多少分别属于深绿色金融和浅绿色金融总量，需要依托对现有绿色金融工具的进一步分类来反映。因此，对于绿色金融资产的分类，可继续保持现有流动性和法律特征的双标志复合分组方式，但需引入绿色程度特征来凝练出新的分类，并将两种分类方法相结合。

表4-2 金融资产和绿色金融资产对照表

MFSMCG2016 中金融资产分类	绿色金融资产主要类型（例举）
货币黄金和特别提款权	
通货和存款	
债务性证券	绿色债券
贷款	绿色信贷
股权和投资基金份额	绿色基金
保险、养老基金和标准化担保计划	绿色保险
金融衍生工具和雇员股票期权	碳远期合约、碳期权、碳排放权
其他应收/应付账款	

（四）概览合成方法比较

无论是货币统计还是绿色金融核算，最终所要呈现的统计结果均为宏观下的各种金融总量数据。货币统计是以资产负债表和概览的编制与合成，来表述统计数据从微观到宏观这一实现过程的。绿色金融核算也应使用次部门

① 谢小燕，聂富强，王青华.关于金融工具分类的若干思考[J].财经科学，2004（2）：63-67.

绿色金融资产负债表和绿色金融概览的形式进行表述，并借鉴货币统计中的概览合成思路：第一阶段是绿色金融微观数据的收集与汇总，将单个机构单位的流量与存量数据汇总编制成金融性公司次部门绿色金融资产负债表；第二阶段是绿色金融宏观数据的合并，最终形成金融性公司绿色金融概览。具体如图 4–2 所示。

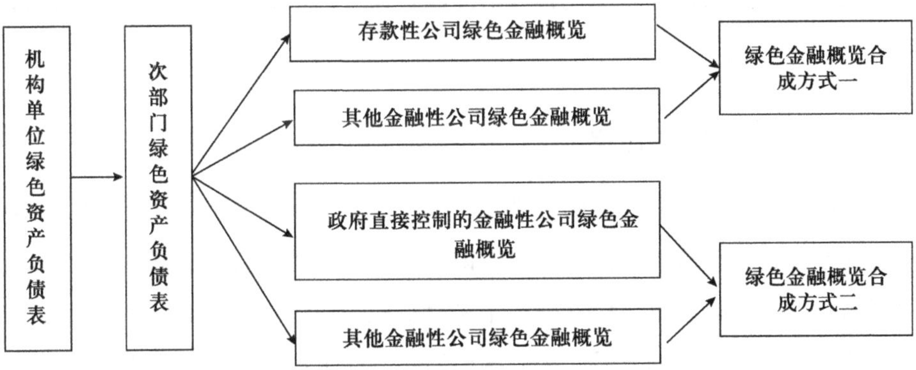

图 4–2　绿色金融概览合成的两种方式

实际上，绿色金融资产负债表隐藏在货币统计框架下的部门资产负债表中，可直接从其中剥离并获得。结合绿色金融核算目的，并凸显出政府在绿色金融发展中的重要作用，对绿色金融概览分层可同时采用两种方式：一是沿用金融性公司概览的分层方式，分存款性公司绿色金融概览和其他金融性公司绿色金融概览，突出存款性公司，特别是银行在绿色金融活动中的主体地位，但不再独立编制中央银行概览；二是按照金融性公司是否为政府直接控制，形成政府控制的金融性公司绿色金融概览和其他金融性公司绿色金融概览，最终合并即可得到金融性公司绿色金融概览。此外，上述两种概览形成过程中，将不再关注绿色金融资产和负债是否属于广义货币范畴，而是更加注重其绿色属性，反映对应金融资产所内含的深绿和浅绿特征。

第二节　绿色金融的定义及分类

1974 年，德国成立了世界上第一家环保政策性银行，标志着绿色金融实践的开始。尽管绿色金融的实践已经发展了40多年，但国内外对绿色金融的定义尚未统一和明确。而绿色金融的核算依赖于绿色金融的定义和范围界定。另外，货币统计框架和绿色金融核算体系最主要的区别在于对绿色金融资产的分类标志的选取不同，因此，本书结合绿色经济中深绿和浅绿的观点，以及可持续发展中强可持续和弱可持续的说法，建立绿色金融深绿和浅绿分层原则和框架，并以绿色程度的深浅作为分类标志，对绿色金融资产进行分类。

一、绿色金融的定义

目前，学者对绿色金融的定义比较模糊，造成绿色金融定义模糊的关键原因在于绿色金融边界不清。笼统地说，所有与绿色项目相关联的投融资都可以被称为绿色投融资，但这样的定义会造成“沾边就算”的结果，会使得很多投资者打着绿色的旗号，干非绿色的事，绿色投融资的外延无限延伸就失去了创新这一金融概念的意义。同时就技术层面来讲，只有对绿色项目本身设定一定的边界才能方便政府部门进行准确的判断，并做出相应的政策监管，从而做到有的放矢，使绿色投融资真正获得与之相匹配的环境生态收益和经济收益。

（一）绿色金融与绿色经济、可持续发展相关概念的辨析

首先是绿色金融与绿色经济的辨析。绿色金融是在绿色经济的背景下产生的，绿色经济是指以实现经济和环境的协调发展为目的的经济发展模式，即兼顾经济与环境，通过技术改革、金融创新等方式解决经济增长和环境恶化的矛盾。绿色经济可以被分为绿色投入、绿色生产和绿色产出3个部分：绿色投入是指在生产投入时尽量使用清洁能源、可再生的自然资源等；绿色生产是指在生产过程中注意资源的使用效率、减少生产消耗、节能减排等；绿色产出是指生产绿色产品，给环境带来有利影响等。而绿色金融资金的投资项目可以涵盖绿色经济投入、绿色生产和绿色产出3个环节。所以绿色经济是绿色金融的基石，只有绿色经济快速发展，才会促使社会投资者产生绿色投资的资金需求。而绿色金融反过来又能满足社会投资者产生绿色投资的

资金需求，从而推进绿色经济的发展。绿色经济的发展和实践通过约束经济组织的生产、消费等行为来实现绿色发展的目标。绿色金融恰好可以通过在投资过程中根据是否为绿色的要求，对投资者行为进行限制。可见，绿色金融与绿色经济密不可分，绿色经济中一些已有的概念在绿色金融中可以充分借鉴。

其次是绿色金融与可持续发展相关概念的辨析。绿色金融的目标是实现社会可持续发展，其内涵随着"可持续金融""环境金融""气候金融""碳金融"等新概念的出现而越发需要精准把握。早期，国外有关绿色金融的说法并不多，很多学者都使用"环境金融"一词，而在国内，有些专家学者认为绿色金融、环境金融、可持续金融三者在本质上没有差异①。可持续发展是指既能满足当代人的需要，又不会对后代人满足他们需要的能力造成损害的发展，内涵包括社会、环境、资源三个方面。其中，社会的可持续发展包括人权、社会公平等社会结构的完善，教育、健康等人口素质的提高；环境的可持续发展包括对气候变化的应对、生态环境的保护及污染治理等；资源的可持续发展涵盖了资源的节约和合理利用。针对可持续发展目标，所有支持可持续发展相关领域的金融行为都被称为可持续金融。绿色金融一般情况下包含环境保护与治理、资源的节约与合理利用的金融行为。而以支持生态环境保护和治理为目的的金融行为被称作环境金融；关注和应对气候变化，利用可再生清洁能源，提高能源利用效率，加强需求管理和利用气候政策以达到减少温室气体排放的金融行为被称为气候金融；碳金融特指通过气候政策，约束与配额温室气体排放总量衍生出的一种金融交易方式，并进一步形成了碳交易市场。因此，根据范围大小将可持续金融相关概念和绿色金融概念进行排序：可持续金融的范围最大，绿色金融的范围次之，然后是环境金融，然后是气候金融，碳金融的范围最小。

（二）绿色金融的定义：国内外比较视角

发达国家与发展中国家对绿色金融的定义存在明显的差异，所包含的

① 邓翔．绿色金融研究述评 [J]. 中南财经政法大学学报，2012（6）：67–71.

范围有所不同。发达国家在绿色定义上更关注气候问题，有些国家将对减少化石能源的使用、降低能耗的投资定义为非绿色的。而发展中国家，如中国将能够减少化石能源的使用、降低能源消耗等预防与治理环境污染问题的投资行为也定义为绿色行为。造成差异的原因是发达国家的工业化进程基本完成，工业化早期阶段普遍会出现的环境污染问题已经基本得到改善和解决。因此，发达国家对绿色金融定义时，一般不考虑对环境污染的防治行为，更多考虑气候问题。而对于大多数发展中国家而言，早期工业化带来的环境污染问题仍十分严峻，所以要考虑将污染防治等投融资活动也纳入绿色金融范围。

在国外，Salazar① 认为，绿色金融是指有利于环境保护的金融创新活动，是将金融业和环境产业联系起来的桥梁。Cowan② 认为绿色金融属于绿色经济和金融学的交叉学科，主要内容是探讨绿色经济的资金融通。Labatt 和 White③ 认为绿色金融是以市场为基础，将环境风险进行转移，从而达到改善环境质量目的的金融工具。Scholtens④ 认为绿色金融可以实现金融发展和人类社会可持续发展的有机统一。

在国内，安伟⑤ 总结了之前的学者关于绿色金融概念的有代表性的四种观点，并认为把遵循市场基本的经济规律作为要求，把建设生态文明作为导向，以金融工具为手段，从而达到促进节能减排和经济、资源、环境三者协调发展目的的宏观调控政策是绿色金融的基本内涵。张平⑥ 认为绿色金融的内涵涉及国家、金融机构、企业和生态环境四个维度，他认为绿色金融的内

---

① Salazar J. Environmental Finance：Linking Two World[R]. Presented at a Workshop on Financial Innovations for Biodiversity Bratislava，1998.

② Cowan E. Topical Issues In Environmental Finance [R]. Research Paper Was Commissioned by the Asia Branch of the Canadian International Development Agency（CIDA），1999.

③ Labatt S，White R. Environmental Finance：A Guide to Environmental Risk Assessment and Financial Products[M]. Canada：John Wiley&Sons Inc，2002.

④ Scholtens B. Finance as a Driver of Corporate Social Responsibility[J]. Journal of Business Ethics，2006（1）：19-33.

⑤ 安伟 . 绿色金融的内涵、机理和实践初探 [J]. 经济经纬，2008（5）：156-158.

⑥ 张平 . 绿色金融的内涵、作用机理和实践浅析 [D]. 成都：西南财经大学，2013.

涵是：金融机构内部管理和服务要绿色化，金融业务要考虑对资源能源和生态环境是否有影响，并以金融工具为主要手段，引导社会金融资源投入绿色产业中，引导企业在生产中重视环境保护，实现国家经济战略目标，形成绿色生态环境。徐枫[①]认为绿色金融是指金融部门把环境保护作为基本政策，通过金融业务的运作来体现可持续发展的战略目标，以此促进环境和经济协调发展，实现环境和金融的可持续发展。李晓西和夏光等[②]认为绿色金融是以促进经济、环境、资源协调发展为目的，利用信贷、证券、产业基金和保险等金融工具而进行的金融活动。他们指出，绿色金融一方面需要实现金融行业自身运营的绿色特性，另一方面需要依赖金融创新和金融手段来引导企业的投资意向，以便为绿色产业发展提供金融支持。《中国总会计师》编辑部在2006年对绿色金融进行了狭义和广义的区分。他们认为狭义绿色金融重点强调金融行业需要支持绿色环保节能产业，广义绿色金融是指将绿色贯穿于金融活动的始终，不仅要在金融产业自身发展中做到绿色环保，而且要支持其他一切绿色产业。王琰[③]认为绿色金融是为支持有利于环境、气候和资源利用的经济活动提供的金融服务，通过金融工具和政策引导社会资本更多地投向绿色产业。而当前我国对绿色金融较为官方和权威的定义是中国人民银行等七部委发布的《关于构建绿色金融体系的指导意见》中关于绿色金融的定义，即“绿色金融是指为支持环境改善、应对气候变化和资源节约高效利用的经济活动，即对环保、节能、清洁能源、绿色交通、绿色建筑等领域项目的投融资、项目运营、风险管理等所提供的金融服务”。

总的来说，国外关于绿色金融的定义比较简单，大多是从讨论绿色金融与绿色经济、环境产业或者人类社会可持续发展的联系的角度对绿色金融进行阐述，比较宏观，没有对绿色金融是什么、谁参与绿色金融、绿色金融如何发挥作用进行深入的探讨。而国内关于绿色金融的定义一般涉及四个维

① 徐枫.绿色金融的发展与创新：基于广东的实地调研[M].北京：中国金融出版社，2015.

② 西南财经大学发展研究院、环保部环境与经济政策研究中心课题组，李晓西，夏光，等.绿色金融与可持续发展[J].金融论坛，2015（10）：30-40.

③ 王琰.绿色金融在我国的实践[J].金融会计，2017（4）：48-52.

度：第一是绿色金融的目标是节能减排、保护环境、资源高效利用和环境与经济协调发展；第二是绿色金融的参与者是金融机构、企业、政府等；第三是开展绿色金融的手段是利用金融工具的绿色化；第四是绿色金融手段作用的领域包括节能、环保、清洁能源等绿色项目和绿色产业。也有学者将金融业自身的环保行为也称为绿色金融。但是学者们在定义时，会根据自己的研究目的而有所侧重，因而对绿色金融的定义不够全面。

（三）绿色金融的定义：核算视角下的广义“绿”与狭义“绿”

从核算的视角来看，需要关注绿色金融的主体、绿色金融工具、绿色金融资本的用途或投向。从这三个角度出发，绿色金融的定义是指金融机构部门将环境治理与保护、节能减排、资源节约与高效利用作为目标，在市场机制、政策监管的支持与配合下，以金融工具为载体，引导社会资金更多地向生态环境保护与治理、资源节约与合理利用、促进可持续发展的项目或产业集聚，减少对污染型、高能耗型项目和企业的投资，从而支持绿色经济和绿色发展的一种创新型的金融活动，而金融机构自身的节能环保行为不属于本书定义的绿色金融范畴。

由于研究目的不同，不同学者对广义绿色金融和狭义绿色金融的定义有着不同的看法，但大部分学者对广义绿色金融和狭义绿色金融进行区分的立足点都是参与绿色金融活动的主体。邱海洋①认为从广义的角度而言，金融资源的投入主体可以分为公共部门和非公共部门，与之对应，广义绿色金融可以分为公共部门绿色金融和非公共部门绿色金融。公共部门绿色金融主体是指政府部门，非公共部门的绿色金融主体是指金融机构。但在货币统计框架下，对于广义和狭义的定义立足点应该是金融资产，将流动性较强的负债定义为广义货币。根据绿色金融核算的第一重属性，本书对绿色金融广义和狭义定义的立足点也应该是绿色金融资产，把对深绿的项目和产业的投融资活动定义为狭义的绿色金融，而广义的绿色金融既包括对深绿的项目和产业的投融资活动，又包括对浅绿的项目和产业的投融资活动。

① 邱海洋．绿色金融的经济增长效应研究 [J]. 经济研究参考，2017（38）：53-59.

二、绿色金融工具分类

从当前的绿色金融活动开展的实际情况出发，绿色金融工具主要分为绿色信贷、绿色证券、绿色保险、碳金融衍生工具这四类。

（一）绿色信贷

绿色信贷是国家、商业银行等机构根据环境政策，利用信贷手段，达到环保、节能、生态保护目的的融资工具。绿色信贷对高能耗、高污染、高排放、违反环保节能要求的企业的贷款项目，进行贷款额度限制并实施高利率的惩罚。对环保、节能、有利于生态保护的企业和机构，在贷款上给予大力支持并实施低利率的优惠政策。

绿色信贷的目标是激励企业节约资源，提高资源的利用效率，降低能耗，改变企业环境污染和资源浪费的粗放型生产经营模式，促使企业和机构在金融决策中考虑生态环境要素，朝资源节约型、环境友好型的方向转变固有的经济模式。绿色信贷的范围不仅包括信贷资金流向环保型的行业和项目，也包括个人节约能源的金融行为，如购买节能电器、新能源汽车等的优惠贷款、绿色信用卡等，还包括对传统行业，甚至是污染性行业的节能减排项目给予的信贷支持。原银监会 2013 年发布的《绿色信贷统计制度》将绿色信贷项目分为绿色农业开发项目、绿色林业开发项目、工业节能节水环保项目等 12 类，详细分类见表 4–3。

表 4–3 绿色信贷项目分类

一级分类	二级分类
绿色农业开发项目 绿色林业开发项目 工业节能节水环保项目 自然保护、生态修复及灾害防控项目 资源循环利用项目 垃圾处理及污染防治项目	

续表

一级分类	二级分类
可再生能源及清洁能源项目	太阳能项目 风电项目 生物质能源项目 水力发电项目 其他可再生能源及清洁能源项目 智能电网项目
农村及城市水项目	农村饮水安全工程项目 小型农田水利设施建设项目 城市节水项目
建筑节能及绿色建筑	既有建筑绿色改造项目 绿色建筑开发建设与运行维护项目
绿色交通运输项目	铁路运输项目 航道治理及船舶购置项目 城市公共交通项目 交通运输环保项目
节能环保项目	节能服务 环保服务 节水服务 循环经济（资源循环利用）服务
采用国际惯例或国际标准的境外项目	

（二）绿色证券

绿色证券主要包括绿色债券和绿色基金。其中，绿色债券是指将所筹集的资金专门用于符合规定条件的绿色项目，或为这些项目进行再融资的债券工具。绿色债券的定义有广义和狭义之分，广义的绿色债券是指所有客观有利于可持续发展的债券。狭义的绿色债券是指广义上那些经过第三方独立认证机构认证过的债券[①]。从金融工具的范围上看，债券融资产品包括绿色金融债、绿色公司债 / 企业债，绿色资产担保债券以及资产证券化债券（ABS）等。

① 李永芳 . 国内外绿色债券发展现状 [J]. 现代经济信息，2017（1）：308.

绿色债券的参与者包括发行者、投资者和中介机构。绿色债券的发行者可以是公司实体、广义政府部门和开发银行等。绿色债券的投资者为资产管理机构、公司和中央银行等。绿色债券的中介机构专门提供审计、税务和咨询等服务，对绿色债券进行绿色认证、评级、评估和监督，大大增强了绿色债券信息的透明性，使债券的绿色特征具有可信度和说服力①。由中国金融学会绿色金融专业委员会发布的《绿色债券支持项目目录（2015 年版）》，立足于温室气体减排、污染物的削减、资源节约和生态保护等方面的环境效益，将绿色债券项目分为节能、污染防治等 6 个大类别，详见表 4–4。

表 4–4　绿色债券支持项目

一级分类	二级分类
节能	工业节能 可持续建筑 能源管理中心 具有节能效益的城乡基础设施建设
污染防治	污染防治 环境修复工程 煤炭清洁利用
资源节约与循环利用	节水及非常规水源利用 尾矿、伴生矿再开发及综合利用 工业固废、废气、废液回收和资源化利用 再生资源回收加工及循环利用 机电产品再制造 生物质资源回收利用
清洁交通	铁路交通、城市轨道交通 城乡公路运输公共客运 水路交通 清洁燃油 新能源汽车 交通领域互联网应用

① 李永芳 . 国内外绿色债券发展现状 [J]. 现代经济信息，2017（1）：308.

续表

一级分类	二级分类
清洁能源	风力发电 太阳能光伏发电 智能电网及能源互联网 分布式能源 太阳能热利用 水力发电 其他新能源利用
生态保护和适应气候变化	自然生态保护及旅游资源保护性开发 生态农牧渔业 林业开发 灾害应急防控

绿色基金是指通过非公开募集股权资本的形式建立投资基金，由专业机构负责基金的管理和投资，专门针对节能减排战略、低碳经济发展、环境优化改造项目而设立的专项投资基金[①]。绿色基金的发起者主要包括广义政府部门、金融机构、公司等。绿色基金的范围包括绿色产业基金、绿色发展基金、绿色环保基金、绿色担保基金等。绿色基金应用的领域非常广，可以用于雾霾治理、水环境治理等多个领域，详见表 4–5。

表 4–5　绿色基金支持项目

一级分类
雾霾治理 水污染治理 土壤治理 污染防治 清洁能源 绿化和风沙治理 资源利用效率和循环利用 绿色交通 绿色建筑 生态保护和气候适应

① 安国俊 . 我国绿色基金发展前景广阔 [J]. 银行家，2017（8）：72–74.

（三）绿色保险

由于各国对环境保护越来越重视，对环境污染的处罚越来越严厉，导致很多非故意造成污染的企业由于高昂的罚金最终面临破产倒闭的风险，此时需要一种能转嫁环境责任风险的管理手段分担企业的风险，绿色保险由此产生。绿色保险是对环境风险进行管理的一项手段，目前在市场上是最具代表性的绿色保险是环境污染责任保险，其定义为企业（被保险人）因环境污染行为对第三方（受害人）造成损害或危害时，保险公司（保险人）应当向受害人承担环境侵权损害责任的责任保险。

对于企业来说，当前环境责任保险只有突发和意外出现的环境危害，保险公司才会承担责任，持续性有污染危害的企业是无法转嫁环境责任风险的。对于保险公司而言，为了避免承担赔偿责任，在签订保险合同前，其会对被保险企业进行环境风险评估，在保险合同有效期内，会对投保企业进行严格的监督和检查，避免投保企业出现突发和意外的环境危害。所以，绿色保险使污染企业的成本增加，减小污染环境的可能性，在一定程度上限制了对环境保护威胁较大企业的生产经营活动，对绿色可持续发展具有重要作用。绿色保险的参与者包括保险公司、公司、住户。

（四）碳金融衍生工具

碳金融的含义是与控制和减少温室气体排放有关的金融交易活动。碳金融包括四个层面：第一是基于银行等金融中介机构对低碳项目投融资的贷款型碳金融；第二是基于低碳项目的风险投资和直接融资的资本型碳金融；第三是基于碳排放权实物交易的交易型碳金融；第四是基于碳排放权和其他碳金融衍生品交易和投资的衍生型碳金融①。

在绿色金融的核算过程中，低碳项目投融资的贷款包含在绿色信贷中，低碳项目风险投资和直接融资可以包含在绿色债券或者绿色基金里面，所以为了避免重复计算，本书中涉及的贷款性碳金融和资本型碳金融就不归属到碳金融中了。其中，碳排放权交易是指政府设定污染物的排放总量（上限），

① 佘孝云，何斯征，姚烨彬，等．中国碳金融市场现状 [J]. 能源与环境，2017（1）：50–51+53.

以一定量配额的方式出售或分配给排放者，该权利可以在市场上自由进行交易。在金融市场上看，碳排放权属于一种信用资产。排放量超过配额的排放者需要更多的排放权，就需要向排放量少的机构购买，这会增加高碳排企业的成本，促使企业优化结构、朝绿色方向转型升级。衍生型碳金融是指由银行、证券、保险、基金等金融机构提供的碳期货、碳期权等金融衍生品。从严格意义上说，政府通过拍卖或免费发放的方式让企业获得碳排放配额的市场，是不允许金融机构直接参与配额的拍卖的，而对于碳金融衍生产品，金融机构只是作为交易平台，不会参与交易，所以本书提到的绿色金融资产不包含碳金融衍生工具。因为每一类金融资产的类型只涉及了一个绿色金融资产，下文将直接用绿色信贷、绿色债券、绿色基金和绿色保险作为绿色金融资产的名称。

三、绿色金融资产分类

对于绿色金融资产的分类，需要根据核算目的考虑引入哪些分类标志。绿色金融核算的目的是为了获得金融性公司部门的绿色金融总量和结构数据，绿色金融是实现绿色经济发展和可持续发展的重要手段，在绿色经济中有“深绿”和“浅绿”的说法，在环境经济学理论中有“浅绿色环境发展观”和“深绿色生态发展观”的概念，而“绿色经济发展观则是深绿色生态发展观”[①]，在可持续发展中有“强可持续”和“弱可持续”的观点，这些为绿色金融要关注的绿色程度提供了参考。因为关注绿色金融的绿色程度，可以得到不同绿色层次的绿色金融总量，使得制定的政策更有针对性，所以绿色程度应该作为绿色金融资产的分类标志。

通过对绿色信贷、绿色债券和绿色基金投资项目的观察，相关部门专门发布了关于它们投资项目类型的政策性文件，可见绿色金融投资的项目类型可以反映不同项目对环境带来的不同影响，而在可持续发展中，“强可持续”和“弱可持续”中都提到了技术的重要性，于是“项目给环境带来的直接效

① 张哲强．绿色经济与绿色发展 [M]. 北京：中国金融出版社，2012.

果”和“绿色技术”可以考虑作为绿色程度的深浅分类的要素。同时，根据绿色金融的第一重属性，现有的绿色金融资产包含在货币统计框架下的 8 类金融资产内，且绿色金融核算应该展现金融性公司部门与非居民部门和国内其他部门的信贷情况，只有列出金融性公司部门与其他机构部门的债权债务情况，才能使得国家把握金融性公司部门资金的具体流向，所以流动性和债权人 / 债务人法律关系应依然作为绿色金融资产的分类标志，如期限（短期、长期）等就不考虑作为分类标志。

（一）绿色金融资产分类原则

对绿色金融资产分类，可以区分具有不同特性的绿色金融资产类型。目前，金融市场上存在的绿色金融工具主要包括绿色信贷、绿色证券、绿色保险。其中绿色证券又分为绿色债券和绿色基金。在货币统计框架中金融资产如贷款可分为贷款、预付款、回购协议和融资租赁等，而绿色信贷属于贷款中的信用贷款。绿色金融资产是在 2016MFSMCG 中，根据流动性所分的 8 类金融工具的二级分类下的金融工具上加上了绿色特性，结合具有绿色程度特性的分类标准，这样才能更好、更加全面深入地计量和分析绿色金融的发展情况。

由于绿色具有动态性，随着科学技术的不断发展及实践的逐步增加，社会群体对可持续发展的认识逐步深入，绿色标准亦随之不断变化。目前，高污染企业治理项目的投融资活动属于绿色金融活动，会优先获得资金支持；若该企业不断改进生产方式而转为环境友好型，则对该企业的投融资活动可能将不被纳入绿色金融活动，如此一来，深入计量和分析绿色金融发展的程度将存在困难。因此，本书考虑把绿色金融的绿色程度纳入绿色金融资产分类的标志中，同时结合金融资产的流动性和债权人 / 债务人法律关系的分类标志。这样既满足了绿色金融资产分类标志的原则性，又从实际分类需要出发，把绿色程度作为分类标志，体现了分类标志的灵活性。

（二）绿色金融资产分类标志的选择

本节分析绿色金融资产绿色程度分类标志选择的原则和框架，在绿色金融资产分类时，首先纳入新的分类标志——绿色程度。绿色概念随着绿色金融的发展而动态演化，“浅绿色环境发展观”和“深绿色生态发展观”概念结合环境经济学理论被提出。其中，“浅绿色环境发展观”主张克服工业文明时代发展造成的资源枯竭、环境污染等问题，侧重于对工业发展中资源的节约和高效利用、对环境的保护。而绿色经济发展观是“深绿色生态发展观”，是建立在人、社会、自然有机整体发展的基础之上，把生态环境作为经济发展的内生变量①。同时，可持续发展重点关注自然资本的可替代性问题，强可持续性认为自然资本是不可替代的，而弱可持续性认为人造资本和自然资本是可以替代的，并强调技术进步的重要性。绿色金融是绿色经济发展和可持续发展中的重要推动力，所以绿色经济中深绿和浅绿发展观、强可持续性和弱可持续性的观点可以作为划分绿色金融活动绿色程度的借鉴。

目前，不少学者在对建立绿色金融体系的研究中，提到对“绿色”展开评级的建议，但国家并没有发布相应的标准。根据绿色经济和可持续发展的相关理论和绿色金融的特点，本书将“项目给环境带来的直接效果”和“绿色技术”作为绿色程度的分类要素。

1. 项目给环境带来的直接效果

绿色金融活动主要包括绿色信贷、绿色债券和绿色基金，对绿色信贷、绿色债券和绿色基金的支持项目进行梳理和对比，并将相同的支持项目放到一行，可以看出绿色信贷支持项目涵盖的范围最广，且包含了绿色债券和绿色基金支持项目的范围，因此以绿色信贷支持项目为研究对象，把这12个支持项目作为绿色金融的投资项目类型，就可以得到包含这三类绿色金融活动的全部支持项目。

绿色投融资的支持项目有12类，每一类支持项目都具有自身的特点，例如绿色农业开发项目主要是指借助先进的科学技术和基础设施，实现现代化农业一体化及有机农业的项目；绿色林业开发项目是指植树造林、造林绿

① 张哲强．绿色经济与绿色发展[M]．北京：中国金融出版社，2012年．

化、林下种植和养殖等项目。剩下的10个绿色信贷支持项目的具体情况此处不再赘述，详情见《绿色信贷统计》。而“采用国际惯例或国际标准的境外项目”是指包含在前11个指标范围内的境外项目，即这一项的细分项目包含在了前11个项目中，所以可以不考虑该项目（见表4-6）。这些项目都在不同程度上展现了环境保护、节能减排和资源的循环高效利用等特点，而不同类型的项目，给环境带来的直接影响是不同的。对于绿色保险，从事不同活动的企业在投保时，突发的环境问题给环境带来的影响程度也有差异。

表4-6 绿色信贷、绿色债券、绿色基金支持项目对比

绿色信贷	绿色债券	绿色基金
绿色农业开发项目		
绿色林业开发项目		绿化和风沙治理
工业节能节水环保项目		
自然保护、生态修复及灾害防控项目	生态保护和适应气候变化	生态保护和气候适应
资源循环利用项目	资源节约与循环利用	资源利用效率和循环利用
垃圾处理及污染防治项目	污染防治	污染防治 水污染治理 雾霾治理
可再生能源及清洁能源项目	清洁能源	清洁能源
农村及城市水项目		
建筑节能及绿色建筑		绿色建筑
绿色交通运输项目	清洁交通	绿色交通
节能环保项目	节能	土壤治理

对于金融活动中绿色程度的评级，在绿色债券的评级中有一些说明。新世纪评级发布的《绿色债券评估认证方法》中将募集资金用途、项目环境效益、绿色项目投资机制和信息披露与报告情况四个方面作为绿色债券展开评估认证的要素准则，然后根据债券发行人募集的资金使用及管理、项目筛选

等是否有效及有效的程度、是否能确保筹集资金投入绿色项目中、信息披露质量的高低、预期能实现的环境效益的程度，最终确定绿色债券的深绿、绿、中绿、浅绿和不绿五个绿色等级。

为了能够更好地说明绿色金融活动的绿色程度，可以借鉴绿色债券评级的原理，即通过选取一定的评价要素和标准对绿色金融活动的绿色程度进行评估。绿色债券评级中选取的评价要素和标准，重点关注了金融资金对绿色项目的支持情况，如绿色项目的投资比重、资金使用的管理及对资金使用情况的披露等，主要关注资金的用途方面，对资金投资的对象关注较少。这种评估方法不仅存在主观因素过大的情况，而且还会造成“绿色项目”界定不清的问题。

对绿色金融活动的绿色程度进行区分时，应该选取能体现项目环境效果的要素，而绿色债券评级中提到“预期能实现的环境效益程度”与项目给环境带来的直接效果有很大联系。以绿色金融投资清洁能源项目为例，如风能、太阳能代替传统的煤发电，可以减小化石能源的使用对环境造成危害和资源浪费。同时，清洁能源的使用产生的污染物排放很少，甚至不产生污染物，应该可以归入深绿金融。绿色金融对污染治理项目，如水污染治理等项目的投资，可以降低水体的污染程度，但是治理后不一定能恢复到完全没有污染的水平，也就是相对减少了污染，应该可以归入浅绿金融。在分析绿色项目的投资支持类型和绿色债券评级要素时，都能发现项目本身给环境带来的直接影响对绿色金融活动绿色程度的划分有影响。

2. 绿色技术

在可持续发展理论中，技术是强可持续性和弱可持续性中较为重要的影响因素。但是大家对于技术的认识存在矛盾和冲突：有人认为技术是促进经济发展的手段，但有人认为技术越发展，对环境和资源的破坏和消耗就越大。于是，绿色技术在这种矛盾和冲突的背景下产生了。

张叶和张国云认为绿色技术的定义需要从技术的自然属性和社会属性出发，“绿色技术是人类在进行生产活动或其他活动时，所发明和使用的总体上有益于环境保护与资源节约、同时又不对人的福利产生负面影响的技术”[①]。绿色技术包括能源技术（如洁净煤技术等）、材料技术（如可降解塑料、纳米材料等）、生物技术（如农业上的超级水稻、抗病小麦等）、污染治理技术、资源回收技术，以及环境监测技术和从源头、过程加以控制的清洁生产技术。绿色技术可以分为末端处理技术和污染防治技术：末端处理技术对废弃物进行回收处理，属于先污染后治理的范畴；污染防治技术从污染源头削减，属于尽量从源头上零污染或少污染的范畴。此时可以根据绿色金融投资的项目中所用到的绿色技术的类型来对绿色金融的绿色程度进行分类。

绿色金融投资项目本身给环境带来的直接效果和绿色技术可以作为绿色程度的评价要素，因为现有国际标准的缺乏，使得暂时无法对深绿、浅绿的标准做出确定性的判定，所以本书不做具体说明。根据项目给环境带来的直接正向影响效果的高低和绿色技术在项目过程中的使用情况，可以对绿色金融资产的绿色程度进行分类，即将绿色金融资产分为深绿金融资产和浅绿金融资产。

3. 绿色金融资产分类的主要方式

2016MFSMCG 国际标准将流动性和债权人 / 债务人法律关系作为主要的分类标志，将金融资产分为八大类。绿色金融工具反映绿色金融资产和负债的信息，现有的绿色金融工具主要有绿色信贷、绿色债券、绿色基金、绿色保险，也就涉及贷款、债务性证券、保险、养老基金和标准化担保计划、股权和投资基金份额这五大类金融资产。绿色金融的第一重属性，即绿色金融资产涵盖在金融资产的八大类之中，因此绿色金融资产分类的基本标志也应按流动性和债权人 / 债务人法律关系划分。对于绿色金融的第二重属性，绿色金融资产的分类需要关注绿色的程度，即将绿色金融按深绿和浅绿分类，所以需要在原来流动性和债权人 / 债务人法律关系的分类标志的基础上，加入绿色程度作为分类标志。因此绿色金融资产的分类标志为流动性、绿色程度和债权人 / 债务人法律关系。

① 张叶，张国云 . 绿色经济 [M]. 北京：中国林业出版社，2010.

货币统计框架对金融资产的分类体系中，首先考虑按流动性将金融资产分为八类，同时也适当加入本币和外币的区分作为分类标志，例如把通货、可转让存款等按本币和外币分类，然后再按债权人 / 债务人的法律关系进行分类。其中流动性作为金融资产的第一分类标志，本币和外币作为第二分类标志，债权人 / 债务人的法律关系作为第三分类标志，由此构成了货币统计金融资产的分类体系。而绿色金融核算框架下的绿色金融资产，首先按流动性分为绿色债券、绿色信贷、绿色基金和绿色保险，然后根据绿色程度，将绿色债券分为深绿债券和浅绿债券，最后再根据债权人 / 债务人法律关系分为对中央银行等各机构部门的深绿债券和浅绿债券。所以，绿色金融资产的分类是基于流动性、绿色程度和债权人 / 债务人法律关系三个标志的复合分组体系。由此可见，绿色金融资产分类充分体现了对绿色金融工具的分类既立足于国际标准，又适应于绿色金融研究目的和研究对象的特征，具有灵活性（见表 4–7）。

表 4–7　绿色金融资产分类与货币金融资产分类的体系比较

绿色金融资产分类体系	货币统计金融资产分类体系
绿色债券	货币黄金和特别提款权
深绿债券	通货和存款
中央银行	通货
其他存款性公司	本币
……	外币
其他居民部门	可转让存款
其他	本币
浅绿债券	中央银行
中央银行	……
其他存款性公司	其他居民
……	外币
其他居民部门其他	……
绿色信贷	其他存款
绿色程度的深浅分类	……
债权人 / 债务人法律关系	债务性证券
……	债权人 / 债务人法律关系

第三节 绿色金融概览编制

基于现有货币统计体系复合型嵌入绿色金融核算内容，并借助相应概览来反映绿色金融总量及其结构，从理论上是完全可行的。但是，在当前条件下这种做法将可能产生巨大成本，独立实施绿色金融核算及其概览编制可能是更优选择：首先，货币统计体系已十分成熟，而对绿色金融的核算则处于起步阶段，诸多方面都有待进一步完善，将两者“强制性”捆绑到一起显然并不恰当；其次，在货币统计中引入绿色金融核算，意味着需要一一识别全部金融工具的绿色属性，这不仅存在巨大的现实难度，甚至可能导致货币统计内容繁杂乃至失衡；最后，独立核算并编制相应的绿色金融概览，能够在保证灵活性的同时渐进完善绿色金融核算体系，进而反映绿色金融运行活动的基本状况。

参照货币统计实施流程，独立的绿色金融概览编制首先需形成单个机构单位的绿色金融资产负债表，再汇总形成对应的次部门绿色金融资产负债表，最终可通过两种方式合并形成金融性公司绿色金融概览。这里试以商业银行为例，来展示单个机构单位和次部门绿色资产负债表的编制，进一步形成存款性公司绿色金融概览，并最终实现金融性公司部门绿色金融概览的编制。

一、次部门绿色资产负债表编制——以商业银行为例

编制单个机构单位绿色资产负债表，是实现次部门绿色资产负债表和绿色金融概览的基础。商业银行是绿色金融活动的主要参与者，能够涉及绝大部分绿色金融活动，选择编制商业银行的绿色资产负债表，具有较强的代表性。商业银行绿色金融活动主要有发放绿色信贷、进行绿色投资等。绿色信贷的对象可以是个人、企业或非居民部门；绿色投资可以采用设立绿色基金的方式，投向绿色项目或绿色产业；商业银行也可以持有政府、中央银行及企业等发行的绿色债券。绿色金融活动实际上被覆盖于一般金融活动之中，

相应资产项目需要从商业银行对应类型资产中剥离。

对于商业银行一般性资产负债表而言，资产方的总资产与负债方的负债和所有者权益之和，必定要保持相等。这就需要对商业银行所持有的每一笔绿色金融资产，在负债方建立起对应的绿色金融负债，以实现资产方和负债方的总值平衡，而这正是编制商业银行绿色金融资产负债表的关键和难点所在。对绿色金融而言，由于是以金融机构所持有资产一端为出发点进行编制，相应则主要需要虚拟对应的负债项[①]。实际中，商业银行的某些资产，往往难以寻找到真实对应的负债项目与之对应。如商业银行对其他单位发放的绿色信贷，应被记录在资产方，其数据是真实且可获得的，但这些信贷资金究竟从何而来，却难以在负债一方被一一明确对应，简单将其作为权益处理显然并不恰当。因此，为了满足资产方和负债方总量平衡原则，对那些无法确定对应方的绿色资产，可以使用“虚拟绿色负债”予以平衡（见表 4–8）。

表 4–8 单个商业银行绿色资产负债项目统计（例表）

绿色资产项目	绿色负债项目
绿色信贷	
绿色证券	
绿色债券	绿色债券
绿色基金	
其他绿色金融资产	其他绿色金融负债
	虚拟绿色金融负债
绿色金融资产总计	绿色金融负债总计

通过将单个商业银行绿色资产负债表进行汇总，可以得到商业银行部门资产负债表。汇总过程中，进一步考虑将绿色金融期初和期末资产负债表进行衔接，继而形成完整的绿色金融资产负债核算表。SNA2008 中对资产负债变动原因的界定及分类，包括交易引起的变动和非交易因素引起的变动，而非交易因素引起的变动又可分解为价格变化引起的变动和其他数量变化引起

① 金融机构所持有的绿色金融资产往往是确定的，因此需要虚拟对应的负债项目。而对于金融机构确切的绿色金融负债，如所发行的绿色债券，一般可以在资产方找到对应的确切资产项目，因而并不需要虚拟绿色金融资产。

的变动。在此当中，应当紧抓对绿色金融资产和负债的绿色程度划分，并紧密结合债权人 / 债务人关系分类进行处理（见表 4–9）。

表 4–9　商业银行部门绿色资产负债表（例表）

项目	期初存量	交易	重新定值	其他数量变化	期末存量
绿色资产					
绿色信贷					
深绿					
浅绿					
绿色证券					
绿色债券					
深绿					
浅绿					
绿色基金					
深绿					
浅绿					
其他绿色金融资产					
深绿					
浅绿					
总绿色资产					
总深绿资产					
总浅绿资产					
绿色负债					
绿色债券					
深绿					
浅绿					
其他绿色金融负债					
深绿					
浅绿					
虚拟绿色金融负债					
深绿					
浅绿					
总绿色负债					
总深绿负债					
总浅绿负债					

注：该表是将商业银行中属于绿色金融活动的部分资产负债剥离出来后进行编制，并按绿色金融资产和绿色程度进行分类；由于篇幅受限，表中并未列示资产或负债所对应的债务或债权人。

二、特定次部门绿色金融概览编制——以存款性公司为例

通过合并特定机构单位绿色金融资产负债表，可形成对应的次部门绿色金融资产负债表，在此基础上汇总便可形成金融性公司部门绿色金融概览。由于存款性公司在绿色金融概览编制中具有较强的代表性，因此本书选择以其为例来展示特定金融性公司部门绿色金融概览编制的具体过程。

在货币统计体系中，存款性公司概览由中央银行概览和其他存款性公司概览合并获得，而对应概览则是由次级金融机构部门的资产负债表合并所得。对于绿色金融核算而言，单独反映中央银行参与绿色金融活动的状况，显然并没有太大意义。因此，存款性公司概览的编制，只需要合并对应次级部门资产负债表，而不再由已有更次级概览合并形成。我国存款性公司主要包括货币当局和银行业存款类金融机构，其中前者又包括中国人民银行和国家外汇管理局，后者包括银行、信用合作机构和财务公司[①]。存款性公司的主要业务有绿色信贷、绿色债券和绿色基金等，为了得到不同程度的绿色金融总量，需对绿色金融资产和负债再按深绿、浅绿进行分类。

存款性公司绿色金融总量是通过资产方进行计量的，相应的平衡关系式为：

存款性公司绿色金融总量＝存款性公司国外净绿色资产＋存款性公司国内绿色债权

而在具体的绿色金融结构方面，存在下述平衡关系：

存款性公司对非居民绿色债权＝对非居民的绿色信贷＋绿色债权＋绿色基金＋其他绿色资产

存款性公司对非居民的绿色负债＝对非居民部门的绿色债券＋其他绿色负债

对广义政府的深绿债权＝对广义政府深绿债券＋广义政府其他深绿资产

① 杜金富．金融统计标准及诠释[M]. 北京：中国金融出版社，2012.

对广义政府的深绿负债 = 对广义政府深绿债券 + 广义政府其他深绿资产

相应存款性公司概览可以提供存款性公司的绿色金融总量，也可以分别计算深绿、浅绿的绿色金融总量（见表 4–10）。

表 4–10　存款性公司绿色金融概览（例表）

项目	期初存量	交易	重新定值	其他数量变化	期末存量
国外净绿色资产					
对非居民绿色债权					
减：对非居民绿色负债					
国外净深绿资产					
对非居民深绿债权					
减：对非居民深绿负债					
国外净浅绿资产					
对非居民浅绿债权					
减：对非居民浅绿负债					
国内绿色债权					
对广义政府净深绿债权					
对广义政府深绿债权					
减：对广义政府深绿负债					
对广义政府净浅绿债权					
对广义政府浅绿债权					
减：对广义政府浅绿负债					
对其他部门深绿债权					
其他金融性公司					
非金融性公司					
其他居民部门					
对其他部门的浅绿债权					
其他金融性公司					
非金融性公司					
其他居民部门					
国内绿色负债					
绿色债券					
深绿债券					
其他金融性公司					
非金融性公司					
其他居民部门					

续表

项目	期初存量	交易	重新定值	其他数量变化	期末存量
浅绿债券					
其他金融性公司					
非金融性公司					
其他居民部门					
其他绿色负债					
深绿					
浅绿					
虚拟绿色负债					
深绿					
浅绿					

三、绿色金融概览编制

最终金融性公司部门绿色金融概览可以通过两种合并方式获得：一是“存款性公司绿色金融概览＋其他金融性公司绿色金融概览”；二是“政府直接控制的金融性公司绿色金融概览＋其他金融性公司绿色金融概览”。在特定金融机构部门绿色金融概览的基础上，考虑金融性公司部门与国外的联系，最终可以合并得到基于货币统计视角的金融性公司部门绿色金融概览。金融性公司部门所参与的绿色金融活动，主要有绿色信贷、绿色基金、绿色债券和绿色保险等。需要注意的是，合并后金融性公司部门内部各主体之间的绿色金融交易活动将不再被反映。国外净绿色资产、国外净深绿资产、国外净浅绿资产和对广义政府的债权，可通过特定金融机构部门绿色金融概览汇总得到。在此之下，最终可以得到金融性公司部门的绿色金融总量及其相关结构的统计数据（见表 4–11）。

表 4–11　金融性公司绿色金融概览（例表）

项目	期初存量	交易	重新定值	其他数量变化	期末存量
国外净绿色资产					
对非居民绿色债权					
减：对非居民绿色负债					
国外净深绿资产					
对非居民深绿债权					
减：对非居民深绿负债					
国外净浅绿资产					
对非居民浅绿债权					
减：对非居民浅绿负债					
国内绿色债权					
对广义政府净深绿债权					
对广义政府深绿债权					
减：对广义政府深绿负债					
对广义政府净浅绿债权					
对广义政府浅绿债权					
减：对广义政府浅绿负债					
对其他部门深绿债权					
非金融性公司					
其他居民部门					
对其他部门的浅绿债权					
非金融性公司					
其他居民部门					
国内绿色负债					
绿色债券					
深绿					
浅绿					
绿色保险					
深绿					
浅绿					
其他绿色负债					
深绿					
浅绿					
虚拟绿色负债					
深绿					
浅绿					

第四节　本章小结

绿色金融核算原则和方法已渐趋明了，关键在于如何推动国家层面的核算实践。我国金融业综合统计试点工作已取得阶段性成果，但还面临一些突出问题，部分金融活动游离于金融统计体系之外，亟须编制绿色金融等重点领域的信贷政策统计数据，以反映金融体系对国民经济重点领域和薄弱环节的信贷政策的执行效果和支持力度[①]。一方面，在我国金融业资产负债表正在进行探索编制的情况下，全面系统实施绿色金融核算及其概览编制的现实条件暂不具备；另一方面，应基于现有货币统计框架初步建立我国绿色金融核算体系，率先对具备条件的重要金融机构、重点领域所涉绿色金融活动进行反映，循序渐进地推进并完善相关统计工作，为我国经济可持续发展提供政策选择依据。

本章简要构建了绿色金融核算的理论框架，其中重点放在了从核算视角对绿色金融进行定义、绿色金融资产分类标志的说明和重新选择，以及绿色金融概览的编制上。由于当前绿色金融工具十分有限，参与绿色金融活动的金融主体活跃度较低，且绿色金融总量在市场的占比也不高，所以对于绿色金融的核算还比较粗浅。绿色金融核算的范围只是对金融性公司部门参与绿色金融活动产生的绿色金融资产和负债进行统计，核算的主体是金融性公司部门，对金融性公司部门的分类沿用 2016MFSMCG 对金融性公司部门的分类原则和标准，暂时没有考虑少数特殊的金融机构（专门从事绿色金融活动的金融机构如绿色银行等）对金融性公司部门分类的影响。随着绿色金融规模的不断扩大，将有越来越多的金融机构涉及绿色金融的业务，会形成更多专门从事绿色金融活动的金融性公司部门，且绿色金融在市场上的占比也会不断增大。所以，未来绿色金融的核算问题还可以从以下两个方面做进一步的研究。

---

① 详见《国务院办公厅关于全面推进金融业综合统计工作的意见》（国办发〔2018〕18 号）。

第一，对参与绿色金融活动的主体重新分类。专门从事绿色金融活动的金融公司一般只从事一种绿色金融活动，如绿色银行只从事绿色存贷业务，绿色保险公司只从事绿色保险活动等。随着绿色金融规模的扩大，绿色金融市场上会出现更多的专门从事一种绿色金融活动的金融公司。所以，在未来的研究中，可以考虑不再按权利同质性的机构型单位分类，而是把金融机构细分成更小的、更同质的基层型单位，进而将金融公司归并为活动同质的群体——金融产业部门。这样便于大家了解我国不同绿色金融产业的发展情况，如直接融资和间接融资的情况，此时，绿色金融概览的编制、绿色金融的主体按金融产业部门分类，对于绿色金融活动的识别更有现实意义。

第二，扩大绿色金融活动的核算范围。本章中绿色金融核算的主体是参与绿色金融活动的金融性公司部门，核算数据只包括绿色金融资产和负债的数据。碳金融在我国已经逐步发展完善，由于在碳金融市场中，暂时没有金融公司直接参与，参与的金融机构部门只是提供交易平台，不产生绿色金融资产和负债，所以本书没有核算碳金融市场的情况。目前，碳排放权交易在我国七个省（直辖市）进行试点，随着碳金融市场在我国的全面发展，碳金融市场中的交易活动的市场占比会不断增大，要了解我国绿色金融的发展情况，就无法忽略对碳金融市场的核算。所以，在未来可以尝试扩大绿色金融的核算范围，尝试在货币与金融统计的视角下，核算整个经济体绿色金融的数据和结构，统计金融性公司部门参与绿色金融活动产生的绿色金融资产和负债，同时也统计非金融性公司部门参与绿色金融活动的绿色金融资产和负债数据，编制绿色金融账户和绿色资金流量表，不断深入完善绿色金融核算的理论框架。

第五章　中国绿色信贷统计存在的问题与完善

绿色金融包括绿色信贷、绿色保险、绿色证券、绿色基金、社会责任投资、环境证券化、碳金融等多种金融工具。我国绿色金融的发展，以绿色信贷为主。与其他绿色金融工具相比，绿色信贷的统计制度更为重要，相应完善绿色信贷统计制度也具有更强的现实意义。与前文相比，本章内容对绿色信贷统计现状和存在的问题剖析得更为深入。

第一节　中国绿色信贷统计现状和存在的问题

一、绿色信贷统计现状

就我国的绿色信贷统计实践而言，银行业绿色信贷统计实践较早。此前主要为各银行进行零散、独立的核算与统计，并将相关数据发布在社会责任报告中，之后则是根据国家出台的两个绿色信贷统计文件的要求对绿色信贷数据进行报送与核算。绿色信贷的统计数据来源于各银行业金融机构，在实际发展中，银行对相关绿色信贷统计的发展过程可以简单分为三个阶段，分别以 2007 年、2012 年为节点。2007 年之前，国家对于绿色信贷统计的政策并无相关明确要求，银行业绿色信贷统计核算发展过程曲折。以 2012 年为分界点，原银监会发布的《绿色信贷指引》更加规范、清晰地规定了银行业金融机构披露绿色信贷信息的有关事项，在此基础之上，人民银行从可持续发展角度进一步完善了绿色信贷统计体系，但仍有欠缺。

（一）银行业绿色信贷统计

2007 以前，虽然国家正式出台过关于金融机构在信贷过程应注意环境保护的政策文件，但银行对相关贷款信息披露不足，缺少相应数据信息。根据“十一五”降低能耗、减少排放的要求，国务院于 2007 年发布了《节能减排综合性工作方案》，紧接着原国家环保局、人民银行及原银监会联合发布关于加强环保和信贷管理工作协调配合的文件，同年 11 月，原银监会又单独印发《节能减排授信工作指导意见》，要求银行做好与节能减排有关的授信工作。此后，许多银行开始在其公布的社会责任报告中公布与环境保护相关的积极实践及贷款信息。总体而言，这一阶段银行机构的社会责任报告中绿色信贷的披露呈现出三个特点。

第一，对环境保护的支持以制度体系的建立为主，如将环境因素纳入信贷审查范畴、对环保未达标的项目采取“一票否决制”、对客户环保信息进行分类管理等。将绿色概念从无到有地引入银行业务活动，完善制度管理是基础，将环境风险管理纳入信贷风险中，制定有关环境审查的操作细则，是对融资方向进行引导的前提。

第二，贷款管理以“两高一剩”行业的贷款清理与退出为主，各银行在披露绿色信贷管理时都会列出对高能耗、高污染及产能过剩行业的信贷投放余额与贷款占总贷款余额的比重信息，以衡量淘汰落后产能工作的完成程度。

第三，对绿色信贷有关贷款名称及贷款使用范围认知存在差异。以国家开发银行、中国工商银行及兴业银行为例，不同银行之间的理解存在差异。首先，各银行对绿色信贷的称呼在本阶段并未形成且内涵并不统一，贷款名称多以节能、环保、减排为关键词；其次，各银行关于贷款涉及业务范围存在重叠，涵盖重点（清洁能源、环境治理）领域的同时也存在差异，如工商银行提出的历史文化保护、兴业银行特别包含的清洁发展机制（CDM）等。

兴业银行作为我国第一个加入“赤道原则”的机构，从2008年起在公布贷款信息时便关注项目的环境效益及其节能减排效果。并且仅从同一家银行机构来看，其关于绿色贷款项目的理解也存在一定变化，例如中国工商银行的贷款名称由“节能环保项目贷款”改为“绿色经济领域贷款”，其中包含的项目分类也从环境保护重点工程、新能源开发或利用项目、节能重点工程等七项浓缩到了节能减排、清洁能源开发利用等四项（见表5–1）。

表5–1　三家银行对投向绿色项目的信贷的理解差异

银行名称	开始公布年份	贷款名称	贷款主要包含内容
中国工商银行	2008	节能环保项目	节能减排、清洁能源开发利用、生态与历史文化保护、资源综合利用
国家开发银行	2007	支持环保、节能项目建设	流域、城市环境综合治理；工业节能、污染治理；产业、能源结构调整
兴业银行	2008	节能减排项目贷款	能效、新能源和可再生能源、CDM、二氧化硫减排、污水处理和水域治理、固废处理等

资料来源：根据中国工商银行、国家开发银行与兴业银行社会责任报告整理得到。

（二）原银监会绿色信贷统计

2012年2月，为了积极调整信贷结构，有效防范环境与社会风险，原银监会面向银行业金融机构发布了《绿色信贷指引》（以下简称《指引》）。为提高银行在促进绿色经济、低碳经济、循环经济发展中的积极作用，《指引》从组织管理、制度建设、信息披露等方面对银行绿色信贷提出建议，且提出的都是纲领性建议。然而，对具体的操作如绿色信贷所涉及的管理范围，以及如何统计数据呈报等还没有进一步的细则。2013年7月，原银监会发布了《关于报送绿色信贷统计表的通知》，更为详细地规定了绿色信贷的包含范围及相关统计数据的报送方式，提高了银行业金融机构对绿色信贷业务的重视与业务规范程度，我国绿色信贷统计进入新阶段。

原银监会的绿色信贷统计制度包含两部分：一方面是对“环境、安全等重大风险企业”信贷情况的统计，根据原环境保护部和原国家安全生产监督管理总局提供的企业名单进行填报，主要是了解银行业对这些企业的贷款数目、贷款金额及贷款质量，从金融监管层面加强对风险企业的关注，并督促其整改，同时可以强化银行对环境和社会风险的有效识别。另一方面是“节能环保项目及服务贷款”情况统计表，将贷款一共划分为12个大类，需要统计各银行该段时间的12类贷款数额、贷款质量及对应的节能减排量。

需要注意的是，根据原银监会披露的绿色信贷统计信息数据，绿色信贷包括两大部分：一是支持节能环保项目和服务的贷款，也就是前文提到的12类贷款；二是支持节能环保、新能源、新能源汽车三大战略性新兴产业生产制造端的贷款，由于第二部分贷款并不是由银行业金融机构绿色信贷专项统计上报得来，因此这一部分数据仅包含贷款余额，而没有具体的贷款质量和贷款支持部分形成的环境效益信息。

关于节能减排量，一共包含7个指标，以标准煤、二氧化碳当量、化学需氧量、氨氮、二氧化硫、氮氧化物和节水反映绿色项目产生的环境效益，数据主要来自项目的立项批复文件、项目可研报告或者环境影响评价报告中的相应信息。如果没有上述数据，则根据“绿色信贷项目节能减排量测算指引”进行估算和填报。这7项指标则是根据《“十二五”节能减排综合性工作方案》提出的约束性目标制定的，反映了固定资产项目中由于贷款支持项目所节约的能源或者减少的排放量（见表5-2）。

表5-2 绿色信贷项目内容

环境、安全等重大风险企业信贷	节能环保项目及服务贷款情况统计表
1. 涉及环境保护违法违规且尚未完成整改的企业信贷情况 2. 涉及安全生产违法违规且尚未完成整改的企业信贷情况 3. 涉及落后产能且尚未完成整改的企业信贷情况 4. 涉及职业病预防控制措施不达标且尚未完成整改的企业信贷情况	绿色农业开发项目 绿色林业开放项目 工业节能节水环保项目 自然保护、生态修复及灾害防控项目 资源循环利用项目 垃圾处理及污染防治项目 可再生能源及清洁能源项目 农村及城市水项目 建筑节能及绿色建筑 绿色交通运输项目 节能环保服务 采用国际惯例或国际标准的境外项目

资料来源：中国银行保险监督管理委员会网站公布文件。

（三）人民银行绿色信贷统计

2016年，中国人民银行等七部委发布了《关于构建绿色金融体系的指导意见》，此后相关部门进一步推进构建绿色金融体系，并不断提出促进绿色金融发展的相关措施。为了有效评估金融机构绿色贷款投放情况，人民银行于2018年1月印发了《关于建立绿色贷款专项统计制度的通知》，要求金融机构各自评估具备数据质量管理机制或在数据准确可靠的基础上按季度提交报数申请，经人民银行确认后按要求报送绿色贷款专项统计数据。

中国人民银行建立的绿色贷款专项统计制度的填报机构，除了国内21家主要银行外，还包括城市农业商业银行、农村合作银行、农村信用社、外资银行、财务公司、信托投资公司、金融租赁公司等，填报频率为每季度报告。填报内容同样包含了对环境、安全等重大风险企业的贷款，以及节能环保项目及服务的贷款，但是不包含原银监会《绿色信贷指引》关于节能环保、新能源、新能源汽车三大战略性新兴产业生产制造端的贷款。此外，除了贷款余额、贷款质量外，还增加了承贷主体所属行业的分类维度。

可以看出，绿色贷款专项统计吸收、保留了原银监会绿色信贷统计报表的合理部分，其管理引导内容与《绿色信贷指引》的要求保持一致，以引导金融机构加强绿色贷款能力体系建设。同时，引入国家标准行业分类统计，旨在增强绿色贷款统计数据与宏观经济核算的可比性和关联性。因此，从大体而言，人民银行的绿色贷款统计与原银监会的绿色信贷统计的要求基本保持一致。

从公布的数据涉及范围看，原银监会公布的数据是国内21家主要银行的绿色信贷信息，人民银行公布的是银行业金融机构的绿色贷款信息；从数据报送频率看，原银监会要求每半年进行一次数据统计，人民银行则将周期缩短为每季度汇报一次；从绿色信贷的涉及范围看，人民银行公布的绿色贷款数据不包含支持节能环保、新能源、新能源汽车三大战略性新兴产业生产制造端贷款，与原银监会在绿色信贷涉及的业务范围上存在差异；同时在统计维度上，人民银行在原银监会对于贷款质量统计的基础上，增添了对承贷主体的行业分类，并删除了对节能减排量的统计。

总之，在我国绿色信贷统计实践中，原银监会与人民银行在报送机构、报送频率、绿色信贷范围、分类依据等多方面存在差异，具体表现见表 5–3。

表 5–3　原银监会与人民银行的统计差异

项目	原银监会	人民银行
报送机构	21 家主要商业银行	还包括城市农村商业银行、企业集团财务公司、信托公司等
报送频率	半年	每季度
绿色信贷范围	12 类节能环保项目服务、3 类战略性新兴产业、环境安全重大风险	12 类节能环保项目及服务
分类依据	贷款质量、节能减排量	贷款质量、承贷主体行业

数据来源：根据原银监会、中国人民银行官网信息整理。

二、绿色信贷统计当前存在的三大困难

我国虽然已初步建立了绿色信贷的统计制度，但仍有许多地方需要改进和完善：两套绿色信贷统计制度共存且存在差异，存在重复统计及统计范围不统一的问题，就原银监会的统计制度而言，绿色信贷由包括节能环保项目和服务的贷款及新能源、新能源汽车和节能环保三大战略性新兴产业的贷款两部分构成，前者由金融机构专项呈报，而后者来自其他渠道，这种模式并不利于绿色信贷的统一管理。绿色信贷与我国其他绿色金融工具的标准统一方面也存在欠缺。人民银行的绿色贷款虽然是在构建绿色金融体系的指导思想下建立的，较原银监会晚了 5 年时间，但在对绿色项目的划分思路上与前者大致相同，而我国在提出生态文明建设后有关绿色金融与绿色产业的政策规定陆续出台，如关于绿色债券的《绿色债券目录》、发展改革委发布的《绿色产业指导目录》，要求不断更新绿色信贷标准，兼顾其他绿色金融工具，与绿色金融实践发展要求相适应。

对上述内容进行归纳总结后，可以发现我国绿色信贷核算中主要存在三大困难。

第一，绿色信贷理论基础不够牢靠。理论基础包含对绿色信贷的内涵

理解、绿色信贷的特点及其与其他重要相关概念之间的关系等，在此处指的就是绿色金融。对于绿色信贷的定义，虽然我国在《关于构建绿色金融体系的指导意见》中给出了绿色金融的概念，但仅将绿色信贷作为其中的一种金融工具，与学者以及组织在讨论时用到的绿色信贷概念存在一定的差异，这对绿色信贷核算产生了一定的消极影响。例如各银行统计的“两高一剩”贷款能否表示绿色信贷，原银监会统计的环境、安全重大风险的企业信贷为何在人民银行统计中存在缺失，这些对于绿色信贷的定义而言是应该明确的问题。除了绿色信贷的定义之外，本书结合以前学者的研究并从其特点出发，再次对绿色信贷值得注意之处做出梳理，以便更好地理解绿色信贷并对其进行核算。最后，在研究或实践中，绿色信贷与绿色金融的概念有时会被混淆使用，大家对绿色金融与绿色信贷的界限的理解较为模糊，因此从两者之间的关系出发加以研究并进行绿色信贷核算很有必要。

第二，绿色信贷资产识别存在困难。识别绿色信贷的资产是对其进行核算的基础，目前各商业银行对环保有关贷款的统计及我国的绿色信贷与其他的绿色金融工具之间的绿色范围的划分存在差异。一般而言，绿色金融的金融工具的绿色含义应该是相同的，区别仅在于金融工具的使用上。《金融业标准化体系建设发展规划》中提到“要建设多层次的绿色金融标准体系”，我国绿色金融专业委员会与欧洲投资银行发布了关于《探寻绿色金融的共同语言》白皮书，努力推动绿色金融标准的国际接轨。因此绿色环节识别上，绿色金融与绿色信贷面临着相同的问题。从什么角度出发对绿色经济活动进行梳理，并据此得到绿色信贷的资产分类标准，这些问题值得进行思考。

第三，我国绿色信贷统计体系还不完善。要完善我国绿色信贷统计体系，必须通过对绿色信贷的理论基础进行深入探讨，以及对绿色信贷进行合理、科学的资产分类，并最终将这些理论研究融入我国的绿色信贷统计实践中。在实际的统计工作中会涉及许多操作性的问题，包括环境效益测算、统计报表设计等，同时还要尽量避免之前学者提到的现存统计中存在的“主观性”过大等问题，并且需要考虑绿色信贷的统计最后以怎样的形式进行呈现。

因此，从绿色信贷核算的理论基础出发，结合对绿色经济活动的分类识别，通过与国内其他绿色金融工具及国外代表性绿色标准进行比较，从而进一步完善我国绿色信贷统计体系具有必要性。

第二节　中国绿色信贷统计理论探讨

一、绿色信贷内涵

（一）现有绿色信贷内涵认识

直接对绿色信贷内涵进行讨论的文章不多，一些学者认为绿色信贷与国外所称的可持续融资或环境融资是相同概念[①②]，产生于金融业、环境保护与可持续发展三者之间的相互作用[③]。就融资方式而言，绿色信贷的外延范围小于其余两者，因此更多学者指出了绿色信贷就是绿色金融的一种具体形式[④⑤]。我国《关于构建绿色金融体系的指导意见》的官方文件虽然没有明确给出绿色信贷的定义，但提出绿色信贷是绿色金融的工具之一。

有关于绿色金融的定义理解也可以适当引用到绿色信贷中来。区别于一般信贷，绿色信贷可以产生环境效益，对环境风险进行管理，从而在减少污染和温室气体排放，减少浪费和提高自然资源使用效率的同时实现经济增长[⑥]。基于对环境因素与经济运行相互协调配合的考虑，对社会整体而言，绿色信贷可以引导贷款资金的流向，实现资金的合理有效配置，促进金融与生态的良性循环[⑦]；对商业银行而言，绿色信贷也可以降低信贷风险，优化信贷结构，实现利润最大化。

① 雷丰铭 . 我国绿色信贷制度研究 [D]. 长沙：湖南师范大学，2020.

② 陈海若 . 绿色信贷研究综述与展望 [J]. 金融理论与实践，2010（8）：90–93.

③ 孔瑞 . 我国绿色信贷发展研究 [D]. 济南：山东师范大学，2015.

④ 李晓西，夏光，等 . 中国绿色金融报告 2014[M]. 北京：中国金融出版社，2014.

⑤ 陈慧敏 . 股份制商业银行绿色信贷实践问题研究 [D]. 广州：暨南大学，2015.

⑥ G20 绿色金融研究小组 .G20 绿色金融综合报告 [R].2016.

⑦ 屠行程 . 绿色金融视角下的绿色信贷发展研究 [D]. 杭州：浙江工业大学，2015.

绿色信贷的宏观政策性也受到了学界的关注。绿色信贷作为有可持续发展意义的金融业务，是金融机构对国家环境经济政策的响应[①]，有利于引导社会资金流向绿色项目，优化资源配置，优化产业结构、能源结构、交通结构并提高环境效率[②]，是环境治理的金融和资本市场手段[③]。就其外延而言，绿色信贷优化了新能源、循环利用等绿色环保产业的融资环境，利用政策上的优惠和倾斜[④]，鼓励金融机构支持绿色经济活动，这是中国经济转型（资源节约型和环境友好型）的现实需求，即弥补了可持续发展目标存在的巨大资金缺口，同时也使绿色金融成为全球热门话题。有学者提出信贷资金的绿色配置还包括对污染企业的投资新建项目及流动资金进行限制[⑤]，特别是对“两高一剩”企业限制贷款。不难发现，在银行业的社会责任报告中也常用“两高一剩”企业贷款余额及占比来反映银行自身的绿色环保意识。还有学者认为绿色信贷包含三个核心内容：正向激励、负向惩罚及银行在贷款过程中的环境风险管理[⑥]。

可以看出，学界对绿色信贷的认知存在差异，且讨论还不够充分。也正因为如此，才使得先行于理论的绿色信贷统计在各银行业实践中存在着理解差异。

（二）绿色信贷内涵再认识

绿色信贷起源于可持续发展理论，是人们对现代经济社会发展中面临的一系列环境问题的反思：从单纯追求经济增长转变为经济环境协调发展。但由于可持续发展更多作为一种目标性的阐述，本身具有模糊性，让作为发展绿色经济重要支持之一的绿色信贷也涵盖了广泛的内容，即将“有利于环境保护”且“与信贷相关”的举措都纳入其中，既包括金融机构向有利于环境

---

① 张新．商业银行绿色信贷业务对其经营绩效的影响分析 [D]. 合肥：安徽大学，2017.

② 马骏．论构建中国绿色金融体系 [J]. 金融论坛，2015（5）：18–28.

③ 潘岳．谈谈环境经济政策 [J]. 求是，2007（20）：78–82.

④ 安伟．绿色金融的内涵、机理和实践初探 [J]. 经济经纬，2008（5）：156–158.

⑤ 刘传岩．中国绿色信贷发展问题探究 [J]. 税务与经济，2012（1）：29–33.

⑥ 陈立铭，郭丽华，张伟伟．我国绿色信贷政策的运行机制及实施路径 [J]. 当代经济研究，2016（1）：91–96.

的绿色经济活动提供贷款支持，又涵盖按照国家环保政策对列入高能耗、高污染名单的企业进行贷款限制与退出，还有银行在贷款审批等投资活动中加强对环境风险的识别过程（如设置“环保一票否决权”），这些可以理解为对绿色信贷的广义内涵。而从狭义角度来看，绿色信贷仅包含第一部分，即以银行业为核心的金融机构对绿色经济活动的资金支持，那么绿色信贷核算就是指对这部分资金进行统计的过程。

需要注意的是，银行的统计实践及“两高一剩”的贷款统计（部分学者认为）属于绿色信贷组成部分，然而本章认为负向惩罚不属于绿色信贷，即绿色信贷仅包括正向激励部分。原因在于：①虽然对“两高一剩”行业贷款的退出能在一定程度上反映出金融机构对环境的重视，但这是遏制向高污染、高能耗项目提供资金的间接影响，并非直接对绿色经济活动提供资金支持，不能体现绿色信贷产生的直接原因——实现可持续发展的资金缺口；②现实中的限制贷款企业名单多依靠环保部门给出，而环保部门的名单仅列出了一部分严重污染的企业，这些企业也可能通过加强治理、技术迭代成为环保合格的企业，即在“两高一剩”名单上的企业也存在绿色经济需求，“一刀切”地对这些企业进行贷款限制、贷款退出欠缺考虑。

综上所述，本章对绿色信贷提出广义和狭义两种定义。广义上来看，绿色信贷包括金融机构对企业进行绿色活动及环境风险管控的融资行为与信用管理；狭义上来看，绿色信贷专指商业银行对企业绿色生产与环保技术更新的贷款业务。后文所指绿色信贷沿用狭义定义。

二、绿色信贷资产分类

（一）分类原则

对绿色信贷的分类多针对绿色项目进行，针对绿色项目的分类除了要满足统计分组的一般性原则，即科学性、完备性、互斥性外，也要考虑分类客体的特殊性。下文对绿色信贷的特殊分类原则进行阐述。

第一，分类的“现实性”与“长远性”。可持续发展要求把握“现实性”与“长远性”，既要立足于国家当前发展中存在的主要环境问题，同时还要考虑向长远发展推进的有效措施，将重点和整体、短期与长期相结合。

就我国而言，立足当前，大气、水、土壤污染等都是我国人民群众密切关注的环境问题，仅就大气污染而言，2017 年全国 338 个地级及以上城市中空气治理达标的仅占 29%。对于绿色信贷的客体分类，需要关注和考虑当前社会反映的突出问题，使更多资金流向缓解、解决当前环境问题的相关项目或产业中去；同时着眼长远，考虑绿色活动的顶层设计，完善发展更好实现可持续发展的项目或产业及其配套政策。可以看出，“现实性”的问题是具有时代性的，每个时期面临的主要环境问题不同，而“长远性”考虑则是更为稳定的中心框架。

二是分类的“兼容性”与“比较性”。绿色信贷关于绿色项目的识别需要与其他绿色金融工具相兼容，同时与其他国家或经济体的绿色金融工具可比，以便于理解和促进绿色经济发展。

各国可以使用不同金融工具促进资金向绿色部门流入，包括贷款、债券、股票、基金等，虽然金融工具存在差异，但对于绿色部门的识别在一国内应该形成统一的理解，规范国内绿色市场发展，降低信息不对称所带来的交易成本。我国的各项绿色金融工具虽然都发展较快，但存在着各个标准口径不统一的问题，针对绿色信贷有《绿色信贷指引》，针对绿色债券有《绿色债券支持项目目录》和《绿色债券发行指引》，同时还有《绿色产业指导目录》等，多项规范的存在不利于绿色金融整体的政策扶持和效果评价，会制约可持续发展。欧盟在 2019 年 6 月发布的《欧盟可持续金融分类方案》就是基于经济活动的分类，适用于各类金融工具。

同时，虽然各个国家发展情况不同，侧重的环保政策也各异，但在经济全球化、环境问题全球化的当下，绿色发展既是使命也是机遇，促进与其他国家或者经济体的绿色标准比较有利于国家间的经验交流和借鉴，也有助于国际绿色金融工具市场形成，促进国际绿色融资体系的形成和发展。

（二）分类标志

选择合适的分类标志十分重要。对金融工具的分类存在两种形式：一种是基于单一标志的简单分组及其平行分组体系；另一种是基于多个标志的复合分组及其复合分组体系。MFSMCG2016 采用了复合分组办法，选择流动性和债权 / 债务人法律关系两个分类标志。可以看出，大家对绿色信贷在实践中的分类习惯延续了货币与金融统计对金融资产进行分类的思路，仍然是基于流动性和债权 / 债务人法律关系两个标志，并加入了对这些金融工具的绿色限制。因为这两个标准都是货币金融统计中原有的成熟标志，在此就不做过多讨论，本节主要针对其他可能合理的分类标准进行研究。

1. 绿色环节

本章将绿色途径划分为循环过程和生态治理两部分，并以此作为绿色的分类标志。其中循环过程表示在自然资源投入的整个产品经济活动中，通过加强循环的方式让产品更清洁、更少量、更多次地利用，把人类对环境的不利影响最小化，可采取的方式包括提高资源利用效率、废弃物回收利用、新能源开发利用等。生态治理包含生态保护与环境治理，生态保护主要是通过科学的管理方法增强环境的承载能力，提高生物的多样性，可以通过实施生物多样性保护工程、加强自然保护区建设等方式实现；环境治理指对排放到环境体系中的残余的治理，属于最后的抢救，可以通过收集生产排放污染物、治理已被破坏的环境等方式实现。

在人类与环境的物质交换过程中，循环过程的利用程度再高也会有污染物的产生和原料的损耗，因此在经济发展的每个阶段都会存在从环境中汲取资源、再排放反馈给环境的过程。绿色信贷的主要作用是引导社会资本的流向，特别是流向存在资金缺口的绿色部门，污染物的排放量随着人们对生态环境的不断重视而减少，工业化进程的推进导致污染物的积累，而后随着法律法规的不断完善及可持续发展的要求，对污染的末尾处理的“谁污染、谁付费”原则会使企业将环境保护纳入经营目标，政府也会出台相应政策促进绿色经济发展与环境治理，而且环境本身具有自我净化能力，多方面共同作用缓解了环境治理与保护资金投入不足之间的矛盾，同时社会越来越倾向于利用循环过程方式控制污染，会促使末尾治理可能不再包含在绿色范围内，发达国家在前期已经对污染进行了治理，因此在目前认定时就不包括污染治理。但这并不意味着环境治理就不存在，这一点需要注意。

循环过程的覆盖范围较广，覆盖领域众多，可能需要进行具体剖析。从经济活动过程来看，原材料投入—生产—产品消费过程中都可能存在循环经济，在原料投入环节更换污染残余更少的材料、生产环节使用先进技术装备、收集污染物循环利用、使用后进行废弃物回收等都是循环过程中“3R”原则的体现。对循环过程包含的内容进行梳理，大概可以包括新能源建设运营、行业节能减排建设改造、废弃物循环利用三大重点板块，同时结合分析循环过程中所提到的直接环境影响与间接环境影响，直接影响体现在成品使用的某一阶段产生的有益效果，或者体现为污染物减少，或者表现为环境承载力的提升，如购买电动汽车、电动公交车等可以在行使过程中减少排放，但完成这些活动还存在一个必然步骤，即特殊产品制造阶段，因而也将这些成品的制造阶段也应包含在内。

2. 低碳经济与分类标志的联系

前文中提到了目前以欧盟为代表的发达经济体在面对全球气候变化时做出了迅速反应，部分发达国家或经济体提出了低碳经济的发展路线，低碳经济是绿色经济的一部分，了解低碳经济在本章绿色分类中的具体表现有利于进行国际横向对比。低碳、气候与整个绿色环节及范围划分之间的关系如图5-1所示。首先，低碳和气候都属于绿色概念中的一部分，气候内涵则包含了低碳的内涵，气候既包括为了实现低碳目的而进行的一系列低碳行为，也包含适应气候变化的活动，如临海城市为了应对气候变暖造成的海平面上升情况，可以考虑一层不设置住宅，建造洪水退去后只需稍事冲洗的硬质地面，又如气温较高的城市为了避免高温导致的路面融化，在建造地面时多使用耐高温材料或者对温度敏感性不强的材料。

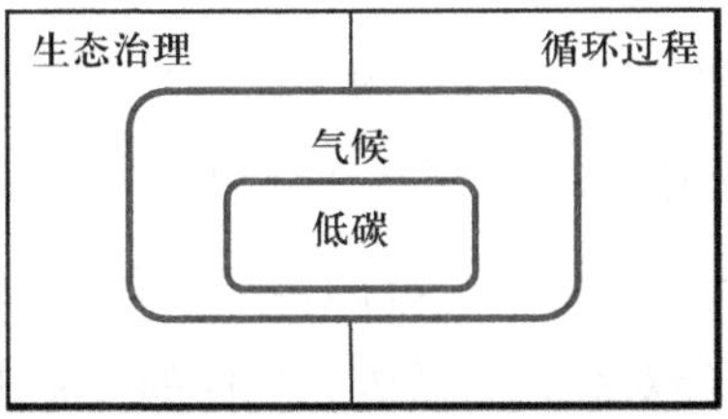

图5-1　绿色环节及其与低碳、气候之间的关系

就低碳与绿色两个概念而言，低碳在环境治理和循环过程两个环节中都有所体现。CO_2 的捕捉与封存均属于环境治理，是对于空气中存在的多余 CO_2 进行捕捉和封存，放置到较为稳定的其他地方，例如注入地下岩石、陆地沉积盆地等；在环境可持续方面，可以通过造林来增强森林对 CO_2 的吸收能力，通过建造自然栖息地来提高土地的固碳能力等。循环过程中的低碳活动表现则较为丰富，最明显的是利用太阳能、风能、水能等可再生能源进行发电，相应的设备制造也是低碳活动的支持部分，同时城市电力汽车、轨道交通设施的建造，以及通过数据智能分析优化气体排放等活动都是低碳活动在循环过程中的体现。

（三）分类呈现

MFSMCG2016 中以“流动性”和“债权 / 债务人法律关系”为分类标志，将金融资产分为八大类，本章在沿用此八类金融资产的基础上，又引入“绿色环节”作为分类标志，遵循“一般性”与“灵活性”兼顾的原则，将绿色信贷分为循环过程与生态治理两个层次，再按照“金融资产的机构特征”标志，形成了绿色信贷资产分类表（见表 5–4）。

表 5–4　绿色信贷资产分类

绿色信贷资产分类（一般版）	绿色信贷资产分类（低碳版）
绿色信贷	绿色信贷（低碳 / 气候版）
生态治理	生态治理
循环过程	循环过程

之所以有其他居民部门，是因为我国现行的绿色信贷统计中不包括对住户部门的信贷支持，而在国外已有类似绿色建筑优惠利率贷款等多种个人绿色信贷产品，且需求端的绿色支持是构建绿色社会的重要部分，也能产生显著的环境效益。故而从长远来看，需要将住户部门纳入绿色信贷统计中。

对致力于发展低碳或者气候经济的国家而言，可以参考绿色信贷统计分类的低碳版，前文已经对绿色、低碳、气候的关系进行了系统梳理，因为低碳、气候的信贷体系同样包含生态治理与循环过程环节，所以可以直接沿用，改为低碳版，在进行对比的时候只需要摘选出一般绿色信贷统计中属于低碳的部分进行比较即可。

三、绿色信贷机构部门识别

绿色信贷是绿色金融的有机组成部分，而且绿色信贷可以从资产项目进行反映，融入信贷收支统计中，具有一定程度的核算可能性，我国绿色信贷占比远超其他绿色金融工具，具有单独核算的必要性，因此存在相对独立性。核算绿色信贷需要解决如何从资产方进行核算，以及从哪些部门的资产方进行核算的问题。

（一）资金提供方

根据货币与金融统计的最新国际标准 MFSMCG2016，以权力同质性为划分依据，机构部门包括金融性公司、非金融性公司、一般性政府、住户、为住户服务的非营利性机构及国外部门。其中，金融性公司部门又分为九个次部门，分别是中央银行、除中央银行以外的其他存款性公司、货币市场基金、非货币市场基金、除保险公司和养老基金以外的其他金融中介机构、金融辅助机构、专属金融机构和贷款人、保险公司、养老基金。

绿色信贷的资金提供方一般指除中央银行以外的存款性公司部门，即其他存款性公司部门。存款性公司部门是按照将负债纳入广义货币的理解划分的，之所以将其他存款性公司部门视作绿色信贷的贷款人，是因为政策性银行、商业银行等银行业金融机构是主要的放贷主体，特别是绿色信贷初始发展阶段，存在着期限错配、基础信息不全面、分析能力不足等问题，因而更多为政策性银行及大型国有或股份制银行推动发展。德国复兴信贷银行作为典型的政策性金融机构，就在推动德国能源转型、支持绿色经济发展中起到了关键作用，该银行主要对绿色项目提供长期贷款和低息贷款，并尽可能激励和拉动更多私人投资。

之所以将中央银行排除在外，是因为中央银行并不直接参与到绿色信贷的资金支持中，而是利用一些政策导向鼓励其他存款性金融机构对绿色产业进行投资。比如孟加拉国中央银行对太阳能、沼气和污水处理这些领域制定了再融资方案，只要银行贷款投入这些领域，可以按照5%的贴现率通过孟加拉国中央银行再融资。存款性公司和其他金融性公司部门的主要区别就在于负债方是否纳入广义货币，但是其他金融性公司部门仍存在发放绿色信贷的可能性，比如贷款公司可为农村绿色发展提供贷款服务，虽然目前这些部门基本不涉及绿色信贷的发放，但是在绿色信贷发展较为成熟的阶段，这些其他金融性公司部门也可以提供绿色贷款。在实际生活中，国外部门也可以成为绿色信贷的资金提供者，比如渣打银行在2012年为中国台湾提供的风力发电项目贷款。所以绿色信贷的资金提供部门可能包括：①其他存款性公司部门；②其他金融性公司部门；③国外部门。

（二）资金需求方

从绿色信贷资金需求方的角度讨论绿色信贷的构成，需要解决哪些部门持有的绿色信贷负债可以纳入绿色信贷总量的问题。绿色信贷的资金需求部门一般包括：①非金融性公司部门；②广义政府部门；③住户和为住户提供服务的非营利性机构。其中，非金融性公司部门是主要的许多大型绿色项目建设运营方，也是主要的绿色信贷贷款部门。

政府部门也具有绿色财政支出的融资需求，在向绿色经济转型的过程中，有关基础设施建设的融资需求庞大，世界经济论坛估计每年单是向能源、交通、建筑等绿色基础设施的转型就要增加全球GDP总额1.5%左右的额外投资，因此财政收入难以满足建设投资需要，此时政府部门就可以通过发行公债等方式从银行等其他存款性公司融资。例如，合肥市政府在推进当地巢湖污染治理中就以土地为抵押，向国家开发银行进行借款。

住户和为住户服务的非营利性机构可合并在一起，成为“其他居民部门”，其中对绿色信贷的资金需求既可体现在生产端，也可以体现在消费端。住户部门中包括非法人企业，他们可以进行生产活动，并将生产的货物和服务在市场上交换。许多农林牧渔业的个体工商户或者小微企业主会以个人名义向银行申请贷款，其中就不乏绿色信贷。一方面，这部分贷款很难加以辨认；另一方面，对这些个体工商户而言，难以实现环境监测以证实经济活动的绿色性，因此也就不做统计上的要求。消费端的绿色信贷资金支持主要是指住户对绿色产品如新能源汽车的消费贷款。国务院办公厅于2019年8月印发的《关于加快发展流通促进商业消费的意见》中指出，要鼓励金融机构对居民购买新能源汽车、绿色智能家居、节水器具等绿色产品提供信贷支持，加大对新消费领域的金融支持力度。而截至目前的实践中，绿色信贷统计范围仅适用法人贷款，尚未涵盖绿色消费、小额等个人贷款，没有充分发挥政策的正向激励作用。

（三）绿色信贷部门分类

可模仿MFSMCG2016中对广义货币中性部门的划分，将中央银行、其他金融性公司部门及非居民部门归入绿色信贷中性部门，中性部门表示既不是绿色信贷资金提供方（特殊情况除外），也不是绿色信贷资金融入方。

中央银行被纳入其中，是因为通过再贷款、再贴现等货币政策向其他存款性金融机构提供支持来帮助资金流入绿色产业，类似于中国人民银行优先接受绿色贷款资产作为信贷支持再贷款政策，同时中央银行也不存在绿色信贷对应的负债。

其他金融性公司的特殊性在于它有可能成为绿色信贷贷款机构，比如英国的绿色投资银行。英国政府为了促进向绿色经济的转型，在2012年全资设立了英国绿色投资银行。由于不吸储、不发债，英国绿色投资银行虽然是一家政策性银行，但并不能归入其他存款性公司部门，只能划入其他金融性公司部门，同时由于它是专门针对绿色经济建立的第一家绿色投资银行，属于全新的金融机构。英国绿色投资银行在对绿色项目提供类似于商业银行的贷款时，此类贷款应该属于绿色信贷。但由于目前其他金融性公司发放绿色信贷的情况较少，而且我国现在还没有其他金融性公司部门的资产负债表，因此，可以在未来再考虑将其他金融性公司纳入绿色信贷的贷款部门中去。

国外部门也存在成为资金提供者的可能性，但将其分入中性部门，一是因为非居民部门提供的融资量少，二是因为统计上存在困难。另外，对国外部门进行的绿色信贷资金支持也不是我们关心的重点。

因此，在进行核算时从资产角度，也就是从其他存款性公司出发进行统计显然更为合理。因为从资金提供方进行核算只需关注其他存款性公司的资产方数据，而从资金融入方进行核算则涉及的部门过多，并且我国现有的货币统计体系也为绿色信贷核算从存款性公司出发提供了支撑与保障。

故绿色信贷部门分类可以表示如下，见表 5-5。

表 5-5 绿色信贷部门分类

绿色信贷资金：提供部门、中性部门和融入部门
绿色信贷资金提供部门
其他存款性公司
绿色信贷资金中性部门
中央银行
其他金融性公司
非居民部门
绿色信贷资金融入部门
非金融性公司
广义政府
住户和为住户服务的非营利机构

第三节 中国绿色信贷统计体系的完善

完善我国绿色信贷统计体系需要从我国的绿色发展目标出发，从绿色环节分类得到符合我国国情的绿色活动范围，给出对应环境效益并体现于测量方法，最后再结合统计报表形成完善的统计流程。

一、我国绿色活动概述

（一）方法选择

确认绿色经济活动主要有两种方法，分别是环境评估法和绿色产业分类法。环境评估法是指专家团队根据不同行业相关环境影响因素设定参数权重，设计计算模型，通过评估核算得出环境效益值，根据环境效益值评定绿色属性。通过此种方法区分项目的绿色程度，可以根据效益值得分高低来区分绿色的深浅层次，但方法复杂，不具备公开、清晰、通俗易懂的特点。绿色产业分类法则直接指出属于不同类型的绿色项目，及其需要达到的具体指标或需要具备的特征，容易让执行者清楚地知道各产业的绿色信贷标准及特征。

英国投资银行的银行投资证明（Guaranteed Investment Certificate，GIC）对绿色项目进行的绿色影响评定就采用了环境评估法。GIC 以应对全球变暖为目标，根据每个项目一系列因素的加权平均值结果，评定出 1 级（低）到 5 级（高）的环境绿色影响。类似的，国际气候中心对绿色债券提供的第二意见也采用了环境评估法。绿色产业分类法的一个典型应用体现在 2019 年 6 月发布的《欧盟可持续金融分类方案》（以下简称《分类方案》）中。《分类方案》以实现可持续为目标，内容主要涉及应对气候变化的关键领域。此分类法基于《欧共体经济活动统计分类》（*Statistical classification of economic activities in the European Community*，NACE），因为 NACE 在欧盟经济部门中具有全面性，被欧盟统计局等机构广泛使用。环境评估法是针对实践中的每一个项目展开具体衡量，立足于微观角度，多被第三方评价机构采用，而绿色产业分类法则更多从宏观角度出发进行考虑，因而本章将采用绿色产业分类法。

（二）绿色经济活动范围

对我国绿色经济活动范围进行认定需要结合目前的经济环境发展情况，根据中共中央、国务院《关于加快推进生态文明建设的意见》，我国发展与环境之间的矛盾可以总结为：环境污染严重、资源约束趋紧与生态系统退化。这三个矛盾与绿色环节之间相互影响。我国的绿色发展目标包括污染治理、资源高效利用、废弃物循环利用、降低温室气体排放、生态系统保护等，使得我国的绿色经济活动内容十分广泛（见表 5–6）。与发达国家相比，我国处于工业化中后期，工业化留下的环境污染存量需要解决，因此环境污染治理及生态修复也是我国绿色经济活动的一部分。同时，由于能源禀赋差异，我国将在一段时间内仍以煤炭作为主要能源，煤炭的清洁利用就成为我国污染治理的重点，这与能源结构偏清洁的国家相比是存在差异的。

表 5–6　我国绿色经济活动范围

一级分类		二级分类	说明
生态治理	1. 环境治理	1.1　先进环保装备制造	制造先进的环保装备，如大气、水、土壤污染防治装备
		1.2　工业排放改造	生产过程废气处理、生产过程废水处理、生产过程废渣处理，还包括煤炭的清洁利用
		1.3　污染治理与生态修复	对于污染的处理，对于生态环境的修复
		1.4　环境监测与污染处理基础设施建设运营	对于环境监测的服务、建造，对于污水处理、垃圾填埋等基础设施建造运营
		1.5　研发与技术服务——治理	包括环境治理环节涉及的技术研发，如污染治理、生态修复等领域关键技术攻关，以及涉及的相关咨询调查服务
	2. 生态保护	2.1　生态资源保护	通过设立自然保护区、国家公园等对天然资源进行保护
		2.2　园林绿化	包括公园绿地、道路绿化、区域绿地的特别打造
		2.3　生态农业	有机农业、林下种植、植树造林等
		2.4　研发与技术服务——生态	生态保护环节涉及的咨询服务及技术研发，特别是基因保护
循环过程	3. 清洁能源	3.1　清洁能源装备制造	包括风力、太阳能、生物质等发电装备制造
		3.2　清洁能源建设运营	包括风电、太阳能、核电等工程施工及发电、供能
	4. 高效节能	4.1　高效节能装备制造	包括生产性节能锅炉、窑炉等制造，以及消费型节能电器、电灯制造
		4.2　绿色建筑	包括绿色建筑的建造与现有建筑的节能改造
		4.3　具有节能效益的基础设施建设	包括但不限于根据气温变化的，具有海绵作用的基础设施改造建设等
		4.4　节能改造	包括工业的节能设备引进，通过互联网智能化的能源效率提高等

续表

一级分类		二级分类	说明
循环过程	5. 资源循环利用	5.1　资源循环利用装备制造	参考绿色产业指导目录
		5.2　节水及非常规水资源	节水技术改造、海水淡化、雨水收集等
		5.3　工业循环改造	工业固体废弃物、废气、废液回收和资源化利用装置 / 设施建设运营
		5.4　矿产资源综合利用	煤矸石、矿渣等大宗固体废弃物综合利用
		5.5　废弃物综合利用	城乡生活垃圾、汽车零部件、农业废弃物等资源化
	6. 清洁交通	6.1　新能源汽车与船舶制造	整车整船及关键零部件制造
		6.2　交通设施建设运营	包括轨道交通等建设施工，以及电动汽车、电动船舶的购买
	7. 研发与技术服务—循环	7.1　技术研究	对循环类活动进行的研究，特别是能源节约、资源循环利用、新能源开发关键技术
		7.2　服务提供	循环类活动的设计方案、技术咨询等服务，对绿色活动的环境影响进行评估，对绿色产品进行标志认证与推广等

表 5–6 是对我国绿色经济活动范围的划分，主要依据的是绿色环节、我国绿色发展目标，以及绿色标准中的主要项目共识，共有 7 项一级分类与 25 项二级分类。需要指出的是：一方面，此分类结构包含了制造业中对先进装备 / 产品的制造，这部分虽然没有直接体现出环境效益，但是这些产品的生产将对其他部门的绿色活动起到重要作用，也就是上文提到的循环过程的生产端；另一方面，该分类中还包括了研发与技术服务，这一部分同样没有体现出直接的环境效益，但却是绿色技术攻坚克难、不断发展的基础，同时也是我国支持绿色服务机构发展的表现。

住户部门的绿色经济活动只包含其中少数几项，一是由于住户部门相关活动仅涉及绿色消费，二是因为与资金融通有关的绿色消费涉及范围集中，个人贷款的主要部分是购房、购车、装修和家用电器方面，因此对于个人的绿色信贷主要集中在绿色建筑购买、新能源汽车购买、节能电器的购买上，目前直接根据主要绿色消费信贷范围进行统计即可。由于住户部门对消费产品详细环境效益信息获取存在困难，且绿色建筑的效益已经在建造阶段进行了统计，我们将不在个人绿色信贷部分进行环境效益统计，主要以绿色意识梳理与引导为主。

二、绿色信贷统计表编制

（一）环境效益指标

绿色信贷活动与其他活动的区别在于是否产生环境效益，G20 绿色金融研究小组在绿色金融定义中指出，环境效益“包括减少空气、水和土壤污染，降低温室气体排放，提高资源使用效率，减缓和适应气候变化并体现其协同效应等”。G20 绿色金融研究小组关于环境效益内涵的定义更为广泛，前半部分是针对环境治理的环境效益，后半部分是针对循环过程的环境效益。生态环境保护的环境效益更多体现在生态环境承载力上，虽然一部分环境效益可以用具体指标衡量，例如植树造林可以用对温室气体的吸收来进行评估，但对于种子基因收集保护、生物多样性保护、自然生态保护等，可能难以用具体的指标进行衡量，因为环境承载力本来就是多方因素共同作用的结果，且难以具体测量与表示。

1. 英国绿色投资银行（GIB）的环境效益

测算绿色投资环境效益的先例较少，英国绿色投资银行是其中一个。英国绿色投资银行建立的初衷是引入更多私有资本投入绿色经济领域，目前其支持的领域 80% 以上为可再生能源，包括水力、海上和陆上风能、太阳能、垃圾和生物质发电，还包括生物燃料、潮汐技术和智能电网等。英国投资银行设计了《绿色投资手册》来评估、监测和报告投资项目中的绿色影响力，其中指出对于绿色影响的测算包括温室气体排放量、化石燃料消耗（石油当量）、空气污染物排放（氮氧化物、硫氧化物、颗粒物）及避免的垃圾填埋，主要还是以少排放的二氧化碳当量为主，测算方法是比较从该项目获得的相关信息和数据与假设的环境影响构建的相关反事实（或基线）。假设的环境影响是在该项目没有发生的情况下发生的，发电项目的基线假设是该国国家电网边际电力消耗的资源，可通过比较其可能的发电量和边际电网组合的排放量来计算项目的绿色影响。公布的项目包括平均每年减少的排放量和剩余生命周期内预计减少的排放量。如果项目已经开始运营，还将包括从运营到报告为止的实际减少排放量，同时不仅报告其测算的减排量，也会公布实际的减排量。与宏观统计不同的是，英国绿色投资银行对每一个绿色项目做出单独的绿色报告，因此涉及的环境效益更具体、详细。

2. “赤道原则”的环境效益

另一个公布环境效益的是“赤道原则”。在“赤道原则”中，环境效益主要侧重于温室气体，对于年均排放量超过 10 万吨二氧化碳的项目，需要进行替代分析并对排放情况发布报告。其中，这部分排放是指项目在运作阶段的二氧化碳排量，包括项目边界内设施的温室气体排放和与项目进行非现场生产所使用的能源相关的温室气体间接排放量。替代分析是指对在技术、财务上可行，并且能减少温室气体排放的可替代方案进行评估，并为客户的选择提供证明。排放报告要求客户在项目的贷款期限内，对项目实际运营阶段每年的温室气体排放水平和温室气体效率比率进行公开。同时，最新的“赤道原则”中特别提出对于气候变化风险的分析及生物多样性信息的共享，气候变化风险与联合国可持续发展目标及《巴黎协定》紧密相连，要求所有的 A 类和 B 类项目及年二氧化碳排放量超过 10 万吨的项目，都按照气候相关金融披露工作组（TFCD）的建议评估项目的气候变化风险；生物多样性信息则是鼓励客户对不敏感的生物信息与全球生物多样性数据库进行共享，产生经济和社会效益。

3. 我国的环境效益指标

因为不同的绿色活动产生的环境效益会有差别，同时要考虑到宏观统计的特点，不能将环境效益做得过细，因此我们主要针对绿色活动进行环境效益指标的选择。可以从绿色环节出发，根据每个环节的特点选择环境效益表示方法。对于环境治理而言，最主要的是对现有污染的治理修复，以及对生产环节的废气和废固处理并进行使用。《"十三五"节能减排综合工作方案》中提及的主要目标是化学需氧量、氨氮、二氧化硫、氮氧化物及挥发性有机物，其中化学需氧量是针对水资源，其余则是针对大气。故在此环节可以考虑将这五类污染物作为环境效益指标。而在循环过程中，主要是通过提高能效、节约资源、废物综合利用方式产生环境效益，因此最重要的是降低能源消耗。由于许多经济体重视低碳经济、气候变化，将二氧化碳作为主要测算对象，我国也提出了低碳目标，因此二氧化碳也可以作为环境效益指标之一。但需要注意，在节约能源的经济活动中，节能会伴随着减排的效果，因此如果已经用节约能源作为环境效益指标进行过测算，就不必再专门进行二氧化碳计算。除了能耗外，对水资源的循环利用、对废物的循环利用也是重要环节，所以考虑将节水量、废物利用量作为环境效益指标。最后，生态保护涉及的活动，如植树造林等活动可以吸收二氧化碳，生物多样性保护会增强环境的风险抵抗能力，但目前没有良好的衡量指标，不能进行环境效益的衡量。因此，我国的环境效益指标包括：化学需氧量、氨氮、二氧化硫、氮氧化物及挥发性有机物、标准煤、二氧化碳、水及废物利用量。

（二）环境效益计算方法

为了体现出绿色贷款对应的环境效益，除了需要确定相应的环境指标外，还需要考虑合理可行的环境效益计算方法。本章一共提出了三种环境效益的计算方法。

第一种是基于实际排放量的报告。每笔贷款所支持的项目 / 产品在运行后会产生真实的环境效益，比如每一年产生的二氧化碳实际减排量，如果在绿色贷款活动的运营期间或者还款期间对实际的环境效益进行报告是最佳方式，那么描述在一定周期内绿色活动为全社会产生的实际环境效益最能展现绿色信贷的本意。但该方法存在较大局限性：一是受到信息披露与收集整理工作的限制。我国现有绿色信贷活动多是在贷款申请阶段从《环评报告》或《可研报告》中得到环境效益的预测值，在活动实施阶段很少进行实际减排量的监测与计算，对此类信息也并未要求进行披露，可以料想相应的监督测评需要大量的第三方服务，而后续的数据整理工作量也颇大，目前还没有对应政策规定及充足的服务基础。二是会将环境效益与贷款分割开来，由于绿色信贷统计只存在于贷款发放期间，而许多活动在贷款发放后的建设运营期间才能产生环境效益，且项目运营时间有的可以长达几十年，如此会割裂绿色信贷贷款数据与环境效益数据。

第二种是预估总量平摊法，即针对项目报告中出具的预估每年环境效益数据，乘以项目的预计运行周期，得到该活动一共估计的总环境效益。同时，考虑到可能出现银团贷款等多种融资方式，应先计算出该金融机构贷款数额对应的总环境效益，再根据每年实际发放的贷款流量进行环境效益折算。即：

$$\text{该周期环境效益}=\frac{\text{本金融机构对活动总贷款}}{\text{活动总投资}}\times(\text{活动建成后年节能减排量}\times\text{累计运营时间})\times\left(\frac{\text{该周期贷款流量}}{\text{本金融机构对活动总贷款}}\right)$$

这种方法的好处是考虑了项目整个运营期间的环境效益，同时与活动贷款额占比及每周期发放的实际流量结合，展现出每一笔流量贷款产生的预估环境效益。但也有值得探讨之处，比如环境效益的预估及运营周期的估计的准确性会影响总体环境效益数额，如果这两个数据与实际相差较大，则会使预期环境效益存在不实表现，同时由于环境效益应该体现在每一段运营周期内，将其收窄至贷款发放期间会使每年的环境效益提前展示，且具有乘数放大效果。

第三种是基于周期内年环境效益的平摊法，即基于报告中给出的活动建设运营后预计一定周期内的环境效益，利用本金融机构贷款总额占活动总投资的比例计算得出。即：

$$\text{该周期环境收益}=\frac{\text{本金融机构对活动总贷款}}{\text{活动总投资}}\times\text{活动建成后该周期环境收益}$$

这样计算的好处在于，对不同金融机构贷款或者不同种类绿色金融工具环境效益可以直接加总得到该项目建成后预计一段周期内的节能减排量，即使报告预估不准确也不容易过分夸大环境效益，但问题是仅在贷款发放期间进行数据统计并不能表示整体活动产生的环境效益，多数情况下会低估整个活动周期的环境效益值。

基于现有的披露监测基础，本书建议选择第三种方案。由于第二种方案基于整体项目生命周期的环境效益，而且可以直接计算每单位贷款值产生的环境效益强度，但存在效益准确性相差较大及乘数倍放大的效果。而第三种方案则基于谨慎考虑，不会将环境效益进行夸大处理，也可以通过不同金融机构，甚至不同绿色金融工具进行环境效益累加，但从贷款发放期限来看相加意义较小。

（三）统计报表呈现

根据上述分析，本章分别设计了绿色信贷项目申报表（见表 5-7）与绿色信贷统计报表（见表 5-8）。对于每一个绿色信贷活动，在提出申请时需要填写项目申报表，其中最主要的就是项目产生的环境效益。可按照上述所列出的环境效益指标和测量方法，算出年均环境效益。项目申报表的用途有两个：一是建立绿色信贷效益数据库。虽然不同项目的环境效益有差别，但对同一类别活动的环境效益可以加以比较，例如同为节水改造，有的活动可能每单位贷款产生的节水量更多（年节水量 / 贷款总额），建立环境效益数据库有利于对同类项目进行绿色程度深浅的比较；二是作为贷后管理的依据，可以管理、降低“洗绿”的道德风险。环境效益为贷款活动实施前的预测阶段，贷款后金融机构会对客户进行密切关注与核实，可以对项目提交时的环境效益与还款期间的实际环境效益进行对比，完善信贷的环境风险管理，还可以根据环境效益完成情况建立绿色企业 / 个人数据库。

绿色信贷统计报表基本格式如表 5-8 所示，对于各机构的绿色信贷情况，都需要填写如下信息，其中对项目金额的信息包括三项：比上期增加额、贷款余额、当期发放贷款额。前两项沿用了我国贷款统计报表中的指标，由于期初存量、期末存量与流量之间存在对应关系，特展示后两项即可。特别增加当期发放贷款额是由于原表中的流量统计是多项综合数据，即包含交易中银行贷款发放额（加），也包括企业的还款额（减），同时也包含除交易外的重估价与其他物量变化，而对于绿色信贷进行统计的一项重要目的是了解信贷资金与投资缺口的匹配程度。投资缺口一般按年度进行计算，因此增加当期发放贷款额一项，表示新的统计周期内银行新发放给借款人的资金。贷款五级分类是中国人民银行根据借款人的实际还款能力对贷款质量进行的分类，保留五级分类的目的在于查看绿色信贷的质量。一般而言，绿色信贷的不良贷款率会低于普通银行贷款，这也有助于增强存款性金融机构对绿色信贷的支持。类似的，对于绿色债券也有债券的信用评级，按照信用评级对绿色债券做统计也能分析绿色债券质量与一般债券质量的差异，目前来看高评级债券占比较高。

表 5–7　绿色信贷项目申报表抬头及填报示例

贷款项目	所属类别	贷款总额（万元）	还款年限（年）	年环境效益（吨）			备注
城市灌溉改造	5.2　节水及非常规水资源	600	3	节水量	24	…	

表 5–8　绿色信贷统计报表汇总

单位：万元

贷款单位	所属类别	比上期增加额	贷款余额	当期发放贷款额	贷款五级分类					备注
					正常类	关注类	次级类	可疑类	损失类	
非金融机构	1. 环境治理									
	1.1 先进环保装备制造									
	…									
	2.									
	…									
广义政府	1. 环境治理									
	…									
国外部门	…									
个人	…									

三、绿色信贷概览编制

在货币统计中，对金融性公司部门资产和负债的统计是按照统计基本准则编制部门资产负债表和概览。金融性公司这一概念包括多个层次，其他存款性公司可称为金融性公司的二级部门。其他存款性公司分部门下包括除中央银行以外的其他存款吸收公司和货币市场基金，最主要的是商业银行，还包括储蓄银行、离岸银行、旅行支票公司等次部门，属于三级部门。三级部门又分为若干个金融机构单位，例如商业银行次部门可能由甲商业银行、乙商业银行构成。货币统计的方法就是在多部门分类基础上对报表数据逐级汇总、合并和轧差，下面就构成绿色信贷概览的编制方法进行讨论。

（一）编制思路与方法

货币统计数据基于企业资产负债表，而绿色信贷的统计基础是机构单位的绿色信贷统计报表，这种差异源于金融机构绿色信贷资产占比较小，且并未针对绿色经济行为进行分类，绿色信贷的环境效益评估还需要资产负债表以外的其他数据。可基于机构单位统计报表，编制二级部门、三级部门统计报表，并形成绿色信贷概览报表，如图 5–2 所示。

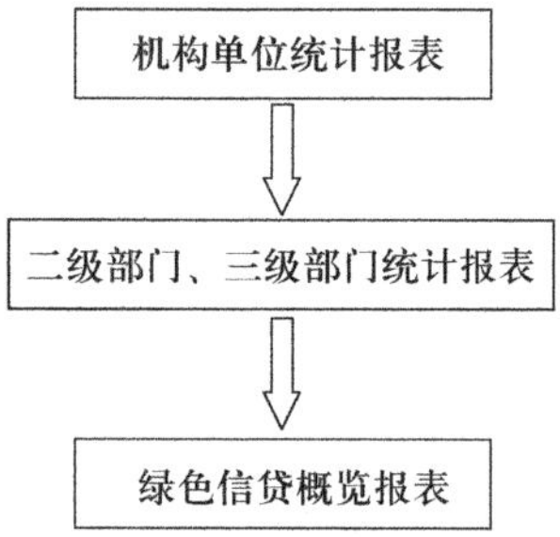

图 5–2　绿色信贷概览编制思路

绿色信贷统计框架在数据编制上可以分为两个层次。

第一，根据统计报表分类要求，加总各个金融机构绿色信贷主要类别资产流量、存量数据，形成第三部门和其他存款性公司的二级部门报表数据，其中其他存款性公司的三级部门包括商业银行、储蓄银行、离岸银行等。

第二，分部门的统计报表数据又被汇总成为“概览”。概览实质上就是资产负债表，因为其反映的内容始终是资产和负债的流量和存量。而在此之所以加上引号，是因为绿色信贷统计中仅包含资产部分的数据，不是完整的概览展现。一般概览是在部门资产负债表的基础上合并而成的，在合并中会冲销属于一个集团之内的机构单位之间发生的存量和流量，但出于对绿色信贷统计资金的提供方和融入方的严格规定，并不存在合并的需要，即不会形成其他存款性公司部门内部的绿色信贷，因此直接利用汇总方式即可得到绿色信贷“概览”。

（二）绿色信贷概览编制

绿色信贷概览展示了我国绿色信贷的资产数量及分布，主要由其他存款性公司部门统计报表汇总而来。报表包括国内和国外两个部分，国外资产表示国内的银行等金融机构对国外部门的绿色信贷业务，对于外币计价的资产，用市场汇率转换为本币计价的资产。国内信贷包括非金融性公司部门、广义政府部门和其他居民部门，按照绿色标志进行划分，由于表中不存在对应的绿色信贷负债，所以涉及的资产都是以总量形式表述，没有出现净值。同时为了反映绿色信贷流量情况，还应当设置期初存量等项目（见表 5–9）。

表 5–9　绿色信贷概览

绿色信贷	期初存量	流量变化	期末存量
国外资产			
国内信贷			
对非金融公司			
生态治理			
循环过程			
对广义政府部门			
生态治理			
循环过程			
对其他居民部门			

第四节　本章小结

目前我国的绿色信贷统计仍处于初级阶段，存在诸多问题，如对绿色信贷存在不同理解，导致涉及机构部门识别不清晰、统计资产难辨别；现行绿色信贷标准与国内其他绿色金融工具标准不统一等。本章补充了绿色信贷的理论基础，明确了绿色信贷概念，提出并区分了绿色信贷的广义概念和狭义概念，讨论了绿色信贷的核算主体识别与绿色信贷资产识别，并进一步探讨绿色目标的实现途径，基于经济系统与环境系统的关系将其划分成生态治理与循环过程两部分，得到根据实现途径划分的绿色信贷资产分类。根据我国可持续发展要求，从绿色环节分类得到了符合我国国情的绿色经济行为分类，完善了环境效益测量方法与统计报表编制流程，对我国的绿色信贷统计制度进行了完善。基于绿色信贷统计报表优化了我国绿色信贷概览编制流程与呈现方式。

本章将绿色信贷限制在狭义视角，仅包含支持绿色活动的贷款，根据活动特点将主体限制为其他存款性金融公司。而随着绿色经济活动的不断展开与发展，未来的绿色信贷核算问题可以从以下两个方面进行进一步研究。

一是对绿色信贷概念范围进行扩展。虽然本书根据社会发展与金融从业实践进行了狭义绿色信贷的核算研究，但可以将绿色信贷的范围扩至广义，即包含贷款、债务性证券及预付款等形式的债券，同时还存在极广义范围，即还包含股票和其他股权、保险技术准备金、金融衍生工具等形式的金融资产，可以对广义和极广义的绿色信贷核算进行研究拓展。就广义绿色信贷而言，此时需要构建真正的概览，既包括资产方又包括负债方，因为绿色债券既可以由金融机构发行，也可以由金融机构来购买投资。同时需要探析广义绿色信贷的主体范围，因为除了金融机构外，企业与政府都可以发行对应的绿色债券，也就是说广义的绿色信贷可能既包括间接融资方式的绿色贷款和绿色金融债，也包括直接融资方式的绿色债券，此时的绿色信贷统计需要借鉴社会融资总额进行讨论。

二是对绿色程度进行深入剖析。本书从绿色经济与其他相关词汇的关系入手，从对各国关于绿色概念的定义出发，得出不同经济体由于发展阶段和国情的差异会自主决定绿色的概念、含义、结论，然后通过对发达国家过去几十年的环境矛盾及环境经济的相互作用关系的梳理，将绿色环节分为生态治理与循环过程两部分，并以此为绿色资产的分类标志。但对于第四章中提出的绿色程度识别的复杂性问题，本书没能够很好地进行辨别。笔者也考虑过模仿强弱可持续性与深绿浅绿发展观将绿色信贷划分为深绿信贷与浅绿信贷两种，但由于不同环境效益之间难以进行比较，而且即使划分了深绿与浅绿的标志界线，也难以与国际层面形成统一，所以这一想法没能实现，后续可以对这一问题再进行深入分析。

第六章　绿色金融的降能耗效应研究

对绿色金融的统计研究，要关注其总量统计标准，从实证角度测算绿色金融的影响，特别是其对环境方面产生的重要作用极为重要。考虑到目前缺乏绿色金融总量统计的官方数据，难以真实反映绿色金融的发展状况，而我国的绿色金融主要以绿色信贷为主，本章拟利用高耗能行业借款反向构造绿色信贷的间接衡量指标，构建得到省际面板数据结果，进而利用面板计量方法来测算其对能源消耗的影响。

第一节　研究意义和影响机理

近年来，党和国家出台了一系列推动生态文明建设和生态环境保护的重大政策，进一步深化了绿色发展共识、推动了绿色发展实践，为绿色金融发展提供了更加坚定的制度保障和更加广阔的市场。绿色金融在实现快速发展的同时，其环境效应也进一步显现。能源是社会生产的重要战略资源，能源的利用在社会经济发展历程中占有极其重要的地位，但是能源的利用也是引起环境变化的重要原因。因此，在我国能源消耗总量基数较大的形势之下，绿色金融从金融供给端切入解决经济增长与环境污染的不协调问题，对此进行探讨研究显得十分必要。

一、研究背景和意义

改革开放以来，我国经济高速发展，社会经济产出和能源消耗均呈现快速增长趋势，名义 GDP 由 1978 年的 3678.7 亿美元增长至 2018 年的 919281.1 亿美元，年平均增长率达 14.8%；能源消费总量由 1978 年的 6.277 亿吨标准煤增至 2018 年的 46.400 亿吨标准煤，年均增长率达 5.1%。据《BP 世界能源统计年鉴》统计，我国的能源消费占世界一次能源消费的比重不断增长，其增长率已连续十几年位居世界第一。同时，我国的能源对外依存度也呈现逐年上升的趋势。由于我国正处于工业化后期，对于能源的需求依然处于不断增加的态势，因而相关部门预测我国的能源对外依存度还将进一步扩大。我国能源消耗总量的不断提高，一方面是我国经济快速增长的重要体现，另一方面是加剧环境污染的催化剂。一份由耶鲁大学等单位联合编制的环境绩效指数报告中显示，我国 2018 年的环境绩效指数排名远远落后于其他新兴国家，仅排第 120 名。由此可见，中国的环境污染问题非常严峻，环境保护与经济增长之间的不平衡发展问题明显突出。

习近平总书记于 2014 年 5 月在河南考察时指出，要“从当前中国经济发展的阶段性特征出发，适应新常态”。中国正处于发展的重要节点，而新常态要求我们时刻保持初心和提高信心，以可持续发展的理念拉动国民经济增长，着重于“调结构、稳增长、惠民生”的协调发展。纵观我国经济增长与能源消费之间的关系，1990 年以来，能源消费和生产的增速均大于零，且一直处于正向增加的态势，中长期的能源安全面临一定的挑战。同时由于我国巨大的能源消费基数，能源的可持续性不容乐观。传统的工业发展以消耗大量的化石能源为代价，必然引发一系列环境污染和生态破坏。而经济新常态下强调工业深化过程，并非完全摒弃工业化发展，而是将原有驱动力（要素和投资）转为创新，从而寻求更为高级的工业化。在中国经济转型的重要阶段，保证能源及环境的可持续性，有利于加速区域产业结构的优化升级，最终实现经济和环境的双赢。

随着工业化进程的加快，化石能源消耗量逐年上升，其大量利用产生的有害气体给我国环境带来了沉重的负担。特别是在经济较发达的沿海地区，以大气污染为主的环境污染事件时有发生。大气污染在环境污染类型中是最为复杂且严重的，直接威胁到社会公众的健康，因此引起了全社会的广泛关注。Van 等[①]的研究表明，2001—2006 年我国 PM2.5 年平均浓度值大约是世界卫生组织设定平均浓度标准的 8 倍。2013 年我国 74 个主要城市发布的环境监测报告中，空气达标的城市占比仅为 4%，大多数城市存在雾霾天气污染问题。雾霾不仅严重危害了社会公共健康，还对维护城市形象及吸引外商投资产生了严重的负面影响。雾霾的主要成分为二氧化硫和氮氧化物等，而大量的能源消耗正是引起雾霾的重要原因之一。由此可见，我国的雾霾问题与能源消费紧密相连，控制能源消耗总量可有效改善我国环境质量，因而深入研究能源消耗问题对防治雾霾具有重要意义。

在经济新常态下，制度设计是经济稳增长的重要保障。从拉动工业增长的各类原动力来看，不论是工业化深化还是城市化推进，最根本的原动力仍是制度创新。例如我国政府摒弃以往粗放的经济增长方式，更加注重经济转型，同时加大环境治理投入与研发投入等。从我国的发展局势来看，发展遇到困境的本质原因是能源消耗问题。只有优先解决好能源消耗问题，才能更快实现经济增长和环境保护。随着“双碳”目标的提出，能耗双控制度被赋予了时代新内涵，政策效力日益加强。近期关于能耗“双控”的政策频出，国家发展改革委发布了《2021 年上半年各地区能耗双控目标完成情况晴雨表》，表中显示，目前不及半数省（自治区）能耗强度降低进展总体顺利。在能源消费总量控制方面，仍有 8 个省（自治区）形势十分严峻，5 个省（自治区）形势比较严峻。实现“双碳”目标成为加快生态文明建设的重要抓手，这也是一个引领性、结构性、系统性的转型过程，在此过程中会充满机遇和挑战，而完善能耗“双控”制度是推动碳达峰和碳中和工作的重要举措。

---

① Van Donkelaar A, Martin R V, Brauer M, et al. Global Estimates of Ambient Fine Particulate Matter Concertrations From Satellite-based Aerosol Optical Depth: Development and Application[J]. Environmental Health Perspectives, 2010 (6): 847-855.

在中共十八届五中全会上，习近平总书记首次将“绿色发展”纳入新发展理念体系，并强调绿色发展对于我国实现经济社会可持续发展的重要意义。由此可见，实现绿色发展，不仅是人民群众的共同愿望，更是我国建设可持续社会的重要国策之一。绿色金融通过优先支持绿色产业的发展，从而拉动绿色经济，进而提升绿色经济效率。绿色金融是金融供给侧结构性改革中的重要金融手段，也是促进节能降耗的关键举措。绿色金融通过对传统金融的创新和优化，将生态环境要素同信贷参考要素一起纳入企业的投融资和生产活动中，一方面能降低金融机构进行信贷业务的风险；另一方面能促进产业绿色化的发展，提高能源利用效率，实现节能减排。2007 年以来，我国政府逐步建立了包含信贷、证券和保险在内的绿色金融体系。2016 年，国务院初步确定绿色金融的发展规划；次年 6 月，中央决定开始在贵州等五省开展绿色金融试点工作。由此我国绿色金融的顶层设计与地方实践相结合，意在探索一条适应我国绿色金融发展的新道路。

多年来，相关学者对于绿色金融与能源消耗的研究已取得一定的成果。但现有的研究大多以能源消费效率作为研究对象，而较少直接研究绿色金融对能源消耗总量的影响机制。很多学者从政府的视角来研究，以环境规制为核心解释变量，研究结果论证了环境规制手段对能源消耗确实存在一定的影响。实际上，金融机构作为资金的供给方，其金融资源的配置与产业结构和技术创新密切相关，从而间接影响能源消耗。因而，此次研究同时从政府和金融机构的视角入手，构建相关的理论模型，能有效指导社会更好地进行节能减排工作。在此背景下，本研究将能源消耗强度作为研究中心，从省级层面剖析环境规制与绿色金融对能源消耗的影响，探索三者的内在影响机制，进而进一步研究出绿色金融通过中介变量对能源消耗的间接影响。总体来说，本研究的理论意义可归纳为将绿色金融变量作为主要解释变量引入研究模型中，在探讨环境规制对能源消耗的影响的基础上，更深层次地探讨两者对能源消耗的影响机理，丰富了现有的单一模型体系，为后续研究提供了理论依据。

过多的能源消耗会引起众多环境质量问题，无论是温室效应还是大气污染，均会对人类身体健康带来严重的威胁。而立足于政府和金融机构的宏观视角，大力开展能源消耗相关的学术研究，可对各地区控制能源消耗总量和提升环境质量提供切实的思路和方向。总体来说，本研究的现实意义可归纳为以下两点：①以我国各省市作为研究样本，一方面从全国层面分析了绿色金融发展程度对能源消耗强度的影响机制，另一方面分区域探讨了绿色金融对能源消耗的传导机制，因而研究结果对我国实行差异化环保政策和金融政策具有重要的指导作用；②分析框架中纳入非正式环境规制，探讨从公众意识角度入手能否对控制能源消耗总量带来积极影响，从而为决策者控制能源消耗总量提供一种新的方法和思路。

二、影响机理

在分析绿色金融影响能源消耗的理论机理之前，本书首先对绿色金融相关理论进行阐释。

金融可持续发展理论。传统的金融经济学只把资本看作一类生产要素纳入一般生产函数中，从本质上来说，这反映的是一种非动态且狭窄的金融资源观。基于动态的金融资源观，我国学者白钦先教授首次在金融领域引入可持续发展的概念，并以金融资源理论学为基础，建立了金融可持续发展的目标框架，也就是大家熟知的金融可持续发展理论。该理论认为金融是一种稀有资源，且是一个国家极具战略意义的资源。金融资源不仅具备自然属性，还具备社会属性。这双重属性使得金融资源顺其自然地被纳入可持续发展的核算体系中，构成了金融生态环境。由此可见，金融可持续发展是实现社会持续发展的重要前提。与戈德史密斯的金融市场结构理论不同的是，白钦先教授从金融功能的角度出发解释了世界各国频频爆发金融危机的原因，以及各国金融经济发展不同步的问题。白教授认为金融发展应当是金融功能的推进与演变，金融功能的不稳定性正是金融危机频发的根本原因。作为当代金融结构理论的进一步补充和修正，金融可持续发展理论从更为新颖的角度去看待当代金融的演变。绿色金融实际上是从实践的角度来诠释金融可持续发展理论。绿色金融以改善环境质量为根本目的，集环境效益和经济效益于一体，引导金融资源向节能环保产业流动，从而实现改善环境质量和减少资源浪费的目标。具体来看，金融机构以可持续经营作为自身经营理念，改变传统的业务运行模式，将自身投融资活动绿色化，拓宽绿色产业的融资渠道，进而实现环境与经济的友好互动。

外部性理论。外部性指的是一个经济体的行为对别的经济体产生了重要的影响，但并未收取报酬或给予补偿的现象。外部性实质上是一种外部经济效应，但其不能以市场价格具体衡量。除此以外，外部性还有正负之分。正外部性是指一个经济主体的行为对其他经济主体产生有益的影响，但是受益方无须因此付出代价；负外部性则是指产生有害的影响，而受害方并未获得相应的补偿。外部性的存在引发私人与社会利益的不对等。正是因为不对等，整个社会才无法处于帕累托最优的状态。解决外部性的最优办法是政府干预，也就是政府以增加税负或补助的方式来实现社会资源的最优配置。根据外部性理论，马骏等人认为绿色金融具有典型的正外部性①，即绿色金融在发展的过程中同时考虑了商业利益和环境责任，最后的结果是实现了环境保护但失去了商业利益最大化的机会，但金融系统并未获得一定的补偿。也就是说，绿色金融通过提供绿色信贷、绿色基金和绿色保险等绿色金融服务支持绿色产业的发展，从而实现绿色投资的正向影响。

现代产权理论。现代产权理论的核心观点是产权制度安排可以有效实现外部性内在化，推动资源的有效配置。科斯可以说是现代产权理论领域的重要奠基人，他最先引出“交易费用”这个名词，并推导出著名的“科斯定理”。“科斯定理”有效分析了交易费用和财产权对资源配置的意义，其认为交易费用的存在对产权界定极其重要。在“科斯定理”的基础上，威廉姆森等对交易费用理论做了更深层次的完善和发展。该理论认为当交易费用存在时，明确的产权界定和清晰的制度安排可以保障资源配置的有效性。张伟②认为当前有限的政府财力在一定程度上抑制了外部性理论推动绿色金融发展的作用，然而现代产权理论会随着市场机制的逐渐健全而发挥巨大作用。与

① 马骏．中国绿色金融发展与案例分析 [M]. 北京：中国金融出版社，2016.

② 张伟．外部性是绿色金融的重要特征 [J]. 中国战略新兴产业，2018（5）：95.

排污权的建立类似，国家一旦明确了普通民众拥有的环境权利，并且形成了环境权交易市场，金融机构一方面有责任为节能环保产业提供绿色金融服务；另一方面，为了保障公民享有美好环境的权利，金融机构拒绝向高耗能、高污染行业提供金融支持。在此思路下，明确的生态权利界定和完善的生态权交易市场不仅有利于市场经济的良好开展，还能有效激励市场主体通过创新减少排污，从而有效改善环境质量和提升资源使用效率。

绿色金融通过扶持节能环保产业发展实现生态环保和经济健康发展。首先，从供给侧来看，金融机构通过差异化资金配置手段影响不同企业的生产投资，推进绿色金融产品创新，有效促进绿色产业发展。一方面，金融机构通过向绿色企业提供绿色信贷等绿色融资方式，采用贴息等手段提高了企业的投资回报率，有效拉动绿色企业的投资；另一方面，对于高耗能、高污染企业而言，金融机构将其环境成本负外部性内生化，以此增加“三高”企业的融资成本和融资难度，抑制高耗能产业的发展，从而降低能源消耗强度。其次，从需求侧来看，绿色金融通过传播绿色消费理念和构建绿色消费体系等方式，提升居民的环保责任与意识，促进居民绿色消费和绿色投资，从而倒逼高耗能产业向绿色产业转型升级，进而提高能源效率。

绿色产业发展的实质是整体产业结构的优化和升级。绿色金融大体上通过以下几种机制来影响地区产业结构：资本形成、资金导向、信用催生和产业整合机制。资本形成机制最初由库兹涅茨提出，其核心是将储蓄转化为投资。金融机构通过推出丰富的绿色金融产品，从而降低企业融资门槛，实现企业投资的优化和市场风险的分散，进而促使产业结构升级。资金导向机制指的是金融机构控制信贷的方向和大小，对节能环保产业和污染产业实施差异化信贷政策，进而促使企业转型升级。信用催生机制本质上通过增加货币量和提高资本运转速度的方式为企业提供充足的资金保障，从而不断推进传统产业的演化升级，最终发展为朝阳技术产业。产业整合机制从企业的治理结构出发，金融资源的有效配置促使企业变更发展模式，以获取长期竞争优势为目标，向更绿色环保的趋势发展，最终实现产业的优化。绿色金融通过调整融资约束和分散风险两种方式实现资金的有效配置，从而促进企业加快技术创新，有利于区域产业结构的整体优化升级，进而降低能耗。依据以上影响机制（如图 6-1 所示），本研究提出以下两个假设。

H1：绿色金融能显著降低能源消耗强度。

H2：绿色金融通过技术创新和产业结构升级间接影响能源消耗。

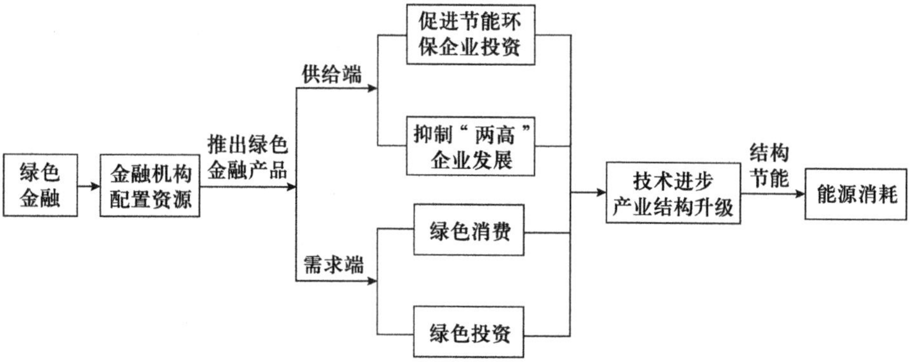

图 6-1 绿色金融对能源消耗的影响机制

第二节 绿色信贷的现状与测度

《关于构建绿色金融体系的指导意见》（以下简称《意见》）的出台意味着我国绿色金融体系的正式形成，《意见》中明确指出各级部门要大力发展绿色信贷等绿色金融产品，以期促成环境与经济的双赢。近些年，政策的持续更新与出台极大地加速了绿色金融市场的发展。由于绿色基金等市场相对而言仍处于起步阶段，有待进一步完善，而且绿色金融数据获取极其困难且时间维度尚短[①]，当前研究大多致力于探讨绿色金融体系中与环境规制耦合度最高的绿色信贷对绿色技术创新的影响。故下面仅对以绿色信贷为代表的绿色金融产品进行现状分析。

绿色信贷在我国绿色金融发展中发挥着重要作用。经过多年的发展，绿色信贷政策已逐渐趋于成熟，市场规模稳步增长。我国现行的绿色信贷政策

① 刘锡良，文书洋 . 中国的金融机构应当承担环境责任吗？——基本事实、理论模型与实证检验 [J]. 经济研究，2019（3）：38-54.

主要从两方面着手：一方面，通过向节能环保产业提供优质宽广的融资渠道，加快其发展速度，促动经济与环境的双赢；另一方面，通过融资约束减少“三高”企业的投资基数，从而降低能耗和环境污染。如表 6–1 所示，从绿色信贷余额来看，五大银行的绝对值逐年递增，但不同银行的基数和增长速度存在较大的差异。工商银行是五大行中绿色信贷余额基数最大的，在绿色信贷发展初期就达到了 4081 亿元，且一直保持增长的态势，由此可见工商银行的绿色信贷资金实力雄厚。建设银行的绿色信贷规模次于工商银行，2009 年的基数值仅为 1810 亿元，还不到工商银行的一半，但后期的增长速度显著超越工商银行。中国银行的绿色信贷发展初期仅次于建设银行，但 2013 年以后显著落后于建设银行，绝对值和增速均远远低于建设银行。与其他银行相比，交通银行实施绿色信贷政策的效果较差，基数和增速均处于低位。国家开发银行作为一家政策性银行，虽然初期信贷基数略微低于工商银行，但从 2011 年开始迅猛增长，2018 年绿色信贷余额高达 19012 亿元，可谓是我国开展绿色信贷工作的领军单位。

表 6–1　我国五大行 2009—2018 年的绿色信贷余额

单位：亿元

银行	年份									
	2009	2010	2011	2012	2013	2014	2015	2016	2017	2018
工商银行	4081	5074	5903	5933	5979	8116	9145	9785	10992	12378
建设银行	1810	1957	2190	2395	4883	4870	7334	8891	10025	10422
中国银行	1502	1920	2493	2274	2587	3009	4122	4672	5388	6327
交通银行	577	1022	1234	1441	1657	1197	1455	1610	2771	2831
国家开发银行	3317	2321	6582	8452	8944	9584	15701	15716	16423	19012

数据来源：根据五大行 2009—2018 年的社会责任报告整理而来。

已有研究通常选取绿色信贷比率（GLR）来衡量绿色信贷额度在金融机构贷款总额度中所占的比重。原银监会 2013 年印发的《绿色信贷统计制度》，将绿色信贷确定为支持节能环保项目的贷款和支持战略性新兴环保产业的贷款，由于中国银行业社会责任报告从 2011 年开始记录绿色信贷余额指标数据，且在2013年之前的统计数据中仅包含支持节能环保项目的贷款，同时，近年来支持节能环保项目的贷款仍然在绿色信贷余额中起到显著作用，考虑到采用现今的绿色信贷余额指标进行分析的样本期间过短，不能较为准确地反映各变量之间的关系，而支持节能环保项目的贷款已能较为全面和准确地反映绿色信贷余额，大多数学者借鉴国内学者统一的处理方式，即采用中国银行业社会责任报告公布的节能环保项目贷款额占贷款总额的比例来表示绿色信贷比率①，并表示绿色信贷是商业银行投向清洁能源、绿色交通、资源循环利用、工业节能节水等节能环保项目与服务领域的贷款②。

目前来说，衡量绿色金融发展程度的指标体系尚未统一。纵观我国绿色金融产品的构成，绿色信贷仍然是绿色金融产品中占比最高的，而其他产品正处于起步阶段。基于此，本书选择绿色信贷作为绿色金融的代理指标。考虑到难以获取各省市绿色信贷的直接数据，本书从金融资源的不平衡配置出发，通过高耗能行业借款反向构建绿色信贷的间接衡量指标，即（1–高耗能行业借款总额占全行业借款总额的比重）。其中，高耗能行业包括化学原料及化学制品制造业、非金属矿物制品业、黑色金属冶炼及压延加工业、有色金属冶炼及压延加工业、石油加工炼焦及核燃料加工业、电力热力的生产和供应业。为了避免数据缺失引起的偏差，此处选取的上市企业为2003年以前在沪深两市上市的所有企业，但其中不包含金融类和综合类（同时经营污染型和清洁型业务）上市企业，筛选过后有效上市企业共1092家。最终通过可获得的数据计算得到2003—2017年全国30个省份（西藏和港澳台除外）的绿色信贷指标值。

基于得到的绿色信贷指标数据，绘制绿色信贷在各省份的分布特征，选取了样本期内的四年。2003—2017年，绿色信贷规模较大的地区逐渐由北向南、由沿海向内陆转移，但北京、天津、海南等地一直是绿色信贷规模较大的地区，大多数省份的绿色信贷规模稳步增长。从划分区域来看，东北三省

---

① 徐胜，赵欣欣，姚双.绿色信贷对产业结构升级的影响效应分析[J].上海财经大学学报，2018（2）：59–72

② 张琳，廉永辉.绿色信贷、银行异质性和银行财务绩效[J].金融监管研究，2019（2）：43–61.

绿色信贷发展不够积极，增速不如其他地区快；华北地区较为突出的是北京和天津，其中北京作为集决策管理、资产管理、信息交流、标准制定于一体的国家金融管理中心，有着发展绿色信贷的深厚基础，因此带动华北地区的绿色信贷不断发展；华中地区绿色信贷规模普遍较低，未来有望大力发展绿色信贷，助推绿色金融的进步，进而实现经济可持续发展；西部地区除以资源型工业为主的省份或自治区外，其余省份绿色信贷规模逐年扩大，积极承接中东部地区的产业转移，也能积极应对产业结构与环境之间的矛盾，以绿色金融促进产业结构的优化升级，努力实现绿色发展和经济高质量发展。东部沿海和南部沿海地区绿色信贷规模一直居高不下，该地区的各个企业利用资源优势、创新优势及经济优势，抓住近几年我国重点投资领域是新能源和可再生能源的机遇，大力发展绿色信贷。综合来看，我国绿色信贷发展存在地区差异和发展不平衡的特征，各省份要结合自身特色，利用好国家政策扶持，促进绿色信贷全面发展。

商业银行作为绿色信贷的投放主体，近几年也在不断加大绿色信贷的投放规模，全国绿色信贷规模增速有波动，如图 6-2 所示。2005 年、2011—2016 年均是正增长，且 2012 年增速最快，同比增长 5%，该年原银保监会推

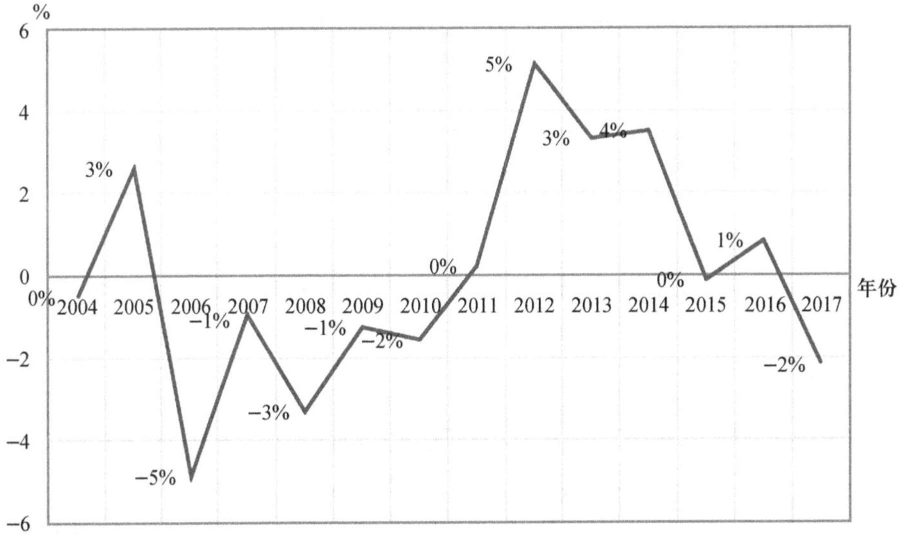

图 6-2 2004—2017 年全国绿色信贷同比增速

注：数据来源于以高耗能上市公司贷款数据构建的反向指标。

出了针对环境保护的信贷政策，绿色信贷制度正式建立；2015 年能效信贷指引政策出台，2016 年绿色信贷增速有所提高，2017 年又有回落。由于我国外部市场环境的制约及绿色信贷体系还不够完善，未来绿色信贷的发展仍有较大的提升空间。

第三节　绿色金融对能源消耗影响的实证检验：基于传统面板模型

一、模型设定、数据来源和指标选取

（一）模型设定

从影响机理可以看到，一方面，绿色金融和环境规制直接对能源消耗存在影响；另一方面，绿色金融通过技术创新和产业结构升级对能源消耗产生间接影响效应。基于此，首先建立模型一（式 6–1）以检验绿色金融、环境规制、技术创新和产业结构升级对能源消耗的直接影响；进一步建立模型二（式 6–2）检验环境规制和绿色金融通过中介变量对能源消耗的间接影响，其中模型二在模型中增加环境规制和技术创新、产业结构的交互项，而模型三（式 6–3）仅引入绿色金融和技术创新、产业结构的交互项。

$$EL_{it} = \beta_1 ER_{it} + \beta_2 ER_{it}^{\ 2} + \beta_3 GFI_{it} + \beta_4 GDP_{it} + \beta_5 RD_{it} + \beta_6 IND_{it} + \beta_7 UR_{it} + \beta_8 PEO_{it} + \beta_9 FDI_{it} + \beta_{10} TRA_{it} + \beta_{11} EC_{it} + u_i + \varepsilon_{it} \tag{6–1}$$

$$EL_{it} = \beta_1 ER_{it} + \beta_2 GDP_{it} + \beta_3 RD_{it} \times GFI_{it} + \beta_4 IND_{it} \times GFI_{it} + \beta_5 UR_{it} + \beta_6 PEO_{it} + \beta_7 FDI_{it} + \beta_8 TRA_{it} + \beta_9 RD_{it} + \beta_{10} IND_{it} + \beta_{11} EC_{it} + u_i + \varepsilon_{it} \tag{6–2}$$

$$EL_{it} = \beta_1 GFI_{it} + \beta_2 GDP_{it} + \beta_3 RD_{it} \times GFI_{it} + \beta_4 IND_{it} \times GFI_{it} + \beta_5 UR_{it} + \beta_6 PEO_{it} + \beta_7 FDI_{it} + \beta_8 TRA_{it} + \beta_9 RD_{it} + \beta_{10} IND_{it} + \beta_{11} EC_{it} + u_i + \varepsilon_{it} \tag{6–3}$$

其中，i 和 t 分别表示省份和年份；EL_{it} 表示被解释变量能源消耗强度；

ER_{it} 和 GFI_{it} 分别为核心解释变量环境规制和绿色金融；GDP_{it}、RD、IND_{it}、UR_{it}、PEO_{it}、FDI_{it}、TRA_{it}、EC_{it} 分别为经济发展水平、技术创新水平、产业结构、城镇化水平、人口增长、外商投资水平、对外开放程度、能源消费结构；u_i 为个体效应；ε_{it} 为随机扰动项。

（二）数据来源与指标选取

本书实证样本为我国 2003—2017 年省际面板数据（因西藏自治区的数据不全，故实证样本中未包含西藏自治区），《中国统计年鉴》《中国环境年鉴》《中国环境统计年鉴》《中国能源统计年鉴》及国泰安数据库是本书的主要数据源。另外，为了消除通货膨胀的影响，所有价值型数据均以 2003 年为基期进行平减。同时所有变量（人口增长率除外）均以对数形式进入模型，以消除异方差影响。

目前，学者通过以下几种方式来衡量能源消耗：一是采用单位 GDP 的能源消耗总量来衡量能源消耗；二是以人均能源消耗总量作为替代指标；三是采用高耗能行业的能源消耗总量或是煤炭、石油和电力等消耗总量来衡量能源消耗。相比于其他方式，笔者认为单位 GDP 的能源消耗总量作为替代指标更能全面反映我国的能源消耗强度，同时以相对数的形式考虑了能源的投入和产出，综合体现能源的利用效率。故本书以能源消耗强度（*EI*）作为被解释变量能源消耗的替代指标，其中能源消耗总量的单位统一折合成万吨标准煤。

衡量绿色金融发展程度的指标采用前述的（1- 高耗能行业借款总额占全行业借款总额的比重）来代替。

环境规制按一定的分类标准可分为正式环境规制和非正式环境规制。现有的文献大多仅考虑通过政府直接干预的正式环境规制，而非正式环境规制因其较难度量，在文献中讨论得较少。实际上，生活中人们越来越重视环境保护，而非正式环境规制在生态环境保护中的作用也越来越强，因此不容忽视。通过上述分析，本书拟构建一个环境规制的综合代理变量，利用熵值法进行合成，合成后的变量可以更加全面地体现我国环境规制强度。由于目前学界尚未形成一套统一的环境规制衡量体系，且重新定义一个测度环境规制水平的指标具有较大难度，故通过参考前人的研究来选择合适的环境规制度量指标。其中，正式环境规制采用环境污染治理投资额占 GDP 的比重和排污费收入占 GDP 的比重表示，非正式环境规制则采用政协环保提案数和环保问题信访次数作为代理变量。熵值法的具体步骤如下。

步骤一：对样本数据 x_{ij0} 进行标准化处理，以消除量纲差异。

$$x_{ij}=\frac{x_{ij0}-min(x_{ij0})}{max(x_{ij0})-min(x_{ij0})}+\varepsilon$$

其中 ε 为无穷小量，此处取值 10^{-100}，以避免零取对数无意义的情况。

步骤二：计算第 i 个第 j 项指标的比重。

$$y_{ij}=x_{ij}/\sum_{i=1}^{m}x_{ij}$$

其中 m=450，代表 15 年 30 个省份共 450 个样本量。

步骤三：计算指标信息熵值 e_j 和效用值 d_j。

$$e_j=-k\sum_{i=1}^{m}ln\,y_{ij}$$

其中 $k=1/lnm$，$d_j=1-e_j$。

步骤四：计算各指标权重 w_j。

$$w_j=d_j/\sum_{i=1}^{n}d_j$$

其中 n=3，为指标数。

步骤五：计算综合指标 s_{ij}。

$$s_{ij}=\sum_{i=1}^{n}w_j*x_{ij}$$

其中 n=3，$\sum_{i=1}^{n}w_j=1$。

为了防止模型出现遗漏变量问题，本书根据现有的文献引入了其他可能影响能源消耗的变量，即控制变量。对控制变量的具体说明如下（见表 6–2）：①经济发展水平。用人均地区生产总值衡量。②能源消费结构。我国资源分布长期呈现“多煤少油”的态势，因而煤炭利用率较高，煤炭的过度使用会带来一定的负面影响，不利于节能减排。所以用煤炭总量占能源消耗总量的比重衡量能源消费结构。③技术创新水平。从环境规制对能源消耗的影响机制上看，技术创新水平是环境规制影响能源消耗的间接调节变量，因而有必要将其纳入模型中。④产业结构。产业结构变迁也是环境规制和绿色金融影响能源消耗的关键变量，选用第三产业增加值与第二产业增加值的比重衡量产业结构。⑤城镇化水平。选择城市人口占总人口的比重来度量。⑥人口增长。用人口增长率表示。⑦外商投资水平。用外商直接投资额与地区生产总值的比重表示，其中外商直接投资额采用全年平均汇率将美元转化为人民币。⑧对外开放程度。用进出口总额与地区生产总值的比重表示。

表 6–2　变量说明

变量类型	变量名称	符号	指标说明
被解释变量	能源消耗	*EI*	能源消耗与地区生产总值的比重
解释变量	绿色金融	*GFI*	1– 高耗能行业借款总额占全行业借款总额的比重
	环境规制	*ER*	正式环境规制和非正式环境规制的合成变量
控制变量	经济发展水平	*GDP*	人均地区生产总值
	能源消费结构	*EC*	煤炭总量占能源消耗总量的比重
	技术创新水平	*RD*	R&D 研究与试验发展经费
	产业结构	*IND*	第三产业增加值与第二产业增加值的比重
	城镇化水平	*UR*	城市人口占总人口的比重
	人口增长	*PEO*	人口增长率
	外商投资水平	*FDI*	外商直接投资额与地区生产总值的比重
	对外开放程度	*TRA*	进出口总额与地区生产总值的比重

（三）变量的描述性统计

模型中每个变量的描述性统计分析结果见表 6–3。

表 6–3　变量描述性统计结果

变量	符号	样本量	均值	标准差	最小值	最大值
能源消耗强度	*EI*	450	1.378	0.740	0.344	4.524
环境规制强度	*ER*	450	0.109	0.060	0.018	0.441
绿色金融	*GFI*	450	0.582	0.268	0.011	1.000

续表

变量	符号	样本量	均值	标准差	最小值	最大值
能源消费结构	*EC*	450	0.728	0.288	0.048	0.964
经济发展水平	*GDP*	450	2.738	1.763	0.369	9.543
技术创新水平	*RD*	450	9.068	1.478	4.798	12.017
产业结构	*IND*	450	0.999	0.523	0.497	4.237
城镇化水平	*UR*	450	0.509	0.149	0.006	0.896
人口增长	*PEO*	450	5.305	2.758	−1.350	11.780
外商投资水平	*FDI*	450	0.025	0.020	0.001	0.105
对外开放程度	*TRA*	450	0.307	0.354	0.012	1.668

此处，我们仅对被解释变量和解释变量的描述性统计结果进行分析：①被解释变量（能源消耗强度，*EI*）。由表 6–3 可知，我国能源消耗强度的平均值、最小值、最大值和标准差分别为 1.378、0.344、4.524 和 0.740，说明虽然我国的能源消耗强度处于递减态势，但仍处于较高位，且区域间的能源消耗强度分布较为离散。②核心解释变量（绿色金融，*GFI*）。本书中绿色金融的代理指标为绿色信贷，表 6–3 显示绿色信贷的均值和标准差分别为 0.582 和 0.268，说明我国整体的绿色信贷水平不高，地区发展具有较大的差异性。③解释变量（环境规制强度，*ER*）。从表 6–3 可以看到，合成的环境规制强度均值和标准差分别为 0.109 和 0.060，由此可知我国的环境规制强度仍然处在低位，且各地区差异较小。

二、基准模型分析

面板回归分析的前提是平稳的面板数据。若面板数据不平稳，则须运用相关方法（如差分和对数变换）将不平稳变量转化为平稳变量，再进行后续分析。此处，采取 LLC 面板单位根检验面板平稳性，从表 6–4 的结果可知，所有变量均通过单位根检验（显著性水平为 5%），则可进行回归分析。

表 6-4　变量平稳性检验结果

变量	LLC 检验	p 值	是否平稳
EI	-2.1836^{**}	0.0145	是
ER	-2.4452^{***}	0.0072	是
GFI	-3.8612^{***}	0.0001	是
EC	-1.7292^{**}	0.0419	是
GDP	-2.3970^{***}	0.0083	是
RD	-2.5273^{***}	0.0057	是
IND	-9.1596^{***}	0.0000	是
UR	-26.4282^{***}	0.0000	是
PEO	-4.5778^{***}	0.0000	是
FDI	-2.6887^{***}	0.0036	是
TRA	-1.6558^{**}	0.0489	是

注：*、** 和 *** 分别表示在 10%、5% 和 1% 的水平下显著。

（一）全国层面

基于上文的模型设定，首先就环境规制和绿色金融对能源消耗的直接影响和间接影响进行检验。相关模型的系数估计结果见表 6-5。直接效应模型显示了绿色金融和环境规制、环境规制的二次项对能源消耗的直接影响；间接效应模型显示了绿色金融技术创新及产业结构对能源消耗的间接影响。

表 6-5　绿色金融、环境规制对能源消耗的直接效应与间接效应

变量	直接效应模型	间接效应模型
ER	-0.1127^{**} （0.0585）	
ER^2	-0.0287^{**} （0.0119）	
GFI	-0.0437^{***} （0.0117）	-0.0436^{***} （0.0115）
EC	0.2340^{***} （0.0240）	0.2233^{***} （0.0235）
IND	-0.0771^{***} （0.0250）	

续表

变量	直接效应模型	间接效应模型
RD	−0.1139*** (0.0231)	
*ER*RD*		
*ER*IND*		
*GFI*RD*		−0.0869*** (0.0199)
*GFI*IND*		−0.1183*** (0.0196)
GDP	−0.5698*** (0.0356)	−0.5322*** (0.0311)
PEO	−0.0093* (0.0050)	−0.0084* (0.0050)
FDI	−0.0260*** (0.0090)	−0.0299*** (0.0089)
TRA	0.0247 (0.0155)	0.0202 (0.0155)
UR	0.0128 (0.0123)	0.0120 (0.0123)
CONS	−0.4547*** (0.2092)	−0.1061 (0.1785)
Hausman Test（p−value）	0.0000	0.0000

注：*、** 和 *** 分别表示在 10%、5% 和 1% 的水平下显著，括号内为估计系数的标准误。

在直接效应回归模型中，环境规制一次项系数显著为负，系数为 −0.1127，说明我国环境规制能显著促进能源强度下降。环境规制政策越成熟和多样，其对能源消耗的影响越卓有成效。当前我国能源消耗强度的总体变化态势已然表现为下降，可知环境规制在降低能耗方面产生了显著的政策效应。究其原因，首先是正式环境规制，政府一方面通过行政化管理手段，从环境污染排放物入手，增加了污染治理的投资额，有效控制了污染物的排放；另一方面，运用市场机制，通过征收排污税加大环境污染的成本，促使高耗能、高污染企业提高对环境污染的重视程度，进而提高技术创新水平，开发低能耗的绿色产品。其次是非正式环境规制，从政协提案数和公众信访数两个指标来看，社会和公众对环保的关注度逐渐上升。社会公众更加倾向于绿色消费和绿色投资，这种需求端的转化升级会倒逼供给端不断进行技术创新，从而提高能源利用效率。模型中合成的综合环境规制的二次项估计系数为负值，且通过显著性检验，可知环境规制对能源消耗可能存在倒U形的非线性影响，存在结构性突变，但具体是何种突变还有待进行进一步的检验。

绿色金融对能源消耗强度的估计系数为 –0.0372，且通过显著性检验，说明绿色金融的不断发展有利于能耗的降低。很长一段时间以来，我国金融机构的资源配置主要集中在资本密集型和高能耗、高污染的产业，外部资本的大量流入使得高能耗产业快速发展，进而扩大了我国环境污染和产能过剩。由于国家的环保法规逐步健全，以及社会公众越来越重视环保问题，发展绿色金融已是大势所趋。一方面，金融机构通过向绿色企业提供绿色信贷等绿色融资方式，采用贴息等手段提高了企业的投资回报率，有效拉动绿色企业的投资；另一方面，环保部门通过传播绿色消费理念和构建绿色消费体系等方式，提升居民的环保责任与意识，促进居民进行绿色消费和绿色投资。绿色金融工具的发展可有效改善我国金融机构信贷资源长期偏向重污染行业的局面，通过金融资源逐步向绿色产业偏斜的方式，支持绿色产业的发展壮大，进而降低能耗。

能源消费结构对能源消耗强度的估计系数为正，且通过显著性检验，可知优化能源消费结构能显著减少能耗。我国“富煤少油贫气”的资源禀赋现状在一定程度上加速了能源消耗速度，煤炭资源的比重加大会带来大量的单位能耗和污染物排放，不利于节能减排。为了减轻环境污染和降低能耗，优化能源消费结构刻不容缓。优化能源消费结构意味着要降低高耗能、高污染行业的煤炭资源使用比重，同时要提高清洁能源的比重，通过这种结构的优化能有效减少能耗。

产业结构对能源消耗强度的估计系数为负，且通过显著性检验，可知产业结构的合理化有利于减少能耗。通过对一二三产业的相对比重进行调节，可实现产业结构由粗放型到集约型的升级转型。近些年来，我国不断发展和壮大第二产业，并把第二产业作为经济增长的重要支撑，因此导致了化石能源的大量消耗，严重影响了环境质量。而在经济新常态下，我国推出了一系列可持续政策，以期达到生态和经济的双赢。其中，调整产业结构是关键手段之一，在产业调整过程中加大节能环保产业的比重，支持绿色产业发展，必定会引起能源需求的下降，进而降低单位能耗。

技术创新对能源消耗强度的估计系数为负，且通过显著性检验，可知生产技术的不断创新有利于减少能耗。此结果证实了“波特假说”，体现为抑制作用。技术创新对能源消耗的影响受两方面因素的制约：创新补偿和遵循成本。遵循成本说认为环境规制使得企业的环境治理成本增加，增加的成本会抵消部分生产性投资，从而制约技术的进步，不利于能源利用效率的提升。而“波特假说”认为在长期合理的环境规制下，企业会自愿将环境成本内部化，通过合理配置资源，提高企业的创新研发水平。技术水平上升带来的效应可在一定程度上或完全抵扣环境成本，从而产生净效应，最终减少能耗。此处的实证结果证明技术进步的创新补偿效应显著，能有效降低能耗，实现节能减排。

其余控制变量中，经济发展的系数显著为负，表示经济的快速发展能显著减少能耗，提升其利用效率。在我国的发展历程中，存在发展目标和形式的转变，从以往的粗放型发展模式向集约型发展模式转变，降低发展过程中重污染能源的消耗，从而促进节能减排。外商直接投资的估计系数显著为负，说明外商直接投资对降低我国的能源强度存在显著的拉动作用。外商直接投资通过引入先进的绿色技术和充裕的资金，促进产业清洁化发展，从而降低能源消耗强度。人口增长的估计系数显著为负，表明人口的增长有利于降低能源消耗强度。目前我国已进入老龄化阶段，出生率大幅降低，而老龄化程度逐渐加深。严重老龄化导致我国人力资本储备不足，缺乏创新动力，从而抑制社会技术的发展。如若适当地促进人口增长，积累人力资本，则会加速技术创新，进而提升能效。对外开放程度和城镇化水平的估计系数均为正，但都不显著。我国对外开放格局是以资源性产品的进出口为主，对外开放程度的加大并未体现为技术水平的提升，而是背后资源的低效率运用。城镇化水平的提高，一定程度上加速了资源的耗竭，从而提高单位能耗。

在间接效应模型回归结果中，绿色金融和技术创新的交乘项、绿色金融和产业结构的交乘项对能源消耗的影响系数显著为负。具体来看：一是绿色金融和技术创新的交乘项系数为 –0.0907，表明绿色金融通过技术创新显著影响能源强度，且作用方向是负向。绿色金融通过金融资源的重新配置影响企业的生产经营，一方面控制“两高”产业的资金资源，抑制企业再投资高耗能、高污染项目，倒逼企业发展清洁环保技术；另一方面拓宽节能环保产业的融资渠道，在金融资本的助推作用下，大力发展我国绿色环保产业，以降低能源消耗强度。二是绿色金融和产业结构的交乘项系数为 –0.1224，表示产业结构是绿色金融影响能源消耗的重要调节变量，绿色金融促进产业结构升级，进而降低能源消耗强度。金融机构基于绿色可持续发展的理念，通过发展绿色金融产品引导资金不断流向环保型和创新型产业，绿色产业得以扩大生产规模和提升生产效率，推动产业整体优化升级。

（二）地区层面

上文从全国层面分析了绿色金融、环境规制对能源消耗的影响，但考虑到我国绿色金融、环境规制和能源消耗具有区域性差异，不同地区解释变量的作用效果可能会有所不同，本书将样本分为东部、中部、西部地区，分别建模，以比较不同区域间的差异性，估计结果如表 6–6 所示。

表 6–6　各地区绿色金融、环境规制对能源消耗的直接效应与间接效应

变量	直接效应模型			间接效应模型（二）		
	东部	中部	西部	东部	中部	西部
ER	–0.1655*** （0.0602）	–0.2092* （0.1045）	–0.2495 （0.1623）			
ER^2	–0.0295** （0.0119）	–0.0410 （0.0401）	–0.0749** （0.0349）			
GFI	–0.0824*** （0.0318）	–0.0960*** （0.0356）	–0.0470** （0.0182）	–0.0786** （0.0318）	–0.0877** （0.0347）	0.0484*** （0.0178）
EC	0.1870*** （0.0257）	0.3539*** （0.1014）	0.1882*** （0.0551）	0.1804*** （0.0264）	0.3617*** （0.0787）	0.1863*** （0.0558）

续表

变量	直接效应模型			间接效应模型（二）		
	东部	中部	西部	东部	中部	西部
IND	-0.0738** （0.0330）	-0.0543** （0.0251）	-0.1010** （0.0557）			
RD	-0.1353*** （0.0319）	-0.1041* （0.0554）	0.1715 （0.0384）			
*ER*RD*						
*ER*IND*						
*GFI*RD*				-0.0860*** （0.0277）	-0.0569 （0.0673）	0.1442*** （0.0347）
*GFI*IND*				-0.1119*** （0.0318）	-0.0490*** （0.0135）	-0.1774*** （0.0363）
GDP	-0.5964*** （0.0537）	-0.2844* （0.1552）	-0.7229*** （0.0924）	-0.5097*** （0.0454）	-0.3148** （0.1442）	-0.7233*** （0.0938）
PEO	-0.0179*** （0.0051）	-0.0192 （0.0131）	-0.0282** （0.0127）	-0.0150*** （0.0051）	-0.0194 （0.0128）	0.0264** （0.0126）
FDI	-0.0470*** （0.0162）	-0.0226* （0.0121）	-0.0163*** （0.0054）	-0.0422** （0.0166）	-0.0263* （0.0184）	-0.0188 （0.0153）
TRA	0.0955*** （0.0298）	-0.0145 （0.0452）	-0.0146 （0.0263）	0.1028*** （0.0298）	-0.0160 （0.0434）	-0.0299 （0.0260）
UR	0.0077 （0.0010）	-0.0612 （0.3816）	0.3121 （0.2422）	0.0074 （0.0102）	-0.0091 （0.2968）	0.4174* （0.2335）
CONS	-0.8317*** （0.2846）	0.6696*** （1.0241）	-0.6369*** （0.4392）	-0.2504*** （0.2403）	0.8194*** （0.5499）	-0.0133* （0.3658）
Hausman Test（p-value）	0.0000	0.0000	0.0000	0.0000	0.0000	0.0000

注：*、** 和 *** 分别表示在 10%、5% 和 1% 的水平下显著，括号内为估计系数的标准误。

从东部地区的系数估计结果来看，解释变量绿色金融和环境规制的估计系数均通过了显著性检验，说明环境规制和绿色金融对东部地区的能源消耗具有显著的影响。具体来看：直接效应模型中，环境规制的一次项和二次项系数为负，且均通过显著性检验，表示环境规制对能源消耗的影响呈现倒 U

形特征，即环境规制发挥政策效应时存在拐点，并非单一的线性关系。绿色金融的系数显著为负，表明绿色金融的发展会促进能源消耗强度的下降，发挥节能作用。其他解释变量如技术创新、产业结构、经济发展、人口增长和外商投资对能源消耗存在显著的负向影响，能源消费结构则存在显著的正向影响。间接效应模型中，绿色金融与技术创新交乘项、绿色金融与产业结构交乘项的估计系数都显著为负，可见绿色金融通过技术创新、产业结构这两个中介变量发挥了很好的节能作用，显著降低了能源消耗强度。

从中部地区的系数估计结果来看，解释变量环境规制和绿色金融的系数显著，表明环境规制和绿色金融对中部地区的能源消耗具有显著的影响。具体来看：直接效应模型中，环境规制一次项系数显著为负，二次项系数为负但不显著，这说明中部地区环境规制的影响可能仅是单一的线性关系，非线性特征不明显。而绿色金融的估计系数显著为负，表示大力发展绿色金融产品有利于提升我国中部地区的能源利用效率。其余控制变量的系数情况和东部地区类似，此处不再赘述。间接效应模型中，绿色金融与技术创新交乘项、绿色金融与产业结构交乘项的估计系数都为负值，除绿色金融与技术创新的交乘项外，均通过显著性检验。表明我国中部地区更多地通过促进产业结构高级化的形式发挥绿色金融的节能效应，而技术创新的影响并不显著。

从西部地区的系数估计结果来看，解释变量环境规制和绿色金融的系数显著，表明绿色金融和环境规制对西部地区的能源消耗具有显著的影响。具体来看：直接效应模型中，环境规制一次项系数不显著，二次项系数显著为负，可认为西部地区的环境规制对能源消耗的影响形态可能是倒 U 形。绿色金融的估计系数仍然显著为负，呈现绿色金融的节能效果。除了技术创新的系数为正且不显著外，其他解释变量的系数显著性和影响方向均与东中部一致，唯一区别在于系数大小不同。间接效应模型中，绿色金融与产业结构的交乘项系数显著为负，对能源消耗强度下降的正向交互作用显著；绿色金融与技术创新的交乘项系数显著为正。出现这种情况的原因可能是由于西部地区经济不发达，整体创新水平较低，在环境规制或是绿色金融的约束下，企业的环境投资挤占部分生产性投资，从而制约技术创新，进而导致遵循成本效应大于创新补偿效应，节能效果不显著，甚至出现阻碍作用。

对比来看，我国不同地区绿色金融和环境规制对能源消耗的作用强度存在差异。就绿色金融而言，我国东部、中部、西部地区的绿色金融发展能显著地降低能源消耗强度，政策效应突显。从作用强度上看，中部地区的强度最大，东部地区和西部地区依序次之。东部地区由于经济发展较好，具有成熟完善的金融市场条件，在此基础上绿色金融能更好地发挥节能作用，显著降低能源消耗强度。近些年来，国家大力推进“中部崛起”战略，促使中部地区的经济迅速发展，再加上东部地区部分产业转移至中部，为中部地区带去了生产要素，一定程度上优化了地区产业结构，因而绿色金融在中部地区的政策效应较为明显。西部地区整体上经济落后，金融市场条件不完善，金融资源配置能力较弱，导致绿色金融的节能效应相比东中部地区来说较小。就环境规制而言，东部和中部地区的节能效应显著，且中部地区的作用强度要大于东部地区，但西部地区环境规制的节能效应不显著。究其原因，东部地区整体上经济较为发达，环境规制水平较高，政策效应显著，但由于其本身的能源消耗基数大，导致环境规制的节能效果和中部地区相比仍有些弱化。而对于西部地区来说，其环境规制强度要明显小于东中部地区，环境规制强度低下说明政府和公众对于高耗能、高污染行业的约束力度较小，企业的节能意识不强烈，从而导致环境政策的节能作用不显著。

（三）稳健性检验

上述实证结果的稳健性检验方法如下。

第一，环境规制和能源消耗潜在的因果关系可能会导致内生性问题，从而引起参数估计不一致。解决内生性问题的最好办法是工具变量法，即寻找合适的工具变量代替内生变量进入模型，以降低模型的内生性。基于此，此处利用系统广义矩估计法对基准模型重新估计，其中工具变量为环境规制的滞后一期和滞后二期变量，估计结果见表 6-7 的第二列（模型一）。从表 6-7 中可以看到，首先模型通过了 Arellano-Bond 检验和 Sargan 检验，则可认为工具变量是有效的，不存在弱工具变量问题。其次，绿色金融和环境规制等解释变量的估计系数均显著为负，说明在考虑内生性问题后，原来的基本结论依然成立，即绿色金融和环境规制发展对能源消耗强度的下降具有明显促进作用。

表 6-7 稳健性检验结果

变量	模型一	模型二
EI（*t-1*）	0.3225*** （0.0446）	
EI（*t-2*）	0.0916** （0.0436）	
ER	-0.0328** （0.0150）	-0.1494** （0.0648）
ER^2	-0.0062** （0.0030）	-0.0309** （0.0131）
GFI	-0.0211*** （0.0074）	-0.0372** （0.0130）
IND	-0.0668*** （0.0242）	-0.1643*** （0.0258）
RD	0.0115 （0.0083）	-0.1281*** （0.0256）
GDP	-0.4161*** （0.0581）	0.3821*** （0.0391）
PEO	-0.0134*** （0.0023）	-0.0232*** （0.0053）
FDI	-0.0074*** （0.0031）	-0.0329*** （0.0010）
TRA	-0.0282*** （0.0055）	0.0385** （0.0172）
UR	0.3375 （0.2440）	0.0121 （0.0136）
CONS	0.5013** （0.1974）	-0.6136*** （0.2312）

续表

变量	模型一	模型二
Arellano–Bond Test （p value） AR（1） AR（2） AR（3）	 0.0043 0.9685 0.9123	
Sargan Test （p–value）	0.9953	

注：*、** 和 *** 分别表示在 10%、5% 和 1% 的水平下显著，括号内为估计系数的标准误。

第二，考虑到衡量能源消耗的指标不同，可能会产生不同的回归结果，影响模型的稳健性，故此处将能源消耗的衡量指标由能源消耗强度转换为人均能源消耗，重新对模型进行估计。估计结果见表 6–7 第三列（模型二）。表 6–7 显示，当被解释变量为人均能源消耗时，环境规制的一次项和二次项均显著为负，说明环境规制对能源消耗的影响呈现倒 U 形特点，而绿色金融的系数也显著为负，说明绿色金融能显著促进能源消耗强度的下降，提升效率。其他解释变量的系数和方向大体保持不变。通过以上两种稳健性检验方法的检验，可以认为基础回归结果具有稳健性，据此得出的结论具有可信性。

第四节　基于门槛效应和空间溢出效应的进一步检验

一、模型设定

（一）面板门槛回归模型

建立面板门槛回归模型的核心在于变量的估计系数发生结构性突变。研究假设中提到环境规制对能源消耗的影响存在阶段性特征，其影响路径呈倒 U 形。这意味着环境规制对能源消耗的影响可能存在门槛效应，即当环境规制强度达到某一拐点时才能发挥降低能耗的积极作用。同时由于存在创新补偿效应和遵循成本效应，技术创新和产业结构在调节环境规制和绿色金融对能源消耗的影响时也可能会发生突变。为了探究环境规制的门槛效应，首先将环境规制作为门槛变量，建立模型三（式 6–4）；其次将技术创新和产业结构作为门槛变量分别建立模型四（式 6–5）和模型五（式 6–6）。进一步探究不同技术创新水平和产业结构下绿色金融对能源消耗的影响，以绿色金融、技术创新和产业结构分别作为门槛变量建立模型六（式 6–7）、模型七（式 6–8）和模型八（式 6–9）。

$$EI_{it} = \alpha + \gamma_1 ER_{it} \times I(ER_{it} \leqslant \delta_1) + \gamma_2 ER_{it} \times I(ER_{it} > \delta_1) + \beta_2 GFI_{it} + \beta_3 GDP_{it} + \beta_4 RD_{it} + \beta_5 IND_{it} + \beta_6 UR_{it} + \beta_7 PEO_{it} + \beta_8 FDI_{it} + \beta_9 TRA_{it} + \beta_{10} EC_{it} + \varepsilon_{it} \tag{6–4}$$

$$EI_{it} = \alpha + \gamma_1 ER_{it} \times I(RD_{it} \leqslant \delta_1) + \gamma_2 ER_{it} \times I(RD_{it} > \delta_1) + \beta_3 GFI_{it} + \beta_4 GDP_{it} + \beta_5 IND_{it} + \beta_6 UR_{it} + \beta_7 PEO_{it} + \beta_8 FDI_{it} + \beta_9 TRA_{it} + \beta_{10} EC_{it} + \varepsilon_{it} \tag{6–5}$$

$$EI_{it} = \alpha + \gamma_1 ER_{it} \times I(IND_{it} \leqslant \delta_1) + \gamma_2 ER_{it} \times I(IND_{it} > \delta_1) + \beta_3 GFI_{it} + \beta_4 GDP_{it} + \beta_5 RD_{it} + \beta_6 UR_{it} + \beta_7 PEO_{it} + \beta_8 FDI_{it} + \beta_9 TRA_{it} + \beta_{10} EC_{it} + \varepsilon_{it} \tag{6–6}$$

$$EI_{it} = \alpha + \gamma_1 GFI_{it} \times I(GFI_{it} \leqslant \delta_1) + \gamma_2 GFI_{it} \times I(GFI_{it} > \delta_1) + \beta_3 ER_{it} + \beta_4 GDP_{it} + \beta_5 IND_{it} + \beta_6 UR_{it} + \beta_7 PEO_{it} + \beta_8 FDI_{it} + \beta_9 TRA_{it} + \beta_{10} EC_{it} + \varepsilon_{it} \tag{6–7}$$

$$EI_{it} = \alpha + \gamma_1 GFI_{it} \times I(RD_{it} \leqslant \delta_1) + \gamma_2 GFI_{it} \times I(RD_{it} > \delta_1) + \beta_3 ER_{it} + \beta_4 GDP_{it} + \beta_5 IND_{it} + \beta_6 UR_{it} + \beta_7 PEO_{it} + \beta_8 FDI_{it} + \beta_9 TRA_{it} + \beta_{10} EC_{it} + \varepsilon_{it} \tag{6–8}$$

$$EI_{it} = \alpha + \gamma_1 GFI_{it} \times I(IND_{it} \leqslant \delta_1) + \gamma_2 GFI_{it} \times I(IND_{it} > \delta_1) + \beta_3 ER_{it} + \beta_4 GDP_{it} + \beta_5 RD_{it} + \beta_6 UR_{it} + \beta_7 PEO_{it} + \beta_8 FDI_{it} + \beta_9 TRA_{it} + \beta_{10} EC_{it} + \varepsilon_{it} \tag{6–9}$$

上述模型均以单门槛为例，多门槛模型的建立与单门槛思路一致，此处不再过多展开。其中，δ_1 为单门槛值；$I(\cdot)$ 表示示性函数，以模型四为例，当门槛变量 $ER_{it} \leqslant \delta_1$ 时，$I=0$，否则为 1。其余变量的含义均与直接—间接效应模型一致。

门槛模型显著性检验主要是考察不同门槛区间的系数估计值是否存在明显的差异。对原假设（$\gamma_1=\gamma_2$）进行 LM 检验，检验统计量如下：

$$F=n\frac{S_0-S_n\left(\hat{\delta}\right)}{S_n\left(\hat{\delta}\right)} \tag{6-10}$$

其中 S_0 表示零假设成立的残差平方和，S_n 表示门槛效应成立的残差平方和，$\hat{\delta}$ 为估计的门限值。

由于 $\hat{\delta}$ 在零假设下无法识别，故难以获得检验临界值。为了有效进行 LM 检验，Hansen（1996）提出用 Bootstrap 方法（自举法）来进行高频次模拟，从而得到 LM 统计量的 p 值。当 p 值小于显著性水平时，则认为存在门槛效应，反之则不存在。

（二）空间计量模型

由理论分析可知，环境规制变化会导致产业在地区间的转移，从而影响地区的能源消耗情况，如“两高”产业从环境规制较严的地区转移至环境规制较松的地区。因此有必要对其进行空间计量分析。莫兰指数（Moran's I）检验是空间回归的首要步骤，若其检验通过，则认为具有空间自相关，应建立空间回归模型进行分析。目前使用最广泛的空间回归模型主要有三类：空间滞后模型（SAR）、空间误差模型（SEM）和空间杜宾模型（SDM），三类模型均可通过设定一般化的空间模型中的不同参数推导而来，具体模型形式见式（6-11）和式（6-12）。

$$y_{it}=\alpha y_{i,t-1}+\rho W_i'y_t+x_{it}'\beta+W_i'x_t\varphi+u_i+\gamma_t+\varepsilon_{it} \tag{6-11}$$

$$\varepsilon_{it}=\lambda m_i'\varepsilon_t+v_{it} \tag{6-12}$$

其中，y_{it} 为因变量，W_i 为空间权重矩阵，$\rho W_i'y_t$ 和 $W_i'x_t\varphi$ 分别为因变量和自变量的空间滞后项，γ_t 为时间效应，u_i 为个体效应，m_i' 为随机扰动项空间权重 M 的第 i 行，ε_{it} 为随机扰动项。上式中，若 $\lambda=0$，则为空间杜宾模型；若 $\lambda=0$ 且 $\varphi=0$，则为空间滞后模型；若 $\alpha=\rho=0$ 且 $\varphi=0$ 则为空间误差模型。

参考张可云和杨孟禹（2016）的研究可知，相较于其他模型而言，在不同的真实数据生成过程中，采用 SDM 模型进行参数估计是唯一能得到无偏系数估计值的模型。SDM 模型同时考虑了因变量和自变量的空间相关性，再者，其对空间总效应的分解可以测度本地区自变量对其他地区因变量的空间溢出效应。基于 SDM 模型的优越性，本书采用 SDM 模型对我国能源消耗进行分析，具体设定的模型如下：

$$EI_{it}=\alpha EI_{i,t-1}+\rho W_i'EI_{it}+\beta_1 W_i'ER_{it}+\beta_2 W_i'GFI_{it}+\beta_3 GDP_{it}+\beta_4 RD_{it}+\beta_5 IND_{it}+\beta_6 UR_{it}+\beta_7 PEO_{it}+\beta_8 FDI_{it}+\beta_9 TRA_{it}+u_i+\varepsilon_{it} \tag{6-13}$$

其中，$EI_{i,t-1}$ 为能源消耗强度滞后一期；α 为滞后项系数；ρ 为空间滞后系数，代表邻近地区的能源消耗行为对本地区的作用强度，若 ρ 显著为正，则说明相邻地区的能源消耗行为具有正向传导效应；若显著为负，则说明地区间具有竞争效应；W_i 为空间权重矩阵。其余变量含义均与直接—间接效应模型一致。

二、门槛效应分析结果

基准模型回归结果表明，绿色金融和环境规制均可通过技术创新和产业结构等中介变量对能源消耗产生显著的影响，且环境规制的影响具有非线性特征。同时，鉴于技术创新水平和产业结构分布可视作社会经济体自身特征因素，可将其作为调控变量纳入绿色金融和环境规制对能源消耗的影响路径中。基于上述分析，将绿色金融、环境规制、技术创新和产业结构分别作为门槛变量，研究环境规制和绿色金融的门槛效应。这不仅直接反映了非线性关系，而且有助于厘清技术因素和产业结构因素的调控作用。首先检验模型中是否存在门槛效应，其次根据 LR 图进行最优门槛个数的选择，最后确定合适的门槛值。不同门槛变量的检验结果如表 6–8 所示。门槛检验结果表明，基于 10% 的显著性水平，在以绿色金融为依赖变量时，绿色金融作为门槛变量通过了单一门槛检验，而技术创新和产业结构均通过了单双门槛检验；在以环境规制作为门槛依赖变量时，环境规制和技术创新作为门槛变量均通过了单双门槛检验，而产业结构未通过单一门槛检验。具体的门槛效应回归结果见表 6–9 和表 6–10。

表 6-8 门槛检验结果

门槛变量	解释变量	门槛个数	F 统计量	显著性	门槛值
环境规制	环境规制	单门槛	25.23	0.0450	0.0608
		双门槛	24.36	0.0057	0.0357 0.0608
		三门槛	6.69	0.8000	—
技术创新	环境规制	单门槛	144.23	0.0000	9.4448
		双门槛	82.95	0.0033	8.3744 9.6745
		三门槛	27.04	0.8633	—
产业结构	环境规制	单门槛	32.05	0.4367	—
		双门槛	27.03	0.1233	—
		三门槛	14.67	0.4133	
绿色金融	绿色金融	单门槛	40.65	0.0200	0.7866
		双门槛	13.02	0.4433	—
		三门槛	8.38	0.6733	—
技术创新	绿色金融	单门槛	150.96	0.0000	9.4448
		双门槛	91.18	0.0000	8.3737 9.4448
		三门槛	26.60	0.8700	—
产业结构	绿色金融	单门槛	58.22	0.0079	1.8895
		双门槛	19.64	0.0510	1.0241 1.1366
		三门槛	15.28	0.5900	—

表 6-9 显示的是分别以环境规制和技术创新为门槛变量，以环境规制为门槛依赖变量的门槛回归结果。表中第二列（模型一）展示的是以环境规制为门槛变量，环境规制为依赖变量的门槛效应。结果显示，当环境规制强度较低时（$ER \leqslant 0.0357$），环境规制的估计系数为负，但不显著；当环境规制强度处于中等时（$0.0357<ER \leqslant 0.0608$），环境规制的估计系数在 1% 的显著性水平下为负，系数为 –0.0790；当环境规制强度较高时（$ER>0.0608$），环境规制的估计系数在 5% 的显著性水平下为负，但绝对值下降至 0.0512。这说明环境规制实施初期，由于政策不成熟，导致企业对其重视程度不够，环境规制的政策效应不显著。政府通过不断摸索完善环境规制手段，环境规制力度逐渐加大，企业不得不采取相应的措施去应对环境规制带来的压力，此时政策效应有力凸显，促进整体能源强度的下降。但当环境规制超过门槛值 0.0608 时，环境规制的政策效应趋于饱和，若此时继续加大强度，则

会导致政策效应不显著，甚至有可能出现负向结果。表中第三列（模型二）展示的是以技术创新为门槛变量，环境规制为依赖变量的门槛效应。从模型二可知，当技术创新水平较低时（$RD \leqslant 8.3744$），环境规制的估计系数在 1% 的显著性水平下为负，系数为 -0.0083；当技术创新水平处于中等时（$8.3744<RD \leqslant 9.6745$），环境规制的估计系数在 1% 的显著性水平下显著为负，且绝对值增加至 0.1036；当技术创新水平较高时（$RD>9.6745$），环境规制的估计系数在 1% 的显著性水平下为负，且绝对值增加至 0.1818。

表 6-9　基于环境规制的门槛回归结果

变量	模型一	模型二
	门槛变量：*ER*	门槛变量：*RD*
ER（$ER \leqslant 0.0357$）	-0.0118 （0.0110）	—
ER（$0.0357<ER \leqslant 0.0608$）	-0.0790^{***} （0.0252）	—
ER（$ER>0.0608$）	-0.0512^{**} （0.0217）	—
GFI	-0.0136 （0.0160）	-0.0227 （0.0191）
EC	0.2837^{***} （0.0289）	0.3276^{***} （0.0373）
IND	-0.0702^{**} （0.0306）	-0.1223^{***} （0.0389）
FDI	-0.0243^{**} （0.0124）	0.0077 （0.0147）
TRA	0.0741^{***} （0.0206）	0.1233^{***} （0.0243）
UR	0.0164 （0.0168）	-0.0815^{***} （0.0187）
RD	-0.2535^{***} （0.0098）	—
ER（$RD \leqslant 8.3744$）	—	-0.0083^{***} （0.0019）

续表

变量	模型一	模型二
	门槛变量：***ER***	门槛变量：***RD***
ER（8.3744<*RD* ≤ 9.6745）	—	–0.1036*** （0.0188）
ER（*RD* ≥ 9.6745）	—	–0.1818*** （0.0192）
CONS	–0.1223*** （0.0389）	0.2524*** （0.0784）

注：*、** 和 *** 分别表示在 10%、5% 和 1% 的水平下显著，括号内为估计系数的标准误。

上述结果表明，技术创新在调节环境规制对能源消耗的影响过程中存在门槛效应，当技术创新水平较低时，环境规制对降低能耗强度的促进作用较弱，随着技术创新水平的不断上升，这种促进作用会逐渐增强。原因是实施环境规制会导致环境污染的负外部性成本内生化，企业的环境成本上升。生产成本的上升会倒逼企业引入先进的技术或是重新配置生产资源进行自主创新，企业可以通过技术进步来减少非必要的能源消耗，从而降低能源消耗强度。当技术创新水平较低时，企业仍以消耗化石能源为主，同时由于环境规制实施初期政策体系不成熟、不规范，尽管初显政策效应，但环境规制对能源强度上升的抑制作用相对来说较弱。随着新能源开发技术和治污技术的不断进步，环境规制的政策效果不断增强，对提高能源利用效率的促进作用显著扩大。高技术水平地区（如我国东部地区）意味着经济较发达，而经济发达地区的环境规制较为严格，不仅政府实施政策的力度较大，而且社会公众的环保意识也较强。双重规制会促使污染密集型产业向低技术水平地区转移，结果导致高技术水平地区的环境规制节能效果更强。总体来说，环境规制能通过技术创新有效降低能源消耗强度，其技术创新水平越高，政策效果越好。

表 6–10 显示的是分别以绿色金融、技术创新和产业结构为门槛变量，绿色金融为门槛依赖变量的门槛回归结果。表中第二列（模型一）展示的是以绿色金融为门槛变量，绿色金融为门槛依赖变量的门槛效应。可以看到当

绿色金融水平小于0.7866时，绿色金融的估计系数在5%的水平下显著为负，系数为-0.0221；当绿色金融水平越过门槛值0.7866时，绿色金融的估计系数在1%的显著性水平下为负，且绝对值增大至0.0454。由此可得出，绿色金融对能源消耗的影响存在结构性突变。整体来看，绿色金融的发展有利于实现节能减排，而且随着绿色金融发展程度的提高，节能效应不断加强。表中第三列（模型二）展示的是以技术创新为门槛变量，绿色金融为门槛依赖变量的门槛效应。由表6-10可知，当技术创新水平较低时（$RD \leqslant 8.3737$），绿色金融的估计系数在10%的显著性水平下为正，系数为0.0326；当技术创新水平处于中等时（$8.3737<RD \leqslant 9.4448$），绿色金融的估计系数在1%的显著性水平下为负，系数为-0.0822；当技术创新水平较高时，绿色金融的估计系数在1%的显著性水平下为负，且绝对值增加至0.2314。

上述结果表明，绿色金融对能源消耗的影响会随着技术创新水平的变化而发生结构性突变。技术创新水平较低时，绿色金融促进能源消耗强度的提高。这可能是因为处于整体技术落后的环境时，发展重工业占经济建设的主导地位，能源消耗基数较大。若此时实施严格的信贷约束，企业面临资金不足问题，为了满足自身发展需要，它们会继续加大生产性投资，从而增加能源消耗。随着技术不断进步，绿色产业迅速发展，绿色金融的政策效果逐步显现，从高能耗向技术创新节能转变，有效降低能源消耗强度。表中第四列（模型三）展示的是以产业结构为门槛变量，绿色金融为门槛依赖变量的门槛效应。具体的门槛效应如下：当$IND \leqslant 1.0241$时，绿色金融的估计系数为负，但不显著；当$1.0241<IND \leqslant 1.1366$时，绿色金融的估计系数在1%的显著性水平下为负，系数为-0.0528；当$IND>1.1366$时，绿色金融的估计系数为负，但不显著。上述结果说明只有当产业结构处于一个合理的区间时，绿色金融才能有效发挥节能减排的作用。基于此，绿色金融政策应当与产业政策协同配套发展，共同促进能源利用效率的提高。

表 6-10　基于绿色金融的门槛回归结果

变量	模型一	模型二	模型三
	门槛变量：*GFI*	门槛变量：*RD*	门槛变量：*IND*
ER	–0.0174* (0.0047)	–0.0732*** (0.0185)	–0.0331* (0.0151)
EC	0.2593*** (0.0283)	0.3095*** (0.0374)	0.2648*** (0.0269)
IND	–0.0175* (0.0290)	–0.1341*** (0.0390)	
RD	–0.2328*** (0.0090)		–0.2409*** (0.0092)
FDI	–0.0193* (0.0110)	–0.0262* (0.0148)	–0.0252** (0.0112)
TRA	0.0780*** (0.0185)	0.1430*** (0.0239)	0.0652*** (0.0186)
UR	0.0107 (0.0149)	–0.1000*** (0.0183)	0.0097 (0.0152)
GFI（*GFI* ≤ 0.7866）	–0.0221** (0.0166)		
GFI（*GFI*>0.7866）	–0.0454*** (0.0148)		
GFI（*RD* ≤ 8.3737）		0.0326* (0.0194)	
GFI（8.3737<*RD* ≤ 9.4448）		–0.0822*** (0.0207)	
GFI（*RD* ≥ 9.4448）		–0.2314*** (0.0241)	
GFI（*IND* ≤ 1.0241）			–0.0122 (0.0147)
GFI（1.0241<*IND* ≤ 1.1366）			–0.0528*** (0.0156)
GFI（*IND*>1.1366）			–0.0232 (0.0148)
CONS	2.5552*** (0.1135)	0.3850*** (0.0949)	2.6007*** (0.1130)

注：*、** 和 *** 分别表示在 10%、5% 和 1% 的水平下显著，括号内为估计系数的标准误。

三、空间溢出效应分析结果

（一）空间自相关检验

进行空间计量分析之前，首先要对我国能源消耗强度进行空间自相关性检验。目前较为主流的方式是采用 Moran's I 指数检验数据是否存在空间依赖性，其取值范围为 -1~1，Moran's I 指数大于 0 表示存在空间正自相关，小于 0 则表示存在空间负自相关。Moran's I 指数的绝对值越接近于 1，说明数据的空间相关性越显著。由表 6-11 可知，各年的 Moran's I 指数值均大于 0 且都通过显著性水平为 0.01 的显著性检验，说明我国能源消耗强度存在正向的空间相关关系，呈现出一定的空间集聚特征而并非随机分布的。2003—2011 年，能源消耗强度的 Moran's I 指数整体上呈现出上升趋势，说明能源消耗强度的空间自相关性逐渐增大，邻近地区之间的辐射效应随之扩大。2012—2017 年，Moran's I 指数呈下降趋势，表明空间集聚效应有所下降。

表 6-11 2003—2017 年能源消耗强度的全局 Moran's I 指数

年份	Moran's I	Z 得分	P 值
2003	0.164	4.103	0.000
2004	0.180	4.410	0.000
2005	0.215	5.141	0.000
2006	0.211	5.057	0.000
2007	0.215	5.096	0.000
2008	0.223	5.205	0.000
2009	0.223	5.185	0.000
2010	0.230	5.306	0.000
2011	0.230	5.353	0.000
2012	0.222	5.195	0.000
2013	0.196	4.693	0.000
2014	0.191	4.613	0.000
2015	0.188	4.552	0.000
2016	0.175	4.264	0.000
2017	0.178	4.351	0.000

通过全局空间自相关分析可知，我国各省份的空间自相关系数显著为正，表明我国能源消耗强度存在空间集聚效应，但具体的空间集聚位置和区域相关程度尚未可知。为此，有必要进行局部空间自相关分析，以反映局部区域与其邻近区域的空间相关程度。通过绘制各地区能源消耗强度的 Moran's I 散点图，可以将我国能源消耗强度分为四类集聚区，分别是高—高集聚区（H–H）、高—低集聚区（H–L）、低—低集聚区（L–L）和低—高集聚区（L–H），不同的集聚方式代表的空间联系依次为扩散效应、极化效应、低速增长区域和过渡区域。图 6–4 显示的是 2003—2017 年我国能源消耗强度的高低值聚类结果。随着时间的推移，各种类型的集聚区中并未发生明显变化。总体来看，位于 L–L 集聚区的省份数量最多，位于 H–H、L–H 和 H–L 集聚区的省份数量依序次之。具体而言，呈现 H–H 集聚特征的省份主要分布在西部地区，高能耗的省份之间具有明显的扩散效应；L–H 集聚区集中于东西部地区，这类集聚区的主要特征是对于能源消耗强度偏低的省份来说，

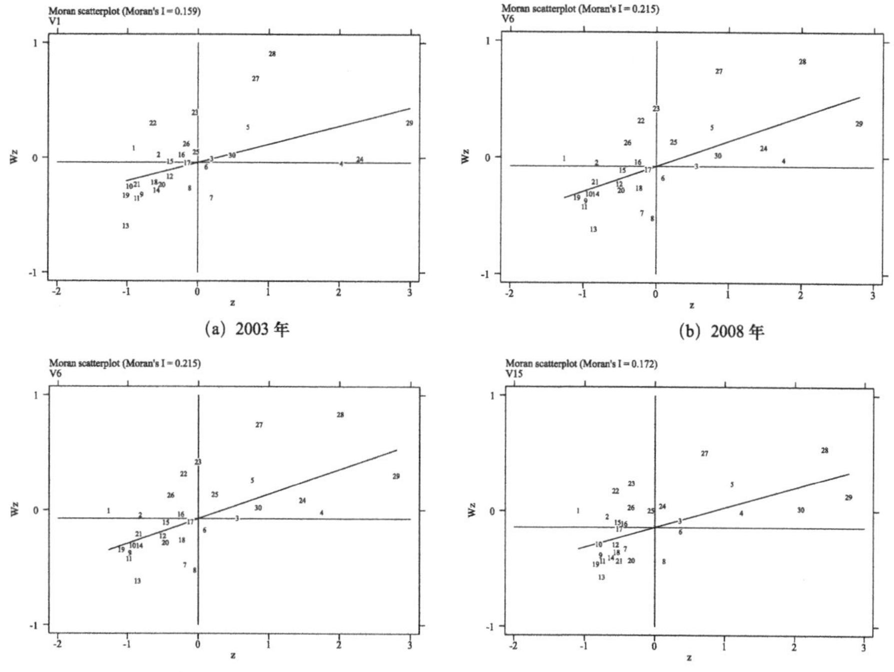

(a) 2003 年　(b) 2008 年　(c) 2012 年　(d) 2017 年

图 6–4　2003—2017 年我国能源消耗强度的 Moran's I 散点图

一般其邻接省份的能源消耗强度相对较高；位于 L-L 集聚区的大多是东中部地区，属于低能耗省份聚集区；H-L 集聚区散布在东北地区，表明这些省份在邻近地区中的能源消耗强度较高，具有一定程度的极化效应。

（二）空间回归分析

由表 6-11 可知，我国各省市的消费结构升级指数的 Moran's I 值始终在 0.16 以上波动，显著偏离随机分布，表明相邻地区的能源消耗存在一定的空间依赖性。因此本书选择 SDM 模型对我国能源消耗的空间溢出效应进行回归分析。进一步，为了确定 SDM 模型是否可以简化成 SAR 和 SEM 模型，进行 Wald 检验，检验结果表明 SDM 模型是最恰当的。同时对 SDM 模型进行 Hausman 检验，检验 p 值小于显著性水平 5%，则认为应选择固定效应 SDM 模型。因此，针对我国能源消耗强度及其影响因素建立固定效应 SDM 模型，SDM 稳健回归结果如表 6-12 所示。

表 6-12　SDM 模型回归结果

变量	模型一	模型二	模型三
ER	-0.0985^{*} （0.0507）		-0.0129 （0.0121）
ER^2	-0.0227^{**} （0.0099）		
GFI	-0.0296^{*} （0.0134）	-0.0334^{***} （0.0175）	
EC	0.1471^{***} （0.0365）	0.1569^{***} （0.0342）	0.1735^{***} （0.0298）
IND	-0.0430^{*} （0.0236）		
RD	-0.1224^{**} （0.0423）		
*ER*RD*		-0.0794^{***} （0.0213）	
*ER*IND*		-0.0436^{**} （0.0212）	

续表

变量	模型一	模型二	模型三
*GFI*RD*			-0.0614** (0.0305)
*GFI*IND*			-0.0781* (0.0400)
GDP	-0.3865*** (0.1491)	-0.4092*** (0.1478)	-0.4090*** (0.1630)
PEO	-0.0142* (0.0086)	-0.0121 (0.0084)	-0.0099 (0.0095)
FDI	-0.0302* (0.0155)	-0.0342** (0.0156)	-0.0353** (0.0176)
TRA	0.0016 (0.0283)	0.0080 (0.0272)	0.0054 (0.0269)
UR	0.0065 (0.0074)	0.0071 (0.0094)	0.0070 (0.0094)
*W*ER*	-0.0615** (0.0267)		
*W*GFI*	0.1455 (0.0920)		
*W*RD*	-0.0119 (0.0701)		
*W*IND*	-0.2582** (0.1051)		
*W*ER*RD*		0.0224 (0.0567)	
*W*ER*IND*		-0.1056* (0.0554)	
*W*GFI*RD*			0.0544 (0.0847)
*W*GFI*IND*			-0.0333 (0.0576)
	0.3116** (0.1469)	0.3094** (0.1671)	0.3894** (0.1534)
R^2	0.8966	0.8896	0.8808

注：*、** 和 *** 分别表示在 10%、5% 和 1% 的水平下显著，括号内为估计系数的标准误。

从模型设定来看，模型一着重考察绿色金融、环境规制、技术创新和产业结构的空间效应；模型二着重考察环境规制与技术创新和产业结构交乘项的空间效应；模型三着重考察绿色金融与技术创新和产业结构交乘项的空间效应。空间回归的结果表明，绿色金融、环境规制、技术创新和产业结构等变量的回归显著性和系数方向与经典面板模型表现较为一致，不同之处则体现在系数大小方面，这也侧面说明了经典面板模型回归结果的稳健性。从空间自相关系数的结果来看，三个模型中能源消耗强度的空间自相关系数 ρ 均显著为正，说明我国能源消耗强度在空间上具有明显的依赖性，且地理距离越近，空间扩散效应越强。基于模型一，可以得知环境规制和产业结构的空间滞后项系数均显著为负，说明我国的环境规制和产业结构具有负向的空间溢出效应，相邻地区的环境规制强度更强或产业结构越高级，则越有助于促进本地区能源消耗强度的下降。绿色金融的空间滞后项系数为正，表明绿色金融具有正向空间溢出效应，但不显著。另外，技术创新的空间滞后项也不显著。模型二的回归结果显示环境规制与产业结构交乘项的估计系数显著为负，意味着环境规制通过产业结构升级的形式产生显著的负向空间效应，本地区的环境规制和产业结构变动对于邻近地区的能源消耗强度具有“一荣俱荣，一损俱损”的作用。与产业结构交乘项不同，环境规制与技术创新交乘项则显示具有正向空间溢出效应，但未通过显著性检验。从模型三的结果来看，绿色金融与技术创新和产业结构交乘项的空间滞后项系数均不显著，这可能是由绿色金融的空间溢出效应不显著导致的。

第五节　本章小结

绿色金融的环境效应研究部分基于我国 2003—2017 年的省际面板数据，以能源消耗为研究环境效应的对象，首先对我国能源消耗、绿色金融的现状进行分析，其次考虑到环境规制对能源消耗能产生必然的影响，因此引入环境规制，详细阐述了绿色金融和环境规制对能源消耗的影响机理并提出研究假设，最后运用普通面板模型、面板门槛模型和空间计量模型对研究假说进行实证检验。通过前文的实证检验，可以概括出以下结论。

绿色金融通过直接和间接的方式共同影响能源消耗强度且具有门槛效应，但空间溢出效应尚不显著。具体而言：①绿色金融的直接效应模型显示，绿色金融的估计系数显著为负，说明金融机构通过推出绿色金融工具支持节能环保产业的发展，可有效降低我国能源消耗强度。进一步以绿色金融自身作为门槛变量的门槛检验结果显示，绿色金融对能源消耗的影响存在结构性突变。整体来看，绿色金融的发展有利于实现节能，而且随着绿色金融发展程度的提高，节能效应不断加强。②绿色金融可以通过促进企业技术创新间接发挥节能效应。绿色金融一方面控制“两高”产业的资金资源，另一方面拓宽节能产业的资金渠道，两者的共同作用激励企业提升技术创新水平，从而降低能源消耗强度。进一步通过门槛检验发现绿色金融通过技术创新影响能源消耗时存在门槛效应，即当技术创新水平超过某一拐点时，绿色金融才发挥出显著的节能效应。③绿色金融通过促进产业结构的优化和升级间接推动能源强度下降。进一步通过门槛检验发现，只有当产业结构处于一个合理的区间时，绿色金融才能有效发挥节能减排的作用。

第七章 绿色金融的减碳效应研究

实现碳达峰、碳中和是生态文明建设的重要内容，发展绿色金融是供给侧结构性改革中至关重要的金融手段，同时也是促进技术创新、节能减排的关键举措。近年来，有关绿色金融对碳排放的影响的研究已取得一定的成果，但研究大多是通过投入产出分析和可计算的一般均衡方程（CGE）来研究绿色金融的经济、环境效应，较少直接通过计量模型来分析研究绿色金融对碳排放的影响机制。金融机构在金融体系中有着举足轻重的作用，因此本章从金融机构入手，构建省际面板数据，探究绿色金融对碳排放总量与强度的影响机制。

第一节 研究意义与影响机理

当前，我国已经成为制造业第一大国，是世界上拥有工业门类最齐全的国家。经济发展极大地提升了国力和人民的生活水平，但同时也带来了不可忽视的环境问题，其中碳排放问题尤为重要。在中共十八届五中全会上，习近平总书记首次将“绿色发展”纳入新发展理念体系，并强调绿色发展对于我国实现经济社会可持续发展的重要意义。绿色经济的发展离不开绿色金融的支持，绿色金融对提升绿色经济效率具有重要意义。当前我国碳排放总量及人均排放量仍处于高位，探讨绿色金融对碳排放总量和人均排放量的影响是非常有意义的。

一、研究背景与研究意义

改革开放以来，我国经济一直处于高速发展阶段，随着社会经济产出的快速增加，年二氧化碳排放量也迅速攀升。因为技术水平较落后，加上几十年来重工业的迅速发展及对环境污染的忽视，我国年碳排放量从 1978 年的 14 亿吨增长到 2019 年的 102 亿吨，年平均增长率达 4%。进入新时代，人民对美好生活的追求由经济领域向社会、文化、生态等多方面拓展，生态良好、环境优美是社会主义现代化建设的必然要求。近年来，全球变暖等气候问题越发突出，极端天气频繁发生，世界经济发展的生态、气候风险日益突出。因此，粗放式高能耗发展既不能满足人民群众对美好生活的追求，同时也难以满足经济持续稳定发展的要求。

近些年，绿色发展逐渐成为世界各国的经济发展理念。世界上主要的发达国家，如美国、英国、日本等均制定了一系列举措推动绿色经济的发展，通过提高绿色技术创新的投入、发展绿色产业等促进绿色经济发展，并将绿色经济发展水平作为国家经济发展水平的重要指标之一。实现绿色发展，是人民群众的共同愿望，更是我国建设可持续社会的重要国策之一。

绿色发展是指减少对自然资源的消耗，加强生态保护和环境治理，达到经济、社会、环境三位一体协调发展。绿色发展包括产业结构、产品结构、生产与销售工艺技术的绿色化转型与发展，将绿色的理念和原则引入生产、流通等各个领域。在“十三五”规划中，绿色发展首次被纳入五大发展理念，以绿色发展为核心，实现以效率、和谐、可持续为目标的经济增长。绿色发展的本质特征是环境友好与资源节约。环境友好是指社会经济活动对环境的消极影响尽可能缩小至技术边界，将环境损害控制在生态系统的资源供给能力和环境自净容量之内，形成社会经济活动与生态系统之间的良性循环。

绿色经济的发展离不开绿色金融的支撑，绿色金融对于提高企业绿色效益有巨大的促进作用。绿色金融既是中国金融供给侧结构性改革中最重要的金融服务手段之一，也是推动节能减排的最重要措施之一。绿色金融通过对传统金融机构制度的革新与优化，使生态环境要素和传统信用参考要素共同融入中小企业的投融资过程与生产活动之中。一方面可以提高信贷业务风险管理水平，另一方面能够通过信贷约束促进绿色技术创新，提高生产的绿色效率，进一步减少碳排放并提高能源效率，达到节能减排的效果。近年以来，我国政府基于现有金融体系逐步建立了包含绿色信贷、绿色证券和绿色保险在内的绿色金融体系。同时，取得了基于融合环境效益构建排放权交易所的若干金融创新，例如碳排放权交易等。

2016 年 8 月 31 日，中国人民银行同财政部等部门共同发布《关于构建绿色金融体系的指导意见》，明确了我国绿色金融的发展方向和目标任务，我国成为世界首个对绿色金融发展进行顶层设计的国家。2017 年，国务院常务会议审议通过了江西等五省（自治区）的绿色金融改革创新试验区总体方案，建设各有侧重、各具特色的绿色金融改革创新试验区。2021 年 2 月 22 日，国务院又发布了《关于加快建立健全绿色低碳循环发展经济体系的指导意见》，提出发展绿色信贷和绿色直接融资，提高金融机构绿色金融绩效考核力度，并统一绿色债券标准，建立绿色债券评级标准。从顶层设计到实践，我国逐步在探索一条具有中国特色的绿色金融发展道路。

2020 年 9 月 22 日，中国在第 75 届联合国大会一般性辩论上提出了“二氧化碳排放力争于 2030 年前达到峰值，努力争取 2060 年前实现碳中和”的目标。2020 年 12 月，中央经济工作会议把做好“碳达峰”“碳中和”工作作为 2021 年的八项重点任务之一，并于 2021 年两会将该目标首次写入政府工作报告。2021 年 3 月 15 日，中央财经委员会第九次会议将“碳达峰”“碳中和”纳入生态文明建设整体布局。发展绿色经济是控制碳排放的必经之路，是实现中国环境与发展战略目标的重要保障，也是实现中国环境与发展战略转型的必然要求。而绿色金融是供给侧结构性改革中至关重要的金融手段，同时也是促进技术创新，节能减排的关键举措。

多年来，相关学者在绿色金融对经济发展及二氧化碳排放的影响因素的研究方面取得了一定的成果。但现有的研究大多是通过投入产出分析和可计算的一般均衡方程（CGE）来研究绿色金融对经济和环境的影响，较少直接通过计量模型来分析研究绿色金融对碳排放的影响机制。有学者通过建立绿色金融和经济质量发展的一般均衡方程，论证了绿色金融机构能够通过优化资本配置改进经济增长路径，降低稳态中的环境损害水平，提高经济增长的质量。

金融机构在金融体系中有着举足轻重的作用。我国的金融机构作为中央银行政策的执行者，在我国绿色经济发展中扮演着重要角色。我国各地区金融发展水平各不相同，利用省际数据能够更好地针对我国各地区提出对应的政策。因此，本章从金融机构入手，将二氧化碳排放总量和强度作为研究中心，利用省际面板数据探究绿色金融对碳排放总量和强度的影响机制。

总体来看，本研究的意义在于：①将绿色金融作为核心解释变量引入计量经济模型中，探讨了其对二氧化碳排放的影响机理，丰富了现有的绿色金融理论及碳排放影响理论，为后续的理论研究提供依据；②使用固定效应模型分析了绿色金融与碳排放的一般关系，探讨了绿色金融对碳排放可能的传导机制，并对其影响异质性进行了检验；③考虑到在绿色金融及产业结构等变量不同的情况下，绿色金融对碳排放可能存在非线性的影响，因此使用门槛回归对其进行检验，以便政府针对地区发展制定合理、有效的绿色金融政策。

二、影响机制

与传统金融着重追求经济利益不同，绿色金融更看重生态环境效益，将环境保护和资源利用效率纳入评价标准开展信贷、保险等业务，引导企业进行绿色生产与创新，实现经济发展和环境保护相协调。

从金融机构的角度来看，金融机构推动绿色金融产品的创新，促进了绿色环保企业的投资或对绿色企业贴息贷款，降低高污染企业的融资约束，进而引导企业提高生产的绿色水平，促进绿色产业规模的扩大，抑制高污染企业的发展。从企业的角度来看，绿色金融发展降低了借贷难度，优化了融资约束，激励企业实现绿色技术迭代和创新。由于融资约束收紧，抑制了高污染企业的规模扩张，使得绿色企业规模扩大，高污染企业规模缩小，进而提高了企业结构的绿色水平。在市场竞争中，绿色企业为了追求利润增长的可持续性，会通过技术创新及技术引进，提高生产技术的绿色水平，进而减少能源消费与碳排放。同理，为满足获得融资的绿色约束，高污染企业也会发展清洁技术，进而减少碳排放。因此，绿色金融能通过推动技术创新而减少碳排放。

近些年来，在绿色金融的加持下，氢能、风能、光伏等产业迅速发展，通过提高清洁能源消费，降低火电等高污染发电的占比，优化了能源消费结构，进而降低了碳排放。下游的氢能汽车、新能源汽车的发展，减少了常规能源消费，进一步提高了整个社会的能源消费结构清洁化水平。从消费者角度来看，绿色金融能够传播绿色消费的理念，使得整个社会消费观念偏向于绿色消费，推动绿色产品的消费规模扩大，从需求端促使高污染企业进行技术创新，减少其产品对环境的污染。从国家政策的角度来看，绿色金融政策让市场提高了生产绿色预期，对高污染企业存在一定的警示作用，引导其转变生产方式、进行技术创新，进而降低污染水平。

绿色金融的发展本质是推动社会产业结构的优化和升级。金融机构通过加大对绿色企业的投资和借贷，减少或限制对高污染企业的投资和借贷，降低市场风险和引导企业投资，从而推动产业结构优化。同时，绿色企业的发展又能推动绿色技术的创新和能源消费结构的优化，最终起到保护环境、减少碳排放的目的。同时，绿色金融政策作为国家释放的信号，表明绿色发展是国家意志，能够增加人民对绿色产品的偏好，促进绿色消费和绿色投资，吸引外资和游资进入绿色产业中。示例如图 7-1 所示。

据此提出两个假设。

H1：绿色金融能够显著降低碳排放强度。

H2：绿色金融能够通过产业结构升级、技术创新和优化能源消费结构间接影响碳排放。

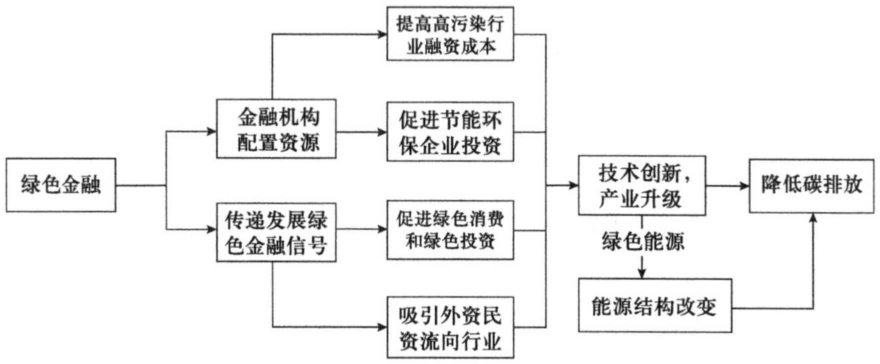

图 7-1　绿色金融对碳排放的影响机制

第二节　碳排放现状与绿色信贷的相关性

1997—2020 年，我国国内生产总值、碳排放总量和强度如图 7-2 所示。自从 2001 年加入世界贸易组织后，中国经济高速发展，名义 GDP 由 2001 年的 110863.1 亿元增长至 2020 年的 1015986 亿元，年平均增长率达 11.7%。与此同时，中国的碳排放总量快速上升，在 2013 年之前国内的碳排放总量

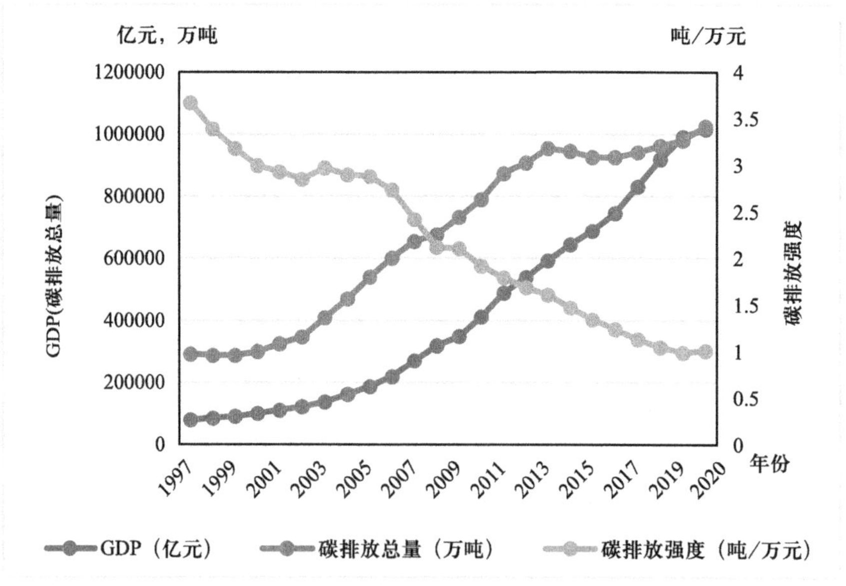

图 7-2　1997—2020 年我国国内生产总值、碳排放总量及强度

增长速率较高，年平均增长率达到7.67%，略低于GDP的增长率。可以看出，我国的GDP和二氧化碳排放总量具有较强的线性关系，经计算，2013年以前两者的相关系数为0.978。在“十五”期间以经济建设为中心的背景下，我国工业，尤其是重工业等高污染行业快速发展，同时承接部分发达国家的落后产业，尤其是金属冶炼业。例如钢铁生产从2000年占世界的15%增长到2020年占世界的60%以上，2020年钢铁行业的碳排放占比已经达到了全国碳排放的15%以上，导致碳排放高速增长。2013年之后，国内碳排放总量增速明显放缓，年平均增长率为4.5%，远低于2013年之前的碳排放总量增长率。同时，我国经济发展进入新常态，GDP增速也有所放缓，两者的相关系数下降到0.604，我国在去产能、供给侧结构性改革等方面初见成效。

碳排放强度是碳排放总量与GDP之比，我国的碳排放强度存在逐年下降趋势，由1997年的3.66吨/万元下降到2019年的1.00吨/万元，降幅约73%。尽管与发达国家0.5吨/万元的碳排放强度存在较大差距，但随着我国科学技术的发展和产业结构的优化升级，我国的碳排放强度会逐渐与发达国家趋同。

2013—2020年，我国绿色信贷余额、碳排放总量及强度如图7-3所示。

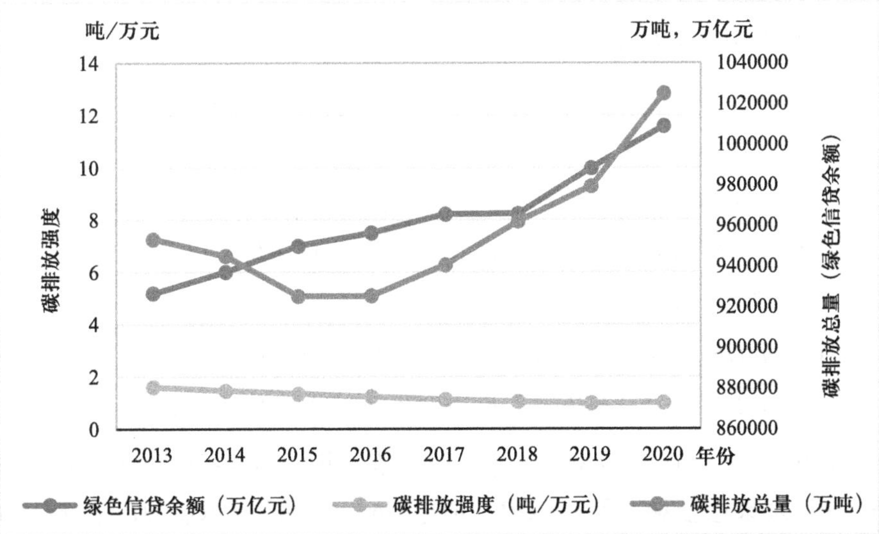

图7-3　2013—2020年我国绿色信贷余额、碳排放总量与强度

总体来看，我国绿色信贷余额和碳排放总量都具有增长趋势，碳排放强度则存在降低趋势。整个时期内，我国绿色信贷余额与碳排放总量的相关系数为0.771，与碳排放强度的相关系数为 -0.906，绿色信贷的发展与碳排放总量、强度均具有较强的相关性。

第三节　绿色金融对碳排放的影响的实证检验

一、模型设定

绿色金融对碳排放的影响可能存在直接效应，因此建立模型时首先建立模型 1（式 7–1）来检验绿色金融对碳排放的直接影响。其次，机制分析中，绿色金融通过优化产业结构、推动技术创新、减少化石能源的使用（优化能源消费结构）可能间接对碳排放产生影响。因此，进一步建立模型 2（式 7–2）检验绿色金融与其他变量对碳排放的交互影响，在模型 2 中引入绿色金融和产业结构、技术创新和能源消费结构的交互项对其进行检验。式（7–3）和式（7–4）将被解释变量碳排放强度替换为碳排放总量，直接影响与交互效应检验模型设定与碳排放强度类似。

$$CEI_{it}=\beta_1 GFI_{it}+\beta_2 GDP_{it}+\beta_3 IND_{it}+\beta_4 RD_{it}+\beta_5 PEO_{it}+\beta_6 TRA_{it}+\beta_7 EC_{it}+\beta_8 UR_{it}+u_i+\varepsilon_{it} \tag{7–1}$$

$$CEI_{it}=\beta_1 GFI_{it}+\beta_2 GDP_{it}+\beta_3 IND_{it}+\beta_4 RD_{it}+\beta_5 PEO_{it}+\beta_6 TRA_{it}+\beta_7 EC_{it}+\beta_8 UR_{it}+\beta_9 IND_{it}*GFI_{it}+\beta_{10} EC_{it}*GFI_{it}+\beta_{11} RD_{it}*GFI_{it}+u_i+\varepsilon_{it} \tag{7–2}$$

$$TCE_{it}=\beta_1 GFI_{it}+\beta_2 GDP_{it}+\beta_3 IND_{it}+\beta_4 RD_{it}+\beta_5 PEO_{it}+\beta_6 TRA_{it}+\beta_7 EC_{it}+\beta_8 UR_{it}+u_i+\varepsilon_{it} \tag{7–3}$$

$$TCE_{it}=\beta_1 GFI_{it}+\beta_2 GDP_{it}+\beta_3 IND_{it}+\beta_4 RD_{it}+\beta_5 PEO_{it}+\beta_6 TRA_{it}+\beta_7 EC_{it}+\beta_8 UR_{it}+\beta_9 IND_{it}*GFI_{it}+\beta_{10} EC_{it}*GFI_{it}+\beta_{11} RD_{it}*GFI_{it}+u_i+\varepsilon_{it} \tag{7–4}$$

其中，i 表示省份，t 表示年份，CEI_{it} 为碳排放强度，TCE_{it} 为碳排放总量 ,GFI_{it} 为绿色金融水平；GDP_{it}、RD_{it}、IND_{it}、UR_{it}、PEO_{it}、TRA_{it}、EC_{it} 分别为经济发展水平、技术创新水平、产业结构、城镇化水平、人口增长、对

外开放程度、能源消费结构；u_i 为个体效应；ε_{it} 为随机扰动项。

二、数据来源与指标选取

（一）数据来源

本书采用的数据为 2005—2019 年我国省际面板数据（西藏自治区和港澳台地区的数据缺失严重，因此未纳入样本）。碳排放数据来源于中国碳核算数据库。其他数据来源于《中国统计年鉴》《中国能源统计年鉴》国泰安数据库及各省统计年鉴。为了消除通货膨胀的影响，本书所有货币表示的数据均以 2000 年为基期进行平减。为了缓解异方差及多重共线性导致的估计偏误，数值型数据以对数形式进入模型。

（二）指标选取

1. 被解释变量：碳排放

化石能源消费和水泥生产是碳排放的主要来源。由于化石燃料主要为含碳物质构成，而其中的碳在燃烧后几乎完全转化为气态性质的二氧化碳，因此通过估计化石燃料消费量和排放因子可以较为准确地计算国家或区域在一定时间内的碳排放量（碳排放量 = 能源消费量 × 排放因子）。而核算的不确定性源自对能源消费量的估计及对排放因子的估计。本书的碳排放量数据来源于中国碳核算数据库。目前，学者们主要通过人均碳排放和碳排放强度衡量碳排放的均值。本书采用了碳排放总量和碳排放强度作为被解释变量衡量碳排放。

2. 核心解释变量：绿色金融

当前对于绿色金融指标的测度未达成共识。尽管我国绿色债券、碳金融等均处于快速发展的时期，但总体来说我国的绿色金融产品仍主要由绿色信贷组成，大部分研究也使用绿色信贷作为绿色金融的代替指标。因此本书也参考多数研究，使用绿色信贷来衡量绿色金融。

中国银保监会公布了 2012 年以来各大银行的绿色信贷金额，但是由于缺少省际数据，本书从企业入手，构建绿色信贷指标。目前存在两种方法构建绿色信贷指标：第一种为正向构建，即利用各省上市清洁型企业借贷数据构建指标；第二种则是反向构建，即利用各省高污染企业借贷数据构建指标。由于西部某些省份清洁型企业较少，本书采用反向构建指标的方法，即使用高污染企业借款总额占全行业借款总额的比重作为其代理指标。其中高污染企业定义遵从原环境保护部2008年公布的《上市公司环保核查行业分类管理名录》，本书样本的时间区间为2005—2019年。从样本的稳定性角度来看，本应将此期间上市的企业剔除，但是考虑到企业污染排放指标也是企业能否上市的重要指标，因此本章保留了2005—2019年间上市的企业，共选取了1133家上市公司。

3. 控制变量

根据现有的研究，影响碳排放的因素主要包括人民生活水平、能源消费结构、产业结构、技术发展水平、城市人口及对外贸易等。因此本章引入如下控制变量：①经济发展水平，用地区生产总值衡量；②能源消费结构，考虑火电占比我国发电总量的比例较高，煤炭的热值较低、污染较大，采用煤炭消费占总能源消费的百分比作为衡量指标，并对其进行对数处理；③产业结构，一般而言重工业较轻工业污染程度更高，选用第三产业生产总值占地区生产总值的百分比作为产业结构方面的指标；④技术创新水平，技术创新能够提升能源使用效率，可减少污染的排放，采用R&D经费作为技术创新水平方面的指标；⑤城镇化水平，相比农村，城市人均碳排放较大，因此选择城市人口总量度量，并对其取对数处理；⑥人口增长，人口越多，其使用资源越多，碳排放总量也就越大，所以采用人口自然增长率表示；⑧对外开放程度，选用进出口总额与地区生产总值的比值表示，进出口额采用全年平均汇率将美元转化为人民币。变量符号与具体含义如表7-1所示。

表7-1 变量说明

变量类型	变量名称	符号	指标说明
被解释变量	碳排放强度	*CEI*	二氧化碳排放量与地区生产总值的比值（吨/万元）
	碳排放总量	*TCE*	二氧化碳排放总量（百万吨）
解释变量	绿色金融	*GFI*	非高耗能行业借款总额占全行业借款总额的比重

续表

变量类型	变量名称	符号	指标说明
控制变量	经济发展水平	*GDP*	地区生产总值（千亿元）
	能源消费结构	*EC*	1- 煤炭消耗总量占能源消耗总量的比重
	技术创新水平	*RD*	R&D 经费占比地区生产总值
	城镇化水平	*UR*	城市人口总数（千万人）
控制变量	人口增长	*PEO*	人口自然增长率
	对外开放程度	*TRA*	进出口总额与地区生产总值的比值

（三）描述性统计

变量的描述性统计结果见表 7-2。从表 7-2 可知，我国碳排放强度的平均值、最小值、最大值和标准差分别为 3.109、0.501、13.829 和 2.158，说明我国的碳排放强度处于较高位，并且区域间的碳排放强度差异较大。非高耗能行业借款总额占全行业借款总额的比重均值为 54.385，标准差为 22.429，说明我国绿色信贷还处于发展初期，整体水平不高，地区之间可能存在较大的差异。

表 7-2　变量描述性统计结果

变量	符号	样本量	均值	标准差	最小值	最大值
碳排放总量	*TCE*	450	293.918	200.220	16.462	937.117
碳排放强度	*CEI*	450	3.109	2.158	0.501	13.829
绿色金融	*GFI*	450	54.385	22.429	11.609	99.096
能源消费结构	*EC*	450	0.569	0.242	0.014	4.988
经济发展水平	*GDP*	450	13.294	12.047	0.466	70.366
技术创新水平	*RD*	450	1.471	1.076	0.178	6.314
产业结构	*IND*	450	0.435	0.095	0.286	0.835
城镇化水平	*UR*	450	2.351	0.152	0.211	8.226
人口增长	*PEO*	450	5.205	2.685	−1.01	11.780
对外开放程度	*TRA*	450	13.93	22.370	0.011	116.575

三、基准回归结果

（一）基于碳排放强度的基准回归结果

基于上文的模型设定，首先就绿色金融对碳排放强度的直接影响和间接影响进行检验。相关模型的系数估计结果见表 7–3。直接效应模型显示绿色金融对碳排放强度的直接影响；间接效应模型展现了绿色金融通过影响产业结构、能源结构和技术创新对碳排放强度的间接影响。

表 7–3　绿色金融对碳排放强度的直接效应与交互效应回归结果

变量	模型 1	模型 2	模型 3	模型 4
ln*GFI*	−0.218*** （0.124）	−1.919*** （0.373）	−2.771*** （0.391）	7.740*** （1.016）
ln*EC*	−0.471*** （0.125）	−0.669*** （0.129）	−0.756*** （0.126）	−8.542*** （1.033）
GDP	−0.014*** （0.006）	−0.018*** （0.006）	−0.019*** （0.006）	−0.019*** （0.006）
ln*RD*	−0.275*** （0.157）	−0.171 （0.154）	−4.556*** （0.641）	−0.139 （0.148）
IND	−0.037*** （0.029）	−0.200*** （0.034）	−0.039*** （0.006）	−0.039*** （0.006）
PEO	0.049*** （0.029）	0.048*** （0.028）	0.025 （0.028）	0.044 （0.027）
ln*TRA*	−0.068*** （0.041）	−0.092** （0.040）	−0.101** （0.039）	−0.059 （0.038）
ln*UR*	−0.969*** （0.169）	−1.026*** （0.167）	−0.945*** （0.163）	−0.910*** （0.161）
*IND**ln*GFI*		0.041*** （0.009）		
ln*RD**ln*GFI*			1.106*** （0.161）	
ln*EC**ln*GFI*				−1.932*** （0.245）
Cons	11.715*** （1.406）	11.875*** （1.871）	20.536*** （1.854）	−22.211*** （4.512）

续表

变量	模型 1	模型 2	模型 3	模型 4
Hausman Test（p-value）	0.0000	0.0000	0.0000	0.0000
Individual FE	YES	YES	YES	YES

注：***、**、* 分别表示在 1%、5%、10% 的显著性水平下显著，括号中数据为回归系数的标准误，后文相同。

在直接效应回归模型中，在 1% 的显著性水平下，绿色金融对碳排放强度的估计系数为负。说明绿色金融的发展能够直接促进碳排放强度降低。在中华人民共和国成立初期，我国大力发展重工业，改革开放后，我国因廉价劳动力吸引了大量外资，投向高污染、高耗能、低附加值的产业。我国金融机构的资金也主要处于重工业和资本密集型产业中。虽然这些产业的快速发展是我国经济高速发展的助力器，但是也带来了环境污染问题及产能过剩的问题。在进行供给侧结构性改革后，国家对钢铁生产等高排放、高污染企业进行整合和限制。与此同时，绿色发展理念深入人心，政府和社会公众对环保问题越发重视。金融资源的配置也需要发生改变，因此绿色金融也得到了快速发展。金融机构通过改变资源配置，将资金向绿色企业偏移，使得绿色企业的规模扩大，高污染企业的发展得到一定的限制。在需求侧，由于绿色环保理念逐渐得到广大人民群众的认同，绿色产品市场也在逐步扩大，进一步挤压了高污染产品的空间，进而推动我国碳排放强度降低。

能源消费结构对碳排放强度的估计系数在 5% 的显著性水平下为负，说明减少煤炭资源的消耗、优化能源消费结构能够显著降低碳排放强度。由于我国是煤炭大国，煤炭是我国发电的主要化石能源。虽然火力发电具有稳定、可调节、技术难度较低等优点，但是煤炭的大量使用导致了大量的污染，包括雾霾、碳排放增多等一系列环境问题。因此，降低煤炭资源的使用及发展煤炭的提纯技术，大力发展氢能、风能等清洁能源，优化能源结构能够有效降低碳排放强度。

产业结构对碳排放强度的估计系数在 5% 的显著性水平下为负，说明增加第三产业的比重能够有效降低碳排放强度。目前我国已经成为制造业第一大国，但是其中有很多附加值低而环境污染严重的产业，因此我国近些年来在不断推动产业升级，通过控制钢铁生产等高污染的企业，大力发展通信、新能源企业，调节二、三产业比重，力争实现产业转型。通过产业转型发展绿色产业，必然会促使碳排放强度降低。

技术创新对碳排放强度的估计系数为 –0.275，且在 1% 的显著性水平下显著，可见技术创新能够有效降低碳排放强度。金融机构通过降息、释放信号等手段能够帮助绿色创新企业更好地融资，以及降低其融资成本。同时，企业通过技术创新能够降低生产成本，形成良性循环。

在其余控制变量中，经济发展水平的系数显著为负，在发展初期，经济快速发展对碳排放的影响主要是规模效应。一些大企业在规模不断扩大的同时收购或并购许多小型企业，同时生产成本高、技术落后的企业逐步被淘汰，从而导致碳排放强度降低。在经过高速发展后，向高质量发展转变的过程中，高新企业快速发展，高污染企业发展受到限制，使得碳排放强度降低。人口增长的估计系数在 1% 的显著性水平下显著，表明人口的增长不利于降低碳排放强度。中国人口增长率逐年下降，在人口高速增长的时候，国内通过廉价劳动力吸引外商将劳动密集型产业转移至国内。随着国内经济的发展，人口增长率下降，人口红利减弱，导致一些劳动密集型、高耗能产业转移至东南亚和南亚地区，因此使得碳排放强度降低。

城镇化水平的估计系数显著为负，原因可能在于我国农村人口习惯使用煤炭、木柴、秸秆等剩余农作物生火烧水，节省电力的支出，从而导致农村人均碳排放要比城市的高。同时由于城市化的推进，农民进城务工，推动第一产业中的畜牧、养殖等逐渐规模化，从而降低碳排放强度。对外开放程度的估计系数也显著为负，说明我国通过引进国外高新技术、增加进出口贸易，在一定程度上能减少碳排放。

在交互效应模型回归结果中，绿色金融和产业结构的交互项的估计系数在 1% 的显著性水平下为 0.041。说明绿色金融的减碳效应随着产业结构的优化而增强。金融机构通过加大对绿色环保企业的投资，推动资金从高污染企业流向环保高新企业，从而优化产业结构，推动碳排放强度降低。绿色金融和技术创新的交互项系数在 1% 的显著性水平下为 1.106，表明随着技术创新水平不断提高，绿色金融的减碳效应递增，绿色技术创新能够提升绿色企业的生产效率，降低企业的污染排放，从而使得碳排放强度降低。绿色金融和能源消费结构系数的交互项显著为负，为 −1.932。绿色金融的减碳效应随着非清洁能源消费的提高而增强，发展水电、氢能、风能等产业可改变我国的能源消费结构，减少对煤炭的依赖，从而降低碳排放强度。

金融机构通过加大对绿色企业的投资和借贷，减少或限制对高污染企业的投资和借贷，推动产业结构优化。同时，绿色企业的发展又能推动绿色技术的创新和能源消费结构的优化，最终达到保护环境、减少碳排放的目的。

（二）基于碳排放总量的基准回归结果

下面就绿色金融对碳排放总量的直接影响和交互效应进行检验。相关模型的系数估计结果见表 7-4。直接效应模型显示绿色金融对碳排放总量的直接影响；间接效应模型展现了绿色金融通过影响产业结构、能源结构和技术创新对碳排放总量的间接影响。

表 7-4　绿色金融对碳排放总量直接效应与交互效应回归结果

变量	模型 1	模型 2	模型 3	模型 4
ln*GFI*	18.241*** （9.749）	56.169*** （29.818）	168.892*** （31.560）	10.946 （85.383）
ln*EC*	75.420*** （9.828）	70.319*** （10.432）	56.957*** （10.254）	67.663 （86.922）
GDP	6.289*** （0.494）	6.343*** （0.495）	6.561*** （0.484）	6.280*** （0.496）
ln*RD*	78.918*** （12.513）	77.507*** （12.616）	331.289*** （51.834）	79.379*** （12.606）
IND	−2.150*** （0.526）	1.473 （2.750）	−2.010*** （0.513）	−2.147*** （0.526）
PEO	−14.053*** （2.325）	−14.162*** （2.323）	−12.703 （2.281）	−14.115 （2.328）
ln*TRA*	−10.961*** （3.269）	−10.275** （3.297）	−8.791** （3.213）	−10.902*** （3.275）

续表

变量	模型 1	模型 2	模型 3	模型 4
ln*UR*	64.546*** (13.962)	65.490*** (14.032)	62.381*** (13.616)	64.204*** (14.023)
*IND**ln*GFI*		−0.916 (0.683)		
ln*RD**ln*GFI*			−65.089*** (13.008)	
ln*EC**ln*GFI*				1.791 (20.598)
Cons	−657.193*** (113.650)	−790.997*** (152.529)	−1167.296*** (150.616)	−623.916 (380.289)
Hausman Test (p−value)	0.0000	0.0000	0.0000	0.0000
Individual FE	YES	YES	YES	YES

在固定效应模型中，绿色金融对碳排放总量的系数为 18.241，且在 1% 的水平下显著。绿色金融规模扩张会提高碳排放总量，这是由于我国的绿色金融发展还处于初级阶段，金融体系相比发达国家不成熟。在现阶段，绿色金融对碳排放总量的影响还是以扩张效应为主，即通过提供融资便利等方式鼓励绿色企业扩大生产规模，增加绿色企业数量和产业规模，加快资本流动，提升经济发展水平。而这些经济活动必然导致能源消耗的增加和碳排放总量的上升。对于高污染企业，虽然能够提高其借贷成本及释放市场预期信号，但是这些企业一般技术已经很成熟，不需要过多地投入研发，同时国内经济还是处于高速发展时期，市场需求较大且较为稳定，因此难以迅速将其淘汰。

技术创新对碳排放总量的估计系数显著为正，与对碳排放强度的系数相反。由此可知，生产技术的不断创新有利于降低碳排放强度，但是会增加碳排放总量。原因在于，我国在一些领域还落后于发达国家，且在一些产业中被发达国家所垄断，一旦技术上有突破，通过成熟的上下游产业可争取到比发达国家低得多的成本，从而快速占领市场。现阶段，企业通过技术创新、降低成本或者突破瓶颈，从而扩大生产规模，因此技术创新会提高碳排放总量。

人口自然增长率对碳排放总量的估计系数为负，城市人口的估计系数为正，且均显著。这可能是由于人口结构的变化，低的人口增长率导致人口老龄化，同时加速了城市化。相比于农村人口的保守消费，城市人口收入水平较高，同时可选产品更多样，消费更加多元，消费水平会发生较大提升。随着经济的发展，家庭教育、医疗支出越来越大，使得低人口增长率仍会导致碳排放总量增加。

其他控制变量中，能源消费结构、经济发展水平对碳排放总量的影响机制基本和对碳排放强度的影响机制相同。能源消费结构中，减少对煤炭等高污染能源的使用和增加清洁能源的使用，都能显著减少碳排放。随着经济的发展，产业规模增加，能源使用量增加，必然导致碳排放的增加。

在交互效应模型中，绿色金融与产业结构的交互项系数为 -0.916，说明随着产业结构升级，绿色金融的减碳效应递增。系数在 10% 的显著性水平下不显著，说明绿色金融在碳总量减排方面与产业结构的交互作用有限。绿色金融与技术创新的交互项系数为负，且显著。在固定效应模型中，绿色金融和技术创新的估计系数均为正，但是在交互效应中两者的交互项变为负数，说明目前两者对碳排放总量的影响以扩张效应为主，但是绿色金融通过技术创新能够减少碳排放总量。绿色金融与能源消费结构的交互项系数为正，但是不显著。

四、异质性检验

由于我国经济发展存在不平衡问题，东部和西部经济发展差异较大，绿色金融的减碳效应同样具有较大差异。因此本书将样本分为东部、中部、西部地区进行分样本回归，以探究绿色金融对碳排放影响的区域异质性，估计结果如表 7-5 和表 7-6 所示。

表 7-5　各地区绿色金融对碳排放强度的影响

地区	东部		中部		西部	
	（1）	（2）	（3）	（4）	（5）	（6）
ln*GFI*	−0.273**	−4.068	0.426*	12.23**	−0.565*	−18.12***
	（−2.78）	（−1.81）	（1.97）	（3.25）	（−2.54）	（6.35）
GDP	−0.00394	−0.00508	0.119***	0.143***	0.0276	0.0292
	（−1.24）	（−1.29）	（5.51）	（7.13）	（0.86）	（0.98）
ln*EC*	0.0239	−0.461	3.179***	7.710**	3.185***	20.24***
	（0.42）	（−0.24）	（17.70）	（3.15）	（11.41）	（9.64）
ln*RD*	−0.457***	−7.479***	−0.449*	2.327	−0.433	2.687
	（−4.28）	（−7.86）	（−2.07）	（1.07）	（−1.60）	（1.40）
IND	−0.0250***	0.180*	−0.0521***	0.423***	0.00170	−0.0346
	（−4.85）	（2.38）	（−5.06）	（3.80）	（0.10）	（−0.26）
PEO	−0.0166	−0.114***	−0.360***	−0.345***	0.0678	0.208***
	（−0.99）	（−5.85）	（−6.10）	（−5.68）	（1.13）	（4.39）
ln*UR*	−0.0876	0.00564	−4.316***	−4.869***	−2.102***	−1.480***
	（−1.12）	（0.07）	（−9.93）	（−11.78）	（−8.18）	（−7.07）
ln*TRA*	0.335***	−0.105*	−0.579***	−0.560***	0.113	0.0888
	（4.85）	（−2.54）	（−6.68）	（−7.06）	（1.56）	（1.32）
ln*GFI**ln*EC*		0.147		−1.226		−4.280***
		（0.31）		（−1.93）		（−7.92）
ln*GFI***IND*		−0.0449*		−0.123***		0.00392
		（−2.52）		（−4.29）		（0.12）
ln*GFI**ln*RD*		1.553***		−0.769		−0.688
		（7.13）		（−1.33）		（−1.43）
Cons	5.217***	22.53*	26.88***	−13.22	8.711**	−71.17***
	（6.34）	（2.38）	（6.48）	（−0.90）	（3.23）	（−6.11）
Hausman Test（p value）	0.000	0.000	0.000	0.000	0.000	0.000

表 7-6　各地区绿色金融对碳排放总量的影响

地区	东部		中部		西部	
	(1)	(2)	(3)	(4)	(5)	(6)
lnGFI	-56.85*	-743.0	75.05***	-1142.3***	16.37	327.4**
	(-2.42)	(-1.42)	(3.96)	(-3.49)	(1.52)	(2.61)
GDP	6.861***	9.218***	10.50***	11.80***	20.08***	27.40***
	(9.05)	(10.01)	(5.55)	(6.77)	(12.51)	(20.86)
lnEC	47.06**	-405.8	307.7***	-695.1**	226.1***	245.6**
	(2.96)	(-0.89)	(19.52)	(-3.26)	(13.40)	(2.66)
lnRD	17.81	335.6	-10.89	-188.8	15.35	410.8***
	(0.71)	(1.51)	(-0.57)	(-1.00)	(1.02)	(4.86)
IND	-6.099***	-42.39*	-2.226*	-0.180	-2.657**	-6.185
	(-4.90)	(-2.40)	(-2.46)	(-0.02)	(-3.26)	(-1.07)
PEO	-14.40**	-30.14***	-12.74*	-26.06***	-7.446*	-14.62***
	(-3.28)	(-6.59)	(-2.46)	(-4.94)	(-2.25)	(-6.99)
lnUR	84.55***	103.4***	92.90*	58.76	-5.528	-23.50*
	(4.99)	(5.13)	(2.44)	(1.64)	(-0.31)	(-2.55)
lnTRA	-77.52***	-63.12***	-13.25	-20.57**	-26.02***	-24.06***
	(-6.36)	(-6.54)	(-1.74)	(-2.98)	(-7.18)	(-8.10)
lnGFI*lnEC		112.7		258.0***		-6.588
		(1.02)		(4.68)		(-0.28)
lnGFI*IND		9.587*		-0.923		0.329
		(2.31)		(-0.37)		(0.22)
lnGFI*lnRD		-101.9*		61.08		-129.3***
		(-2.00)		(1.21)		(-6.09)
lnGFI	189.9	2946.5	-1902.3***	3084.9*	-736.0***	-1463.1**
	(0.98)	(1.33)	(-5.23)	(2.43)	(-4.50)	(-2.85)
Hausman Test (p value)	0.000	0.001	0.000	0.000	0.000	0.000

从东部地区的碳排放强度模型系数估计结果来看，核心解释变量均显著，说明在东部地区绿色金融对碳排放的影响显著；系数显著为负，表明在东部绿色金融发展较好的地区其对降低碳排放的影响作用更大。对于产业结构，东部地区产业结构的优化能显著推动碳排放强度降低，技术创新水平的提升也能够有效降低碳排放强度。人口自然增长率、能源结构及城市人口对碳排放强度的影响不显著，原因可能在于东部省份人口自然增长率和城市化水平已经达到了较为稳定的水平，碳排放强度存在趋同情况。交互效应模型中，绿色金融与产业结构交互项系数显著为负，可以认为绿色金融通过优化产业结构发挥了节能减排的作用，显著降低了碳排放强度。绿色金融与技术创新的交互项系数显著为正，绿色金融对碳排放强度的边际效应随着技术创新水平的提高而递减。原因可能在于技术创新的突破引致了新的生产需求，依赖我国全面的工业门类、成熟的产业链，实现规模的快速扩张，进而导致了碳排放的增加。绿色金融与能源消费结构的交互项系数不显著，在被解释变量的碳排放总量模型中，全国层面绿色金融的估计系数显著为正，东部地区绿色金融的估计系数显著为负。说明绿色金融对碳排放总量的影响呈现倒U形，即在绿色金融发展初期，扩张效应会导致碳排放的增加，发展到一定程度则会减少碳排放。对于技术水平而言，其会显著促进碳排放总量的增加，原因可能在于，虽然我国企业技术水平不断提升，但是市场规模也在不断扩大，所以导致碳排放总量的增加。

对于中部地区，绿色金融对碳排放强度的影响系数显著为正。这可能是由于东部地区较为落后的产业转移到中部地区，所以导致绿色金融显著促进碳排放强度提高。其他控制变量的情况与东部地区差异较小，因此不再过多分析。在碳排放总量模型中，绿色金融与能源消费结构的交互项系数显著为正，原因可能在于中部地区是煤炭的主要生产地区（如山西），随着近些年煤炭产量的限制及清洁能源的推广，煤炭使用比例显著下降，从而导致碳排放总量减少。

对于西部地区，在碳排放强度模型中，绿色金融对碳排放强度的影响显著为负。近些年，国家在大力扶持风电、光伏等新能源产业，由于西部地区正处于风能、光能资源充足的地方，因此绿色金融提高了对新能源产业的投资，推动西部地区碳排放强度降低。而在碳排放总量模型中，相比于中部、东部地区，西部地区的估计系数显著为正，说明西部地区绿色金融发展处于初期，扩张效应占据主导，从而导致碳排放总量增加。

从上述分析可以看到，我国绿色金融对碳排放的影响存在区域异质性。在东西部地区，绿色金融发展能够显著降低碳排放，但是影响路径可能并不相同。在中部地区，绿色金融则促进了碳排放强度的提升。东部地区是我国经济技术最为发达的地区，香港证券交易所、深圳证券交易所、上海证券交易所和北京证券交易所均处于东部地区，东部地区金融市场发展水平更高。因此相比于中部、西部地区，绿色金融对东部地区产业结构的调整优化和技术创新水平的提升影响更为显著，从而可有效降低碳排放强度。对于中部地区，由于金融市场不成熟，加之承接东部地区高能耗产业转移，导致绿色金融提高了碳排放强度。西部地区得益于风电、光伏产业的大力发展，绿色资金的不断进入使得绿色金融对碳排放强度起到降低作用。

五、稳健性检验

首先，由于绿色金融和碳排放可能存在潜在的因果关系，而且可能存在遗漏变量的问题，从而导致内生性，引起参数估计的不一致，为了缓解内生性，本书利用系统高斯混合模型（GMM）对绿色金融的减碳效应进行稳健估计。估计结果见表 7-7 回归结果的第 1 列及第 3 列。从表 7-7 可知，模型通过 Arellano-Bond 检验，随机扰动项二阶差分不存在显著自相关，工具变量有效。在使用工具变量和未使用工具变量的模型中，绿色金融均显著，且符号与面板门槛模型中保持一致，说明缓解内生性后，结论依旧成立。

其次，由于绿色金融并没有统一衡量指标，采用不同的代替指标可能会得到不同的结果，因此本书将绿色金融的衡量指标由绿色信贷总量占全行业借贷总量的比重转换为绿色信贷总量占 GDP 的比重，重新使用固定效应模型进行估计。估计结果见表 7-7 回归结果的第 2 列及第 4 列。结果显示，核心解释变量更改为绿色信贷占总量的 GDP 比重时，在碳排放强度模型中系数仍显著为负，在碳排放总量模型中系数显著为正，与之前的结论保持一致。对于其他的控制变量，系数显著性和影响方向基本保持不变。因此可以认为前文回归结果具有稳健性，且结论可信。

表 7–7　稳健性检验结果

变量	CEI	CEI	TCE	TCE
CEI（t–1）	0.743***		0.978***	
	（49.43）		（43.54）	
CEI（t–2）	0.0188		–0.128***	
	（1.32）		（–3.12）	
ln*GFI*	–0.736***		34.72***	
	（–11.27）		（4.12）	
ln*EC*	0.472***	0.666***	32.35**	88.62***
	（3.91）	（4.80）	（2.81）	（8.15）
GDP	–0.0105*	–0.0155*	1.616***	6.231***
	（–2.51）	（–2.48）	（4.45）	（12.67）
ln*RD*	0.0775	–0.251	–1.335	83.68***
	（0.46）	（–1.60）	（–0.23）	（6.71）
IND	0.0159***	0.0415***	–0.480***	–2.269***
	（3.68）	（–6.27）	（–4.58）	（–4.34）
PEO	0.00753	0.0423	–1.652	–14.43***
	（1.73）	（1.45）	（–1.43）	（–6.24）
ln*UR*	–0.272	–0.981***	25.76***	64.84***
	（–1.45）	（–5.78）	（3.65）	（4.69）
ln*TRA*	0.0702	–0.0574	–0.758	–9.688**
	（1.87）	（–1.40）	（–0.43）	（–2.97）
Arellano–Bond Test（p–value）				
AR（1）	0.176		0.177	
AR（2）	0.276		0.314	
RGFI		–17.53**		1694.8**
		（–2.58）		（3.18）
Cons	2.781*	10.25***	–118.7	–656.8***
	（2.31）	（7.56）	（–1.41）	（–6.04）

第五节 绿色金融对碳排放的影响的门槛效应与空间效应检验

基于异质性分析，在东部地区，发展绿色金融能够减少碳排放总量；在中西部地区，绿色金融对碳排放总量的增长起促进作用，因此绿色金融与碳排放之间的可能具有一定程度的非线性关系。同时，绿色金融的发展会导致产业在地区间转移，绿色金融发展水平高的地区环境规制强度与绿色信贷约束更为严格，高污染企业会向环境规制与信贷约束更为宽松的地区转移。由于“污染天堂”效应引致地区间污染产业转移，进而影响了地区之间的能源消耗和二氧化碳排放，因此有必要对其进行空间效应分析。

一、模型设定

（一）门槛回归模型

部分研究发现，金融发展水平与碳排放之间存在先促进后抑制的倒U形关系，符合环境库兹涅茨曲线的假设。绿色金融具有金融的基本属性，在绿色金融发展初期，对环保企业的投资可能会被用于扩大企业的基础建设，绿色金融减碳效应较弱。这意味着绿色金融对碳排放的影响可能存在门槛效应，即当绿色信贷发展到一定程度的时候才能对降低碳排放发挥积极作用。同时，在不同的产业结构和技术创新水平下，绿色金融对碳排放的影响也可能存在差异。为探究绿色金融对碳排放的影响是否存在门槛效应，我们将绿色金融作为门槛变量建立自激励门限回归模型，将技术创新和产业结构分别作为门槛变量建立门槛回归模型，模型设定见式（7–5）、式（7–6）和式（7–7）。

$$CEI_{it}=\alpha+\gamma_1 GFI_{it}\times I(GFI_{it}\leqslant\delta_{GFI})+\gamma_2 GFI_{it}\times I(GFI_{it}>\delta_{GFI})+\beta_3 GDP_{it}+\beta_4 IND_{it}+\beta_5 RD_{it}+\beta_6 PEO_{it}+\beta_7 TRA_{it}+\beta_8 EC_{it}+\beta_9 UR_{it}+u_i+\varepsilon_{it} \quad (7–5)$$

$$CEI_{it}=\alpha+\gamma_1 GFI_{it}\times I(RD_{it}\leqslant\delta_{RD})+\gamma_2 GFI_{it}\times I(RD_{it}>\delta_{RD})+\beta_3 GDP_{it}+\beta_4 IND_{it}+\beta_5 EC_{it}+\beta_6 PEO_{it}+\beta_7 TRA_{it}+\beta_8 UR_{it}+u_i+\varepsilon_{it} \quad (7–6)$$

$$CEI_{it}=\alpha+\gamma_1 GFI_{it}\times I(IND_{it}\leqslant\delta_{IND})+\gamma_2 GFI_{it}\times I(IND_{it}>\delta_{IND})+\beta_3 GDP_{it}+\beta_4 EC_{it}+\beta_5 RD_{it}+\beta_6 PEO_{it}+\beta_7 TRA_{it}+\beta_8 UR_{it}+u_i+\varepsilon_{it} \quad (7\text{-}7)$$

上述模型均以单门槛为例，多门槛与单门槛并无本质的不同。此外，碳排放强度与碳排放总量门槛回归模型控制变量均相同。其中，δ_1 为单门槛值；$I(\cdot)$ 表示示性函数，以式（7-5）为例，当门槛变量 $GFI_{it}\leqslant\delta_{GFI}$ 时，$I=0$，否则 $I=1$。其余变量含义均与前文一致。

门槛模型的关键假设检验在于是否具有门槛效应。我们对原假设进行LM检验，检验统计量如下：

$$F=n\frac{s_0-s_n(\hat{\delta})}{s_n(\hat{\delta})} \quad (7\text{-}8)$$

其中，S_0 表示零假设成立的残差平方和，S_n 表示门槛效应成立的残差平方和，$\hat{\delta}$ 为估计的门限值。由于无法在零假设下得到门槛的估计值，继而无法得到统计量，因此需要采用Bootstrap抽样方法获得LM统计量。如若拒绝原假设，则认为存在门槛效应。

（二）空间计量模型

众多文献表明，碳排放具有空间自相关性，同时经济水平高的区域对发展程度较低的区域存在空间溢出效应，即发展较好的区域会将附加值低或技术水平较低的产业向发展较落后的区域扩散。为检验绿色金融的减碳效应是否存在空间异质性，我们建立了空间计量模型对其进行检验。

建立空间计量模型首先要对碳排放变量进行空间自相关检验，常用的指标为Moran's I指数，如果Moran's I指数显著不为0，则可认为存在空间自相关。一般的空间面板模型形式见式（7-9）和式（7-10）。

$$y_{it}=\sum_{i\neq j}w_{ij}y_{jt}+x_{it}'\beta+\sum_k[\delta_k\sum_{i\neq j}(w_{ij}x_{kjt})]+u_i+\gamma_t+\varepsilon_{it} \quad (7\text{-}9)$$

$$\varepsilon_{it}=\lambda W_{\varepsilon}\varepsilon_t+v_{it} \quad (7\text{-}10)$$

其中，y_{it} 为被解释变量，w_{ij} 为空间权重矩阵对应元素，$\sum_{i\neq j}w_{ij}y_{jt}$ 和 $\sum_{i\neq j}(w_{ij}x_{kjt})$ 分别为被解释变量和解释变量的空间滞后项。Y_t 为时间固定效应，u_i 为个体固定效应，ε_{it} 为随机扰动项。由于上述模型过于一般，参数较多，难以估计，因此本书使用空间滞后模型（SLR）、空间误差模型（SEM）以及空间杜宾模型（SDM）检验空间效应。相比于其他 3 种模型，只有 SDM 模型能够得到无偏估计系数。在 SDM 模型下，当地被解释变量的变化不仅受到当地解释变量的影响，还受到相邻地区变量的影响。本书采用 SDM 模型对我国碳排放强度和总量进行分析，其中空间权重矩阵采用邻接矩阵，两个省份相邻矩阵中的值为 1，不相邻则为 0。具体设定的模型如下：

$$CEI_{it}=\alpha W_i'CEI_t+\sum_k\lambda_k W_i'x_{kt}+\beta_1 ER_t+\beta_2 GFI_t+\beta_3 GDP_{it}+\beta_4 RD_{it}+\beta_5 IND_{it}+\beta_6 UR_{it}+\beta_7 PEO_{it}+\beta_8 TRA_{it}+u_i+\varepsilon_{it} \quad (7\text{-}11)$$

其中，CEI_t 为 t 时刻所有省份碳排放强度的列向量。α 为被解释变量空间滞后项系数，表示邻近地区的碳排放对本地区的作用强度，若 α 显著为正，则说明相邻地区的碳排放强度具有溢出效应；若显著为负，则说明地区间具有竞争效应。x_{kt} 表示 t 时刻时所有省份第 k 个解释变量组成的列向量，λ_k 是其余地区第 k 个解释变量对本地碳排放的影响程度。W 为空间权重矩阵，W_i 表示省份 i 在空间权重矩阵中对应的列向量。其余变量含义均与基准回归模型一致。

二、门槛回归结果

由基准回归可知，绿色金融对碳排放产生显著影响，且可能存在结构性变化。同时绿色金融会通过影响产业结构、技术创新间接对碳排放产生影响。基于此，将绿色金融、产业结构和技术创新分别作为门槛变量，研究绿色金融的门槛效应。首先通过 F 检验来确定 3 个门槛变量是否具有门槛效应，然后再选择合适的门槛个数，最后确定门槛值。以碳排放强度为被解释变量的检验结果如表 7–8 所示。门槛检验结果表明，在 10% 的显著性水平下，绿色金融作为门槛依赖变量时，产业结构和技术创新作为门槛变量均通过了单一门槛检验，而绿色金融未通过单一门槛检验。碳排放总量为被解释变量的检验结果如表 7–9 所示。结果表明在 10% 的显著性水平下，绿色金融为依赖变量时，绿色金融、技术创新和产业结构均通过单一门槛检验，技术创新还通过了双门槛检验。回归结果见表 7–10 和表 7–11。

表 7-8 被解释变量为碳排放强度门槛检验结果

门槛变量	核心解释变量	门槛个数	F 统计量	P 值	门槛值
绿色金融	绿色金融	单门槛	21.81	0.238	
		双门槛	9.33	0.527	
		三门槛	11.28	0.496	
技术创新	绿色金融	单门槛	60.48	0.063	1.827
		双门槛	32.68	0.243	
		三门槛	15.42	0.700	
产业结构	绿色金融	单门槛	79.49	0.010	41.001
		双门槛	4.75	0.943	
		三门槛	4.10	0.908	

表 7-9 被解释变量为碳排放总量门槛检验结果

门槛变量	核心解释变量	门槛个数	F 统计量	显著性	门槛值
绿色金融	绿色金融	单门槛	32.61	0.043	4.400
		双门槛	12.17	0.360	
		三门槛	8.21	0.628	
技术创新	绿色金融	单门槛	56.68	0.090	1.827
		双门槛	42.39	0.070	1.629，2.099
		三门槛	12.80	0.784	
产业结构	绿色金融	单门槛	48.51	0.013	51.74
		双门槛	17.89	0.330	
		三门槛	16.59	0.338	

表 7-10 中第二列是以技术创新为门槛变量的检验结果。当技术创新水平较低时（$RD \leqslant 1.8272$），绿色金融的估计系数在 10% 的显著性水平下不显著，系数为 -0.003。当技术创新水平较高时，绿色金融的估计系数在 1% 的显著性水平下显著为负，且系数绝对值增加至 0.222。上述结果表明，绿色金融对碳排放的影响会随着技术创新水平的变化而发生结构性突变。技术创新水平较低时，绿色金融对碳排放的影响不显著，这可能是由于创新水平较低时，地区主要承接其他地区的高能耗产业以推动产业升级与经济发展。此时绿色金融处于发展初期，同时绿色金融所导致的信贷收紧幅度有限，减碳效应有限。随着技术的不断进步与创新能力的提高，高能耗生产技术与产业

逐渐淘汰，绿色产业伴随着绿色金融迅速发展，从高污染、高排放向低污染、低排放技术转变，因此绿色金融有效降低了碳排放强度。

表 7-10　碳排放强度基于绿色金融的门槛回归结果

变量	模型 1 门槛变量：*RD*	模型 2 门槛变量：*IND*
GFI（RD ≤ 1.8272）	–0.003 （0.122）	
GFI（*RD*>1.8272）	–0.222*** （0.120）	
GDP	–0.0216*** （0.006）	–0.023*** （0.006）
EC	0.2922** （0.121）	0.508*** （0.123）
IND	–0.050*** （0.006）	
PEO	0.009 （0.030）	0.063** （0.029）
UR	–0.3259*** （0.100）	–0.270*** （0.108）
TRA	–0.0277 （0.042）	–0.046 （0.043）
RD		–0.453*** （0.158）
GFI（*IND* ≤ 41.0007）		–0.034 （0.124）
GFI（*IND*>41.0007）		–0.191* （0.121）
Cons	7.617*** （1.031）	4.741*** （1.054）

表 7-10 中第三列是以产业结构为门槛变量的检验结果。当第三产业占比较低时（*IND* ≤ 41.0007），绿色金融的估计系数在 10% 的显著性水平下不显著，系数为 –0.034。当技术创新水平较高时，绿色金融的估计系数在 10% 的

显著性水平下为负，且系数绝对值增加至0.191。上述结果表明，绿色金融对碳排放的影响会随着产业结构的变化而发生结构性突变。在经济不发达的情况下，主要以发展第二产业为主，此时绿色金融虽然在绿色产业有大量投入，但绿色产业处于发展初期，经济发展处于规模扩张期，因此绿色金融对碳排放的影响不显著。在经济发展后期，重工业比重达到峰值的时候，此时资金向绿色产业转移，绿色产业得到大力发展，绿色金融对碳排放的影响作用得以显现。

碳排放总量作为被解释变量时，分别以绿色金融、技术创新和产业结构为门槛变量的门槛回归结果见表7–11。第二列以绿色金融为门槛变量，可以看到当绿色金融水平小于4.4002时，绿色金融的估计系数在1%的显著性水平下显著，为25.431；当绿色金融水平超过门槛值4.4002时，绿色金融的估计系数在10%的显著性水平下显著为正，且绝对值降低为15.455。由此可得出，绿色金融对碳排放总量的影响存在结构性突变。整体来看，绿色金融的发展促进了碳排放总量的增加，在发展初期，国内主要以发展重工业为主，绿色金融对碳排放的影响主要以扩张效应为主，促进了企业基础设施投资与规模扩张，因此导致碳排放总量的增加。到了发展后期，绿色金融通过促进企业转型、推动企业实现技术进步，进而实现节能减排。绿色金融对我国碳排放总量的影响呈倒U形，我国目前处于倒U形底端附近，可以预见，随着绿色金融的持续发展，其减排效应将逐步提高。

表7–11　碳排放总量基于绿色金融的门槛回归结果

变量	模型1 门槛变量：*GFI*	模型2 门槛变量：*RD*	模型3 门槛变量：*IND*
GDP	6.181*** （0.481）	7.609*** （0.441）	5.9125*** （0.433）
EC	63.937*** （9.566）	70.416*** （9.713）	64.111*** （9.417）
IND	−1.604*** （0.5060）	−1.4523*** （0.529）	
RD	107.246*** （12.249）		102.446*** （11.982）

续表

变量	模型 1 门槛变量：*GFI*	模型 2 门槛变量：*RD*	模型 3 门槛变量：*IND*
PEO	-16.436^{***} （2.338）	-14.924^{***} （2.373）	-16.5574^{**} （2.247）
TRA	-10.942^{***} （3.314）	-9.5196^{***} （3.410）	-7.6173^{***} （3.250）
UR	20.307^{**} （8.295）	33.445^{***} （8.040）	25.011 （8.229）
GFI（*GFI* ≤ 4.4002）	25.431^{***} （9.482）		
GFI（*GFI*>4.4002）	15.455^{*} （9.474）		
GFI（*RD* ≤ 1.6288）		−7.879 （10.130）	
GFI（1.6288<*RD* ≤ 2.0993）		6.976 （9.891）	
GFI（*RD*>2.0993）		25.543^{***} （9.552）	
GFI（*IND* ≤ 51.714）			14.418 （9.255）
GFI（*IND*>51.714）			1.777 （9.474）
Cons	-380.081^{***} （81.004）	-257.993^{***} （83.566）	-431.234^{***} （79.142）

表 7–11 第三列是以技术创新为门槛变量，绿色金融为依赖变量的门槛回归结果。当技术创新水平较低时（*RD* ≤ 1.6288），绿色金融的估计系数为负，但是不显著。当技术创新水平处于中等时（1.6288<*RD* ≤ 2.0993），绿色金融的估计系数变为正数，但是仍然不显著。当技术创新水平较高时（*RD*>2.0993），绿色金融的估计系数在 1% 的显著性水平下为正，且增加至 25.543。当技术创新水平不高的时候，绿色金融对碳排放的影响不显著，可能此时绿色金融处于发展初期，同时国内经济发展主要处于快速扩大生产规模，大力发展重工业的

时候，绿色发展还未受到重视。随着技术不断进步，绿色产业迅速发展，绿色金融的政策效果逐步显现，但是此时绿色金融主要以扩张效应为主，绿色产业迅速发展，所以导致碳排放总量增加。表中第四列以产业结构为门槛变量，结果表明在产业结构任意区间，绿色金融的系数均为正但不显著。

三、空间计量结果

（一）空间自相关检验

在建立空间计量回归之前，首先要判断我国碳排放数据是否具有空间依赖性。目前常用来考察数据空间自相关的指标有 Moran's I 指数，本书使用 Moran's I 指数检验我国碳排放是否存在空间自相关。Moran's I 指数的值一般为 -1~1，大于 0 表示正自相关，即高值与高值相邻，低值与低值相邻；小于 0 则表示负自相关，即高值与低值相邻。一般来说，正自相关比负自相关更常见。由表 7-12 可知，2005—2019 年我国碳排放总量和碳排放强度的 Moran's I 指数值均大于零。其中碳排放强度的 Moran's I 指数在 1% 的显著性水平下显著，说明我国碳排放强度存在正向的空间相关关系，即存在空间依赖性。2005—2012 年，碳排放强度的 Moran's I 指数整体上呈现出震荡上升趋势，说明碳排放强度的空间自相关性逐渐增大，邻近地区之间的辐射效应随之扩大。2012—2019 年，Moran's I 指数呈下降趋势，表明空间集聚效应有所下降。对于碳排放总量的 Moran's I 指数，在 10% 的显著水平下显著，且 Moran's I 指数处于持续下降趋势，同时 p 值不断增加，表明其空间聚集效应呈下降趋势。

表 7-12　2005—2019 年碳排放强度及总量的全局 Moran's I 指数

年份	Moran's I *CEI*	P 值 *CEI*	Moran's I *TCE*	P 值 *TCE*
2005	0.253	0.007	0.224	0.015
2006	0.234	0.010	0.214	0.020
2007	0.256	0.006	0.218	0.018
2008	0.284	0.003	0.223	0.016

续表

年份	Moran's I *CEI*	P 值 *CEI*	Moran's I *TCE*	P 值 *TCE*
2009	0.263	0.005	0.207	0.023
2010	0.286	0.002	0.214	0.020
2011	0.241	0.003	0.191	0.032
2012	0.269	0.002	0.182	0.037
2013	0.241	0.005	0.174	0.043
2014	0.256	0.003	0.175	0.043
2015	0.256	0.004	0.170	0.046
2016	0.249	0.006	0.156	0.059
2017	0.211	0.009	0.124	0.097
2018	0.194	0.015	0.140	0.075
2019	0.213	0.008	0.123	0.097

通过全局空间自相关分析可知，我国各省份的空间自相关系数显著为正，表明我国碳排放存在空间集聚效应。为了进一步探究各省份的空间聚集情况，进行局部空间自相关分析，本书通过绘制各地区碳排放总量及强度的局部 Moran's I 散点图，将我国碳排放强度分为四类集聚区，分别是高—高集聚区（H–H）、高—低集聚区（H–L）、低—低集聚区（L–L）和低—高集聚区（L–H）。不同的集聚方式代表的空间联系依次为扩散效应、极化效应、低速增长和过渡区域。图 7–4 上方显示的是 2005—2019 年我国碳排放强度的高低值聚类结果。可以看出，L–L 集聚区随时间推移更加密集，其他类型的集聚区无明显变化。图 7–4 下方显示的是 2005—2019 年我国碳排放总量的高低值聚类结果，各种类型的集聚区中均无明显变化。从碳排放强度的 Moran's I 散点图来看，位于 L–L 集聚区的省份数量最多，H–H 数量次之。具体而言，呈现 H–H 集聚特征的省份主要分布在西部地区，高碳排放的省份之间具有明显的扩散效应，H–L 集聚区只有贵州，表明贵州在邻近地区的碳排放强度较高。位于 L–L 集聚区的大多是东中部地区，属于低碳排放省份聚集区，L–H 集聚区散布在东北地区，表明这些省份在邻近地区中的碳排放较高，具

有一定程度的极化效应。碳排放总量的 Moran's I 散点图与之相近，但是图中直辖市均处于 L–H 集聚区。

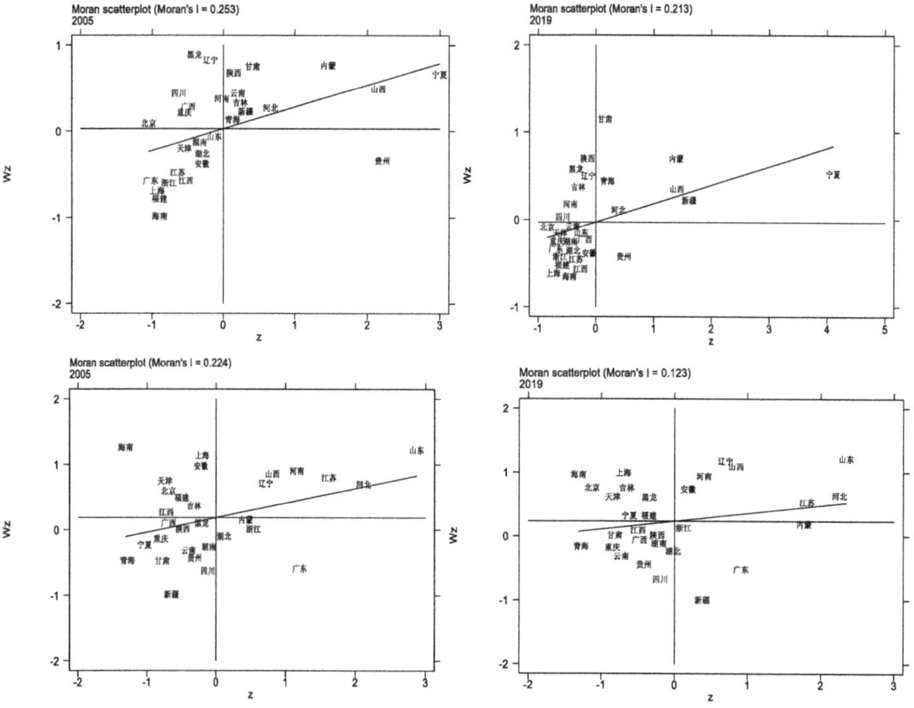

图 7–4　2005—2019 年我国碳排放强度（上）与碳排放强度（下）的局部 Moran's I 散点图

（二）空间回归结果

我国各省市碳排放强度的 Moran's I 指数值始终在 0.19 以上、0.30 以下波动，我国的碳排放强度存在一定的空间依赖性。因此本书通过建立 SDM 模型对我国碳排放强度进行空间回归分析。之后进行 LR 检验，检验 SDM 模型是否会退化成 SAR 模型和 SEM 模型，检验结果均拒绝原假设，说明应该使用 SDM 模型。同时对模型进行 Hausman 检验，检验结果拒绝原假设，所以应该选择固定效应 SDM 模型。SDM 稳健回归结果如表 7–13 所示，同理对碳排放总量建立固定效应 SDM 模型，回归结果如表 7–14 所示。

表 7-13　被解释变量为碳排放强度的 SDM 模型回归结果

变量	Main	Wx	Direct	Indirect	Total
ln*GFI*	-0.447***	-0.747*	-0.461***	-0.821*	-1.281***
	(0.125)	(0.393)	(0.127)	(0.436)	(0.456)
GDP	0.027***	-0.048***	0.026***	-0.050***	-0.023
	(0.007)	(0.012)	(0.007)	(0.014)	(0.016)
ln*EC*	2.094***	1.179***	2.143***	1.513***	3.657***
	(0.142)	(0.338)	(0.136)	(0.373)	(0.404)
ln*RD*	-0.515***	2.057***	-0.465***	2.198***	1.733***
	(0.149)	(0.302)	(0.143)	(0.361)	(0.347)
IND	0.066***	-0.041*	0.066***	-0.038*	0.027
	(0.009)	(0.023)	(0.009)	(0.026)	(0.030)
PEO	0.265***	-0.126**	0.265***	-0.108*	0.157***
	(0.032)	(0.058)	(0.031)	(0.064)	(0.058)
ln*UR*	-1.142***	0.102	-1.139***	-0.0246	-1.163***
	(0.112)	(0.233)	(0.112)	(0.241)	(0.274)
ln*TRA*	0.133***	-0.527***	0.121**	-0.557***	-0.436***
	(0.049)	(0.0939)	(0.049)	(0.104)	(0.119)

表 7-14　被解释变量为碳排放总量的 SDM 模型回归结果

变量	Main	Wx	Direct	Indirect	Total
ln*GFI*	-16.542	-145.018***	-32.485***	-228.282***	-260.813***
	(11.292)	(35.648)	(12.079)	(55.193)	(60.423)
GDP	11.535***	-1.445	11.862***	4.799**	16.661***
	(0.648)	(1.157)	(0.668)	(1.922)	(2.302)
ln*EC*	81.482***	-0.625	86.342***	48.963	135.323***
	(12.735)	(29.502)	(12.874)	(43.563)	(49.328)
ln*RD*	-91.619***	174.482***	-76.053***	215.021***	138.868***
	(13.242)	(27.148)	(12.688)	(41.175)	(42.738)
IND	0.128	-4.017*	-0.276	-6.174*	-6.450*
	(0.827)	(2.096)	(0.918)	(3.339)	(3.914)

续表

变量	Main	Wx	Direct	Indirect	Total
PEO	2.303	−9.615*	1.536	−13.192*	−11.659
	(2.815)	(5.402)	(2.628)	(7.589)	(7.472)
ln*UR*	78.021***	−62.789***	74.805***	−50.914	23.902
	(10.021)	(20.168)	(10.703)	(30.992)	(36.708)
ln*TRA*	−8.715**	−4.583	−9.642**	−12.502	−22.138
	(4.280)	(8.355)	(4.628)	(13.842)	(16.263)

从空间计量结果来看，在碳排放强度模型中，绿色金融、技术创新和产业结构等变量的回归显著性和系数正负与普通面板模型表现较为一致，仅在系数大小上存在差异，这也再次证实普通面板回归模型的稳健性。在碳排放总量模型中，绿色金融影响系数的正负号发生了改变，但是不显著，其余变量未发生较大改变。从空间自相关系数的结果来看，碳排放强度和总量两个模型中的空间自相关系数均显著为正，说明我国碳排放具有明显的空间自相关性。从效应分解进行分析，表 7-13、表 7-14 的第五列和第六列分别为直接效应和间接效应的估计结果。直接效应体现本地区的影响效应，间接效应体现本地区与邻近地区或者其他地区的影响效应。在碳排放强度模型中，绿色金融和产业结构的间接效应均显著为负，说明我国的绿色金融和产业结构具有负向的空间溢出效应，相邻地区的绿色金融发展越成熟或是产业结构越高级，越有助于促进本地区碳排放强度的下降。另外，技术创新的间接效应显著为正，可能是由于技术创新更重视相邻地区，将落后产业转移至对技术创新更不重视的地区。在碳排放总量的模型中，绿色金融和产业结构同样具有负向的空间溢出效应。

第六节　本章小结

实现“碳达峰”和“碳中和”是生态文明建设的重要内容，探究绿色金融的减碳效应，对发展绿色金融，突出绿色金融的环境效益，制定合理、有效的绿色金融发展政策具有现实意义。本章基于 2005—2019 年的省际面板数据，使用固定效应模型、交互效应模型、门槛回归及空间杜宾模型对绿色金融减碳效应进行了研究。

研究主要结论如下：①绿色金融通过直接、间接两种途径影响碳排放；②绿色金融对碳排放的影响具有异质性，东部地区绿色金融发展对碳排放强度具有明显的抑制作用，且主要通过调整产业结构对碳排放产生间接影响，在中部地区，绿色金融则提高了碳排放强度，在西部地区，绿色金融主要是通过优化能源消费结构促使碳排放强度降低；③绿色金融对碳排放的影响具有门槛效应，绿色金融在产业结构和技术创新水平不同的情况下对碳排放的影响会产生结构性突变。技术创新水平较低时，绿色金融对碳排放的影响不显著；④我国的碳排放存在空间异质性，绿色金融和产业结构具有负向的空间溢出效应，相邻地区的绿色金融发展越成熟或产业结构越高级，越有助于促进本地区碳排放强度的下降。

第八章 研究结论与政策建议

第一节 主要内容与结论

近年来，在可持续发展理念和“双碳”目标的引领下，我国绿色信贷、绿色债券等绿色金融产品长足发展，亟须建立起专门的绿色金融统计体系，以全面监测绿色金融活动的运行状况。本书在充分梳理国内外绿色金融相关研究和发展现实的基础上，从绿色金融理论、统计方法和实践应用三个层面分别对绿色金融核算体系、绿色信贷统计体系与绿色金融的环境效应展开了细致研究，具体如下。

一、梳理了国内外绿色金融统计现状和存在的问题

包括我国在内的许多国家，特别是德国、英国和美国等发达国家，早已在实践中专门开展绿色金融业务。此外，除专门的绿色金融机构所开展的绿色金融活动外，传统的金融机构也内含了大量绿色金融活动。然而到目前为止，对于绿色金融核算，世界上还没有任何一个经济体系统性建立起专门的绿色金融统计体系，用于全面监测绿色金融活动的运行。考虑到目前国内外绿色金融统计制度较为分散，且主要围绕各类绿色金融工具，因此本书对国内外绿色信贷、绿色债券、绿色股权投资、绿色基金、绿色保险等金融工

具的概念，绿色金融工具的标准、分类以及代表性的产品等进行了梳理。通过进一步分析，我们归纳出当前国内外绿色金融统计主要存在四方面的问题：①各国均缺乏系统完整的绿色金融统计标准；②对于同一绿色金融工具，由于各国对绿色属性的界定不同，统计结果不具有可比性；③同一国家或地区的同一绿色金融工具，也存在多个制度，进而导致统计标准也存在差异；④我国目前尚缺乏全面测度绿色金融总量的统计指标和数据，无法直接反映绿色金融整体上的发展情况，也无法进一步测算其对环境的影响效应。

二、从货币视角探讨了绿色金融核算相关问题

相较传统货币与金融统计而言，绿色金融在核算目的、核算主体范围与分类、核算客体范围与分类及概览合成方法等方面具有双重属性。通过大量的研究，绿色金融核算原则和方法已渐趋明了，但关键问题在于如何推动国家层面的核算实践。我国金融业综合统计试点工作已取得阶段性成果，但仍面临一些突出问题，部分金融活动游离于金融统计体系之外，亟须编制绿色金融等重点领域的信贷政策统计数据，以反映金融体系对国民经济重点领域和薄弱环节的信贷政策执行效果和支持力度。一方面，在我国正在探索编制金融业资产负债表的情况下，全面系统实施绿色金融核算及其概览编制的现实条件暂不具备；另一方面，应基于现有货币统计框架初步建立我国绿色金融核算体系，率先对具备条件的重要性金融机构、重点领域所涉绿色金融活动进行反映，循序渐进推进并完善相关统计工作，为我国经济可持续发展提供政策选择依据。

三、对完善绿色信贷统计制度进行了探究

通过梳理我国绿色信贷统计的发展现状，我们发现其在理论基础、资产识别和统计实践三个方面有待深入研究，因此着重探讨了绿色信贷的内涵与资产分类方式，以及我国绿色信贷统计表和概览的编制问题，以期对我国绿色信贷统计体系建设提供参考。具体而言，我国绿色信贷统计目前存在诸多

问题：对绿色信贷存在不同理解，导致涉及的机构部门识别不清晰、统计资产难辨别；现行绿色信贷标准与国内其他绿色金融工具标准不统一等。针对这些问题，本书对绿色信贷的理论基础做出了补充，明确了绿色信贷概念，提出并区分了绿色信贷的广义概念和狭义概念，讨论了绿色信贷的核算主体识别与绿色信贷资产识别，并进一步探讨绿色目标的实现途径，基于经济系统与环境系统的关系将其划分成生态治理与循环过程两部分，得到根据实现途径划分的绿色信贷资产分类。根据我国可持续发展要求，从绿色环节分类得到符合我国国情的绿色经济行为分类，完善了环境效益测量方法与统计报表编制流程，对完善我国绿色信贷统计制度提出了有益的参考，基于绿色信贷统计报表优化了我国绿色信贷概览编制流程与呈现方式。

四、深入探究了绿色金融的降能耗效应

在对我国绿色金融统计体系做出较为全面阐述的基础上，进一步深入探究了绿色金融的环境效应，对于如何有效发挥绿色金融对环境的正向效应做出了充分而富有参考价值的研究。基于我国2003—2017年的省际面板数据，以能源消耗为研究环境效应的对象，首先对我国能源消耗、绿色金融的现状进行分析；其次考虑到环境规制对能源消耗会产生必然的影响，因此引入环境规制，详细阐述了绿色金融和环境规制对能源消耗的影响机理并提出研究假设，最后运用普通面板模型、面板门槛模型和空间计量模型对研究假设进行实证检验，发现绿色金融通过直接和间接的方式共同影响能源消耗强度，且具有门槛效应，但空间溢出效应尚不显著。具体而言：①绿色金融的直接效应模型显示，绿色金融的估计系数显著为负，说明金融机构通过推出绿色金融工具支持节能环保产业的发展，可有效降低我国能源消耗强度。进一步以绿色金融自身作为门槛变量的门槛检验结果显示，绿色金融对能源消耗的影响存在结构性突变。整体来看，绿色金融的发展有利于实现节能，而且随着绿色金融发展程度的提高，节能效应不断加强。②绿色金融可以通过促进企业技术创新间接发挥节能效应。绿色金融一方面控制“两高”产业的资金资源，另一方面拓宽节能产业的资金渠道，两者的共同作用激励企业提升技

术创新水平，进而降低能源消耗强度。进一步通过门槛检验发现，绿色金融通过技术创新影响能源消耗时存在门槛效应，即当技术创新水平超过某一拐点时，绿色金融才发挥出显著的节能效应。③绿色金融通过促进产业结构的优化和升级间接推动能源消耗强度下降。进一步通过门槛检验发现，只有当产业结构处于一个合理的区间时，绿色金融才能有效发挥节能减排的作用。

五、进一步探究了绿色金融的减碳效应

在研究绿色金融的环境效应的基础上，本书还对如何提高绿色金融的减碳效应进行了深入的探讨。基于2005—2019年省际面板数据，首先讨论了绿色金融对碳排放的影响机制，提出了产业结构、技术创新等影响路径，进而使用固定效应模型、交互效应模型检验了绿色金融的减碳效应，并进一步讨论了区域异质性。其次考虑绿色金融的减碳效应可能存在非线性问题，进一步使用门槛回归模型及空间杜宾模型对绿色金融的减碳效应进行了研究。现归纳总结出以下结论：①绿色金融能够通过直接和间接两种途径影响碳排放。绿色金融政策直接推动金融机构通过调整资金资源，将企业的环保指标作为考察指标纳入企业融资约束，同时改变贷款偏好，促进企业绿色转型，从而减少碳排放。绿色金融与产业结构、创新水平交互项的系数显著为正，与清洁能源交互项的系数显著为负，说明产业结构越重、创新水平越高且越依赖传统能源，绿色金融的减碳效应越强。②绿色金融对碳排放的影响具有异质性。在东部地区，绿色金融发展对碳排放强度的增加有明显的抑制作用，且主要通过调整产业结构对碳排放产生间接影响。而在中部地区，绿色金融则对碳排放强度的影响起到促进作用，原因可能在于“中部崛起”过程中承接了大量高能耗产业，绿色金融也处于发展初期，因此绿色金融的减排效应不明显。在西部地区，绿色金融主要通过优化能源消费结构促使碳排放强度降低。③绿色金融对碳排放的影响具有门槛效应，同时我国的碳排放存在空间异质性。绿色金融在产业结构和技术创新水平不同的情况下会对碳排放的影响产生结构性突变。技术创新水平较低时，绿色金融对碳排

放的影响不显著，随着创新水平提高，绿色金融的减碳效应增强。对于产业结构，在经济发展初期，绿色金融对碳排放影响不显著，随着经济持续发展，绿色金融持续发展且发展偏好转变，绿色金融对碳排放的抑制作用得以显现。

第二节　政策建议

本书围绕绿色金融统计相关系列问题展开研究，在绿色金融核算体系构建、绿色信贷统计制度及绿色金融环境效应方面，提出了一些政策建议。

一、我国绿色金融统计体系构建

第一，尽快完善纳入绿色金融活动及其安排的统计标准。绿色金融核算体系的建立和完善，需要进行大量基础性工作来铺垫，其中极为重要的是建立相关统计标准。我国目前仅初步建立了绿色信贷和绿色债券的统计体系[①]，还需进一步制定并完善各金融工具的统计标准与制度。绿色金融统计标准涉及统一规范的定义、口径、分类、记录、计值和编码规则等，具体举措包括：确定绿色金融活动的核算范围；统一规范金融性公司部门定义、口径、分类和编码；制定绿色金融产品和服务的统一认定标准；完善并统一各类绿色金融工具的定义、记录、计值与分类等。

第二，积极完善绿色金融数据上报系统，提升基础数据质量。获取高质量、专门性的绿色金融统计数据，是核算实践中极为关键为一环。为此，需要基于现有数据上报系统，合理设置和增加收集绿色金融相关数据的内容，并构建起相应的统计数据质量评估体系。此外，全面的绿色金融核算势必涉及统计数据的标准统一和共享问题，但我国金融监管部门的监管重心有所不

① 从 2013 年开始，我国各政策性银行、国有商业银行、股份制商业银行、邮政储蓄银行等 21 家主要银行，需将绿色信贷统计报表报送给原银监会，每年两次。绿色信贷统计尚未覆盖到全部金融机构之中。

同[①]，金融统计数据组织相对较为分散，数据归集和系统化应用难度较大。为此，相关金融管理部门需要在标准制定和数据共享上通力合作，建立绿色金融数据的标准化生产流程，实现绿色金融统计信息互融互通、关联穿透、充分共享。

第三，不断推进对绿色金融的综合统计工作。我国尚未开展对绿色基金和绿色保险等的专门性宏观统计工作，不能全面反映绿色金融市场的运行状况。为此，需要围绕“建成覆盖所有金融机构、金融基础设施和金融活动的金融业综合统计”这一目标，进一步出台针对相关绿色金融产品和服务的专门统计办法和规定，强化绿色金融活动的全面统计。此外，需要以金融业综合统计标准为抓手，努力提升绿色金融产品和服务的市场统计水平，实现上述市场绿色金融统计信息的统一归集和互联互通，加快推进金融业综合统计的实现进程。

第四，紧密结合绿色金融的创新和发展，适时动态调整完善绿色金融核算体系。国际化、市场化、信息化等多方面因素推动的金融创新，最终都可以落实到金融工具的创新上[②]。绿色金融目前仍然处于规模高速增长、产品和服务种类不断创新推出阶段。因此，绿色金融核算体系也应适时动态调整，以适应实践过程中出现的新变化。一方面，需要及时制定并完善除绿色信贷和绿色债券外的其他绿色金融工具统计规定或办法；另一方面，需要将创新推出的绿色金融产品和服务及时纳入统计口径之中。

第五，积极成为绿色金融国际统计标准制定的倡导者和参与者[③]。绿色金

---

① 虽然 2018 年原中国银行业监督管理委员会和原中国保险监督管理委员会组建中国银行保险监督管理委员会（以下简称银保监会），但这并不意味着我国就已进入完全形式的综合监管，银保监会和人民银行、证监会在监管重心上仍有所区别。为此，国务院办公厅印发的《关于全面推进金融业综合统计工作的意见》（国办发〔2018〕18 号）要求由人民银行统筹金融业综合统计工作，牵头成立统筹金融业综合统计管理工作小组，加强成员单位的协调配合，各相关单位按照任务分工落实责任，形成合力，共同推进。

② 聂富强，崔名铠，郭永强.《货币与金融统计编制指南（CGMFS2008）》的比较与思考 [J]. 统计研究，2009（9）：32–38.

③ 习近平主席在给第 39 届国际标准化组织大会开幕式的贺信中指出：“中国将积极实施标准化战略，以标准助力创新发展、协调发展、绿色发展、开放发展、共享发展。我们愿同世界各国一道，深化标准合作，加强交流互鉴，共同完善国际标准体系。”

融目前尚缺乏全球性的国际统计标准，导致各国绿色金融统计缺乏统一性行动规范，不利于绿色金融有关数据的国际比较，也影响了绿色经济发展的国际协调。为此，急需制定并发布一套关于绿色金融的国际统计标准，以供指导各国开展绿色金融统计实践。至于现有宏观经济统计国际标准，我们只是适应者，较少参与国际统计标准的制定。作为将绿色金融纳入 G20 议题的主要推动者，我国在全球绿色金融发展中已占据重要地位，理应在全球性国际统计标准的建立过程中争取话语权。

二、完善绿色金融信贷统计制度

第一，尽快健全完善绿色信贷统计制度，提高标准化、透明化水平。由于我国现行的两套绿色信贷统计制度并行、范围不一且存在一定程度上的问题，容易造成对绿色信贷的理解偏差，同时我国的绿色信贷数据也存在公开时间不标准、公开内容形式不统一的问题，这些问题迫切需要解决，因此亟须加快完善绿色信贷统计制度的步伐。

第二，促进环保信息披露，建立信息共享平台。我国的环保信息披露程度相比欧盟还不够显著，这也使得金融机构增加了绿色信贷的识别成本，为加快绿色信贷的发展，我国需要从法律法规出发促进环保信息的披露，并鼓励各机构之间建立环保信息共享平台，让金融机构能够有效获取环保信息。

第三，加大绿色信贷支持力度，助力绿色经济发展。尽管关于构建绿色金融体系的指导中体现出我国在发展框架中提出的对绿色信贷的大力支持，但在实践中，地方政府对绿色信贷的支持较少。对企业来说，缺乏相应的动力去申请绿色贷款发展绿色产业；对社会来说，缺少对绿色环保事业的凝聚力和主动性。对此，除优惠政策外，还要加快绿色信贷的审核流程，尽量降低申请成本，使个人与企业切实感受到绿色信贷的支持力量，进而积极参与到绿色社会的共建当中。

第四，发挥绿色信贷在环境风险管理中的积极作用，提升治理效率。“赤道原则”的提出为金融机构参与环境风险管理提供了有效参考。我国要完善绿色信贷服务体系，提高金融机构通过信贷约束与信用管理参与环境治理过程的程度，引导社会资本流向与配置，降低绿色经济融资难度，实现经济增长与环境保护良性循环，利用绿色信贷在企业环境风险管理中的监督作用，降低环境治理的系统性风险，促进企业加快绿色转型。

三、发挥绿色金融的环境效应

第一，大力发展绿色金融，加强绿色金融产品的创新，充分发挥绿色金融的政策效应。绿色金融政策的实施能显著降低我国的能源消耗强度，应该大力提升各地区的绿色金融水平。绿色信贷作为绿色金融的主要组成部分，对于提升绿色金融水平具有重要的影响。基于我国绿色信贷发展现状，我国不仅要继续提高金融业中绿色信贷的比重，还应当深入落实绿色信贷统计制度，加强绿色信贷监管。监管部门要定期向社会公众公布金融机构的绿色信贷情况，并针对金融机构建立一套绿色信贷考核指标，对未达标的金融机构进行适当的惩罚，以此来推进金融机构发展绿色信贷。

第二，加强绿色金融政策、环境规制政策、技术政策和产业政策之间的协同作用，构建配套政策体系，实现政策间的合作共赢。考虑到绿色金融和环境规制的异质性，以及技术产业因素对两者的调控具有门槛效应，制定政策时要充分考虑各种政策间的相互作用，通过建立与环境规制和绿色金融政策相配套的政策体系，促进经济可持续发展。

参考文献

[1] Chami R，Cosimano T F，Fullenkamp C.Managing Ethical Risk：How Investing in Ethics Adds Value[J]. Journal of Banking and Finance，2002（9）：1697–1781

[2] Cowan E. Topical Issues In Environmental Finance [R]. Research Paper Was Commissioned by the Asia Branch of the Canadian International Development Agency（CIDA），1999.

[3] Eremia A，Stancu I. Banking Activity for Sustainable Development [J]. Theoretical and Applied Economics，2006（6）：23–23

[4] G20 绿色金融研究小组 .G20 绿色金融综合报告 [R].2016.

[5] Galema R，Plantinga A，Scholtens B. The Stocks at Stake：Return and Risk in Socially Responsible Investment[J]. Journal of Banking & Finance，2008（12）：2646–2654.

[6] Jeucken M.Sustainable Finance and Banking[M].USA：The Earthscan Publication，2006.

[7] Labatt S，White R. Environmental Finance：A Guide to Environmental Risk Assessment and Financial Products[M]. Canada：John Wiley&Sons Inc，2002.

[8] Raberto M，Ozel B，Ponta L，et al.From Financial Instability to Green Finance：The Role of Banking and Credit Market Regulation in the Eurace Model[J].

Journal of Evolutionary Economics，2019（29）：429–465.

[9] Ruiz J D G，Arboleda C A，Botero S. A Proposal for Green Financing as a Mechanism to Increase Private Participation in Sustainable Water Infrastructure Systems：The Colombian Case[J]. Procedia Engineering，2016（145）：180–187

[11] Salazar J. Environmental Finance：Linking Two World[R]. Presented at a Workshop on Financial Innovations for Biodiversity Bratislava，1998.

[12] Scholtens B，Dam L. Banking on the Equator：Are Banks that Adopted the Equator Principles Different from Non–Adopters? [J]. World Development，2007（8）：1307–1328.

[13] Scholtens B. Finance as a Driver of Corporate Social Responsibility[J]. Journal of Business Ethics，2006（1）：19–33.

[14] Van Donkelaar A，Martin R V，Brauer M，et al. Global Estimates of Ambient Fine Particulate Matter Concertrations from Satellite–based Aerosol Optical Depth：Development and Application[J].Environmental Health Perspectives，2010（6）：847–855.

[15] Zadek S，Flynn C.South–originating Green Finance：Exploring the Potential[R]. 2013.

[16] 安国俊 . 我国绿色基金发展前景广阔 [J]. 银行家，2017（8）：72–74.

[17] 安伟 . 绿色金融的内涵、机理和实践初探 [J]. 经济经纬，2008（5）：156–158.

[18] 曾学文，刘永强，满明俊，等 . 中国绿色金融发展程度的测度分析 [J]. 中国延安干部学院学报，2014（6）：112–121.

[19] 陈海若 . 绿色信贷研究综述与展望 [J]. 金融理论与实践，2010（8）：90–94.

[20] 陈慧敏 . 股份制商业银行绿色信贷实践问题研究 [D]. 广州：暨南大学，2014.

[21] 陈立铭，郭丽华，张伟伟 . 我国绿色信贷政策的运行机制及实施路径 [J]. 当代经济研究，2016（1）：91–97.

[22] 崔名铠 . MFS 核算体系的演变与启示 [J]. 统计研究，2015（6）：20–27.

[23] 单科举 . 我国绿色发展基金运作情况探析 [J]. 金融理论与实践，2018（11）：93–96.

[24] 邓翔 . 绿色金融研究述评 [J]. 中南财经政法大学学报，2012（6）：67–71.

[25] 丁俊权，张红梅，王资燕 . 贵州省新型城镇化与绿色金融发展评价研究 [J]. 科技创业月刊，2016（15）：3–6.

[26] 董捷 . 我国绿色金融发展的现状、问题和对策 [J]. 工业技术经济，2013（3）：156–160.

[27] 董瑞华 . 中国绿色产业基金发展现状分析 [R].2021.

[28] 董晓红，富勇 . 绿色金融和绿色经济耦合发展空间动态演变分析 [J]. 工业技术经济，2018（12）：94–101.

[29] 杜金富 . 金融统计标准及诠释 [M]. 北京：中国金融出版社，2012.

[30] 杜莉，郑立纯 . 我国绿色金融政策体系的效应评价——基于试点运行数据的分析 [J]. 清华大学学报（哲学社会科学版），2019（1）：173–182+199.

[31] 方时姣 . 绿色经济思想的历史与现实纵深论 [J]. 马克思主义研究，2010（6）：55–62.

[32] 高建良 .“绿色金融”与金融可持续发展 [J]. 哈尔滨金融高等专科学校学报，1998（4）：20–22.

[33] 国务院发展研究中心“绿化中国金融体系”课题组，张承惠，谢孟哲，等 . 发展中国绿色金融的逻辑与框架 [J]. 金融论坛，2016（2）：17–28.

[34] 何建奎，江通，王稳利 .“绿色金融”与经济的可持续发展 [J]. 生态经济，2006（7）：78–81.

[35] 和秀星 . 实施“绿色金融”政策　促进可持续发展战略 [J]. 青海金融，1998（10）：3–6.

[36] 胡春力 . 促进产业结构升级是加强环境保护的根本 [J]. 宏观经济研究，2009（2）：35–39.

[37] 胡春生 . 绿色金融：将可持续发展内生化的新经济发展方式 [J]. 金融财税研究，2012（2）：66–69.

[38] 胡海红，刘金章 . 对构建我国“绿色保险”制度的探讨 [J]. 浙江金融，2008（11）：33–34.

[39] 黄金胜 . 绿色银行发展的国际经验借鉴及其对我国的启示 [J]. 浙江金融，2015（10）：55–60.

[40] 金海年 . 绿色金融评价体系研究——企业、资产与供应链的绿色评价 [M]. 北京：中国金融出版社，2019.

[41] 孔晴 . 绿色金融综合指数的编制与测度——以甘肃省为例 [J]. 甘肃金融，2019（2）：20–24.

[42] 孔瑞 . 我国绿色信贷发展研究 [D]. 济南：山东师范大学，2015.

[43] 雷丰铭 . 我国绿色信贷制度研究 [D]. 长沙：湖南师范大学，2019.

[44] 李常武，蔡永卫，姜涓涓 . 绿色金融发展指数构建与思考 [J]. 甘肃金融，2018（9）：31–35.

[45] 李建强，赵大伟 . 打造绿色金融体系路在何方 [J]. 金融理论与实践，2017（2）：105–107.

[46] 李龙熙 . 对可持续发展理论的诠释与解析 [J]. 行政与法（吉林省行政学院学报），2005（1）：3–7.

[47] 李晓西，夏光，等 . 中国绿色金融报告 [M]. 北京：中国金融出版社，2014.

[48] 李永芳 . 国内外绿色债券发展现状 [J]. 现代经济信息，2017（1）：308.

[49] 李永平，董林 . 我国商业银行绿色发展评价指标体系构建与实证——基于上市银行年报的文本研究 [J]. 金融与经济，2018（6）：18–23.

[50] 凌玲，董战峰，林绿，等 . 绿色金融视角下中国金融与环保产业关联研究——基于多年投入产出表的分析 [J]. 生态经济，2020（3）：51–58.

[51] 刘传岩 . 中国绿色信贷发展问题探究 [J]. 税务与经济，2012（1）：29–33.

[52] 刘传哲，任懿 . 绿色信贷对能源消费结构低碳化的影响研究 [J]. 武汉金融，2019（11）：66–70.

[53] 刘思华 . 绿色经济论 [M]. 北京：中国财政经济出版社，2001.

[54] 刘锡良，文书洋 . 中国的金融机构应当承担环境责任吗？——基本事实、理论模型与实证检验 [J]. 经济研究，2019（3）：38–54.

[55] 罗慧，霍有光，胡彦华，等 . 可持续发展理论综述 [J]. 西北农林科技大学学报（社会科学版），2004（1）：35–38.

[56] 马骏 . 国际绿色金融发展与案例研究 [M]. 北京：中国金融出版社，2017.

[57] 马骏 . 论构建中国绿色金融体系 [J]. 金融论坛，2015（5）：18–28.

[58] 马骏 . 中国绿色金融发展与案例研究 [M]. 北京：中国金融出版社，2016.

[59] 马秋君，刘文娟 . 基于绿色信贷的我国商业银行环境风险管理体系研究 [J]. 中国人口 · 资源与环境，2013（S2）：264–267.

[60] 聂富强，崔名铠，郭永强 .《货币与金融统计编制指南（CGMFS2008）》的比较与思考 [J]. 统计研究，2009（9）：32–38.

[61] 牛文元 . 可持续发展理论的内涵认知——纪念联合国里约环发大会 20 周年 [J]. 中国人口 · 资源与环境，2012（5）：9–14.

[62] 潘岳 . 谈谈环境经济政策 [J]. 求是，2007（20）：78–82.

[63] 庞皓，黎实，聂富强，等 . 中国货币与金融统计体系研究 [M]. 北京：中国统计出版社，2003.

[64] 齐晔，蔡琴 . 可持续发展理论三项进展 [J]. 中国人口 · 资源与环境，2010（4）：110–116.

[65] 钱立华，方琦，鲁政委 . 中国绿色金融标准体系的建设与发展 [J]. 金融博览，2020（10）：9–11.

[66] 邱海洋 . 绿色金融的经济增长效应研究 [J]. 经济研究参考，2017（38）：53–59.

[67] 佘孝云，何斯征，姚烨彬，等 . 中国碳金融市场现状 [J]. 能源与环

境，2017（1）：50–51+53

[68] 申韬，曹梦真 . 绿色金融试点降低了能源消耗强度吗？[J]. 金融发展研究，2020（2）：3–10.

[69] 盛松成 . 社会融资规模与货币政策传导 [J]. 金融研究，2012（10）：1–14.

[70] 苏丹，姚林华，邹博清 . 构建绿色基金体系支持绿色经济发展的思路及建议——以广西为例 [J]. 区域金融研究，2018（5）：56–59+64.

[71] 苏冬蔚，连莉莉 . 绿色信贷是否影响重污染企业的投融资行为？[J]. 金融研究，2018（12）：123–137.

[72] 孙鸿烈 . 什么是绿色经济 [N]. 中国环境报，2010–08–17.

[73] 孙李平，王娟 . 国内外绿色金融标准综述 [R].2021.

[74] 唐啸 . 绿色经济理论最新发展述评 [J]. 国外理论动态，2014（1）：125–132.

[75] 天大研究院课题组，王元龙 . 构建中国绿色金融体系的战略研究 [J]. 经济研究参考，2011（39）：2–25.

[76] 田辉 . 中国绿色保险的现状、问题与未来的发展 [N]. 中国经济时报，2014–05–06.

[77] 屠行程 . 绿色金融视角下的绿色信贷发展研究 [D]. 杭州：浙江工业大学，2014.

[78] 王卉彤 . 点燃绿色发展的绿色金融 [J]. 中国报道，2016（11）：36–37.

[79] 王军华 . 论金融业的“绿色革命”[J]. 生态经济，2000（10）：45–48.

[80] 王琰 . 绿色金融在我国的实践 [J]. 金融会计，2017（4）：48–52.

[81] 王瑶，潘东阳，张笑 . 绿色金融对中国经济发展的贡献研究 [J]. 经济社会体制比较，2016（6）：33–42.

[82] 王瑶 . 气候金融 [M]. 北京：中国经济出版社，2013.

[83] 王玉婧，江航翔 . 环境风险与绿色金融 [J]. 天津商学院学报，2006（6）：16–20.

[84] 隗斌贤 .G20 框架下我国绿色金融的创新发展 [J]. 中共浙江省委党校

学报，2016（6）：64–72.

[85] 西南财经大学发展研究院、环保部环境与经济政策研究中心课题组，李晓西，夏光，等 . 绿色金融与可持续发展 [J]. 金融论坛，2015（10）：30–40.

[86] 向书坚，黄志新 . SEEA 和 NAMEA 的比较分析 [J]. 统计研究，2005（10）：18–22.

[87] 谢小燕，聂富强，王青华 . 关于金融工具分类的若干思考 [J]. 财经科学，2004（2）：63–67.

[88] 徐枫 . 绿色金融的发展与创新基于广东的实地调研 [M]. 北京：中国金融出版社，2015.

[89] 徐胜，赵欣欣，姚双 . 绿色信贷对产业结构升级的影响效应分析 [J]. 上海财经大学学报，2018（2）：59–72

[90] 严湘桃 . 对构建我国“绿色保险”制度的探讨 [J]. 保险研究，2009（10）：51–55.

[91] 杨少芬，赵晓斐，蔡朝阳，等 . 绿色金融统计制度：国内外实践及构建 [J]. 金融发展评论，2018（9）：34–42.

[92] 杨喜光，何梅 . 我国构建生态金融体系探究 [J]. 商业时代，2012（14）：66–67.

[93] 殷剑峰，王增武 . 中国的绿色金融之路 [J]. 经济社会体制比较，2016（6）：43–50.

[94] 俞岚 . 绿色金融发展与创新研究 [J]. 经济问题，2016（1）：78–81.

[95] 张琳，廉永辉 . 绿色信贷、银行异质性和银行财务绩效 [J]. 金融监管研究，2019（2）：43–61.

[96] 张平 . 绿色金融的内涵、作用机理和实践浅析 [D]. 成都：西南财经大学，2013.

[97] 张伟 . 外部性是绿色金融的重要特征 [J]. 中国战略新兴产业，2018（5）：95.

[98] 张新 . 商业银行绿色信贷业务对其经营绩效的影响分析 [D]. 合肥：安徽大学，2017.

[99] 张叶，张国云 . 绿色经济 [M]. 北京：中国林业出版社，2010.

[100] 张玉 . 京津冀地区绿色金融发展水平测度探究 [J]. 中国市场，2016（21）：31–32.

[101] 张哲强 . 绿色经济与绿色发展 [M]. 北京：中国金融出版社，2012.

[102] 赵斌 . 关于绿色经济理论与实践的思考 [J]. 社会科学研究，2006（2）：44–47.

[103] 赵淑霞，肖成志 . 国内外绿色基金宏观层面比较研究 [J]. 西南金融，2021（4）：15–28.

[104] 赵艳娇 . 发展绿色指数，支持绿色产业 [R].2021.

[105] 郑德凤，臧正，孙才志 . 绿色经济、绿色发展及绿色转型研究综述 [J]. 生态经济，2015（2）：64–68.

[106] 郑文灏 . 地方绿色金融发展路径研究 [D]. 南京：南京审计大学，2018.

[107] 中国人民银行，财政部，发展改革委，等 . 关于构建绿色金融体系的指导意见 [R].2016.

[108] 中国人民银行泰州市中心支行课题组，谢宁 . 江苏省绿色金融发展研究——基于绿色发展指数的空间计量分析 [J]. 金融纵横，2016（12）：30–41.

[109] 中国人民银行研究局（所）课题组 . 新版目录助力绿债市场发展 [J]. 中国金融，2021（9）：17–18.

[110] 周珂，徐岭 . 我国绿色经济面临的挑战与发展契机 [J]. 人民论坛 · 学术前沿，2011（8）：110–113.

[111] 朱晋，赵燕 . 绿色产业基金的发展模式与发展策略 [J]. 银行家，2017（7）：96–98.

[112] 朱易捷 . 我国绿色股票指数发展的研究与思考 [J]. 金融纵横，2018（7）：59–64.

[113] 邹进泰，熊维明，等 . 绿色经济 [M]. 太原：山西经济出版社，2003.

附　录

（1）熵权法环境规制测算结果

地区	2003	2004	2005	2006	2007	2008	2009	2010	2011	2012	2013	2014	2015	2016	2017
北京	0.062	0.056	0.067	0.099	0.061	0.082	0.080	0.070	0.066	0.084	0.137	0.159	0.126	0.155	0.165
天津	0.103	0.084	0.096	0.065	0.049	0.067	0.072	0.056	0.087	0.066	0.075	0.107	0.076	0.020	0.021
河北	0.080	0.097	0.082	0.083	0.065	0.088	0.087	0.114	0.140	0.130	0.147	0.149	0.145	0.116	0.156
山西	0.073	0.148	0.212	0.179	0.234	0.202	0.164	0.147	0.160	0.153	0.160	0.141	0.132	0.186	0.108
内蒙古	0.056	0.072	0.091	0.104	0.087	0.100	0.099	0.115	0.146	0.146	0.140	0.146	0.134	0.111	0.114
辽宁	0.116	0.124	0.107	0.115	0.085	0.116	0.111	0.103	0.133	0.166	0.124	0.123	0.142	0.122	0.146
吉林	0.066	0.075	0.062	0.066	0.047	0.064	0.050	0.065	0.063	0.057	0.054	0.052	0.061	0.055	0.026
黑龙江	0.071	0.067	0.058	0.050	0.052	0.071	0.069	0.069	0.078	0.086	0.108	0.085	0.081	0.046	0.047
上海	0.147	0.114	0.078	0.084	0.039	0.092	0.079	0.062	0.068	0.071	0.108	0.147	0.142	0.037	0.035

续表

地区	2003	2004	2005	2006	2007	2008	2009	2010	2011	2012	2013	2014	2015	2016	2017
江苏	0.166	0.165	0.174	0.187	0.088	0.164	0.159	0.161	0.237	0.260	0.248	0.364	0.369	0.202	0.260
浙江	0.118	0.152	0.142	0.154	0.090	0.227	0.144	0.142	0.134	0.139	0.163	0.269	0.250	0.216	0.187
安徽	0.054	0.068	0.073	0.070	0.069	0.104	0.085	0.099	0.116	0.128	0.161	0.161	0.207	0.132	0.092
福建	0.067	0.091	0.106	0.086	0.066	0.089	0.089	0.096	0.105	0.103	0.156	0.078	0.168	0.046	0.044
江西	0.052	0.071	0.072	0.061	0.068	0.077	0.095	0.123	0.114	0.122	0.101	0.110	0.099	0.084	0.095
山东	0.119	0.118	0.111	0.115	0.080	0.108	0.102	0.093	0.207	0.153	0.225	0.264	0.264	0.160	0.191
河南	0.062	0.068	0.076	0.069	0.067	0.099	0.085	0.070	0.079	0.106	0.133	0.137	0.130	0.065	0.076
湖北	0.058	0.069	0.078	0.075	0.048	0.077	0.086	0.074	0.121	0.114	0.113	0.120	0.138	0.161	0.130
湖南	0.054	0.062	0.059	0.036	0.044	0.074	0.081	0.066	0.083	0.086	0.097	0.116	0.158	0.038	0.045
广东	0.141	0.148	0.160	0.188	0.030	0.079	0.195	0.293	0.215	0.245	0.248	0.349	0.441	0.343	0.400
广西	0.073	0.078	0.082	0.072	0.099	0.200	0.101	0.110	0.096	0.093	0.111	0.106	0.120	0.098	0.084
海南	0.018	0.031	0.027	0.033	0.046	0.029	0.041	0.052	0.041	0.059	0.029	0.024	0.021	0.021	0.040
重庆	0.124	0.130	0.151	0.152	0.087	0.115	0.117	0.152	0.217	0.175	0.193	0.216	0.207	0.201	0.209
四川	0.097	0.109	0.104	0.099	0.079	0.089	0.090	0.063	0.092	0.357	0.113	0.129	0.111	0.099	0.113
贵州	0.069	0.089	0.100	0.094	0.080	0.056	0.055	0.055	0.071	0.070	0.087	0.106	0.088	0.068	0.096

续表

地区	2003	2004	2005	2006	2007	2008	2009	2010	2011	2012	2013	2014	2015	2016	2017
云南	0.048	0.051	0.097	0.068	0.053	0.066	0.081	0.083	0.145	0.092	0.108	0.107	0.089	0.050	0.036
陕西	0.077	0.078	0.074	0.086	0.067	0.097	0.104	0.107	0.112	0.096	0.119	0.139	0.128	0.092	0.098
甘肃	0.075	0.081	0.079	0.077	0.087	0.064	0.068	0.077	0.066	0.091	0.113	0.210	0.086	0.095	0.083
青海	0.032	0.054	0.037	0.037	0.052	0.067	0.053	0.055	0.062	0.050	0.069	0.051	0.058	0.115	0.088
宁夏	0.134	0.149	0.129	0.185	0.185	0.136	0.107	0.100	0.130	0.128	0.142	0.143	0.132	0.133	0.104
新疆	0.088	0.086	0.079	0.060	0.054	0.070	0.095	0.082	0.101	0.149	0.168	0.182	0.143	0.141	0.150

注：正式环境规制和非正式环境规制的综合变量利用熵值法合成，正式环境规制采用环境污染治理投资额占 GDP 的比重和排污费收入占 GDP 的比重表示，非正式环境规制则采用政协环保提案数和环保问题信访次数作为代理变量；由于表格篇幅限制，这里的数据仅保留三位小数，与正文中有一定差异。

（2）绿色信贷测算结果

地区	2003	2004	2005	2006	2007	2008	2009	2010	2011	2012	2013	2014	2015	2016	2017
北京	0.912	0.858	0.799	0.758	0.733	0.648	0.651	0.616	0.598	0.694	0.760	0.785	0.734	0.681	0.633
天津	0.955	0.960	0.952	0.949	0.957	0.959	0.958	0.951	0.965	0.988	0.985	0.993	0.992	0.988	0.981
河北	0.194	0.196	0.204	0.234	0.229	0.236	0.197	0.210	0.177	0.192	0.233	0.228	0.284	0.281	0.256
山西	0.131	0.136	0.132	0.066	0.049	0.059	0.068	0.072	0.107	0.114	0.099	0.133	0.159	0.177	0.198
内蒙古	0.372	0.461	0.406	0.589	0.446	0.329	0.399	0.465	0.468	0.339	0.365	0.392	0.395	0.369	0.447
辽宁	0.477	0.494	0.519	0.284	0.274	0.268	0.273	0.263	0.300	0.344	0.370	0.401	0.440	0.469	0.455

续表

地区	2003	2004	2005	2006	2007	2008	2009	2010	2011	2012	2013	2014	2015	2016	2017
吉林	0.566	0.638	0.829	0.862	0.725	0.540	0.509	0.515	0.446	0.570	0.607	0.671	0.568	0.577	0.577
黑龙江	0.775	0.832	0.858	0.888	0.863	0.868	0.871	0.863	0.717	0.641	0.454	0.352	0.555	0.528	0.489
上海	0.829	0.863	0.625	0.584	0.626	0.679	0.718	0.761	0.714	0.774	0.743	0.792	0.810	0.870	0.787
江苏	0.810	0.825	0.808	0.858	0.868	0.860	0.867	0.766	0.778	0.803	0.803	0.780	0.802	0.806	0.847
浙江	0.896	0.880	0.818	0.800	0.850	0.862	0.901	0.917	0.959	0.955	0.957	0.931	0.977	0.939	0.971
安徽	0.741	0.760	0.741	0.706	0.534	0.554	0.472	0.331	0.344	0.293	0.266	0.287	0.299	0.342	0.361
福建	0.867	0.869	0.854	0.815	0.807	0.884	0.927	0.901	0.876	0.818	0.662	0.608	0.588	0.453	0.406
江西	0.465	0.458	0.504	0.549	0.370	0.350	0.343	0.337	0.354	0.356	0.382	0.356	0.423	0.449	0.402
山东	0.576	0.543	0.562	0.562	0.578	0.607	0.456	0.455	0.529	0.481	0.446	0.482	0.510	0.609	0.585
河南	0.603	0.576	0.596	0.489	0.465	0.373	0.394	0.323	0.296	0.298	0.251	0.197	0.175	0.136	0.244
湖北	0.717	0.559	0.440	0.414	0.430	0.366	0.426	0.494	0.448	0.443	0.458	0.467	0.528	0.613	0.659
湖南	0.771	0.615	0.495	0.470	0.367	0.486	0.502	0.367	0.422	0.461	0.474	0.514	0.522	0.601	0.776
广东	0.783	0.731	0.706	0.720	0.727	0.666	0.683	0.727	0.753	0.735	0.753	0.789	0.770	0.805	0.835
广西	0.845	0.863	0.862	0.822	0.816	0.855	0.843	0.893	0.929	0.945	0.936	0.927	0.929	0.939	0.916
海南	0.985	0.983	0.985	0.995	0.993	1.000	1.000	1.000	1.000	1.000	0.927	0.960	0.971	0.977	0.981

续表

地区	2003	2004	2005	2006	2007	2008	2009	2010	2011	2012	2013	2014	2015	2016	2017
重庆	0.858	0.836	0.824	0.857	0.826	0.811	0.834	0.860	0.634	0.727	0.699	0.604	0.737	0.646	0.560
四川	0.525	0.497	0.449	0.434	0.421	0.403	0.259	0.292	0.423	0.404	0.484	0.410	0.499	0.787	0.739
贵州	0.936	0.928	0.926	0.908	0.924	0.647	0.284	0.354	0.370	0.393	0.480	0.719	0.765	0.725	0.671
云南	0.168	0.130	0.168	0.117	0.077	0.087	0.170	0.140	0.143	0.199	0.147	0.243	0.276	0.320	0.312
陕西	0.787	0.788	0.834	0.788	0.789	0.787	0.789	0.763	0.703	0.763	0.768	0.874	0.867	0.890	0.901
甘肃	0.313	0.329	0.375	0.251	0.509	0.465	0.186	0.091	0.163	0.149	0.179	0.206	0.228	0.152	0.217
青海	0.297	0.322	0.246	0.203	0.208	0.479	0.455	0.512	0.080	0.054	0.026	0.023	0.017	0.011	0.014
宁夏	0.904	0.858	0.788	0.776	0.679	0.600	0.630	0.666	0.696	0.826	0.876	0.899	0.926	0.929	0.910
新疆	0.648	0.560	0.424	0.408	0.396	0.447	0.362	0.258	0.483	0.599	0.697	0.701	0.791	0.844	0.862

注：这里的绿色信贷是用（1- 高耗能行业借款总额占全行业借款总额的比重）来表征；由于表格篇幅限制，这里的数据仅保留三位小数，与正文中有一定差异。